赢家的秘诀

游资可转债
操盘手法

王凯元 ● 著

四川人民出版社

图书在版编目（CIP）数据

游资可转债操盘手法 / 王凯元著 . — 成都 : 四川
人民出版社 , 2023.1
ISBN 978-7-220-12815-8

Ⅰ . ①游… Ⅱ . ①王… Ⅲ . ①可转换债券—债券投资
—基本知识 Ⅳ . ① F830.91

中国版本图书馆 CIP 数据核字 (2022) 第 174247 号

YOUZI KE ZHUANZHAI CAOPAN SHOUFA

游资可转债操盘手法

王凯元　著

责任编辑	何朝霞　孙　茜
封面设计	张　科
版式设计	戴雨虹
责任校对	舒晓利
责任印制	周　奇

出版发行	四川人民出版社（成都三色路238号）
网　　址	http://www.scpph.com
E-mail	scrmcbs@sina.com
新浪微博	@四川人民出版社
微信公众号	四川人民出版社
发行部业务电话	（028）86361653　86361656
防盗版举报电话	（028）86361653
照　　排	成都木之雨文化传播有限公司
印　　刷	成都蜀通印务有限责任公司
成品尺寸	185mm×260mm
印　　张	16.25
字　　数	280千字
版　　次	2023 年 1 月第 1 版
印　　次	2023 年 1 月第 1 次印刷
书　　号	ISBN 978-7-220-12815-8
定　　价	59.00元

前言
Preface

在实战交易过程中，T+0的运用非常广，比如手上持有一定标的，通过情绪及板块热点吻合情绪做一些正T（先买后卖）来降低手上标的的成本，或是通过两融资金当天借当天还来免利息成本，提高资金使用率进而提高账户的收益曲线。

当然这是一个假设的正收益，没有经过长期训练，T飞或是将成本无形抬高的反向操作案例比比皆是，所以想在这个市场获得一些超额收益，就需要经过一定的训练才能达到预期的正向效果，在目前A股市场实行T+0机制的只有可转债，所以熟练运用可转债可以较有利地获得T+0的"肌肉记忆"，另外A股有涨停机制，某些含有可转债的主板中的个股受到10%的涨停限制错失继续买入的机会，所以不少标的会在可转债中延续相关的择时卡位机会，无形中在训练"肌肉记忆"过程中给了我们更多的一些可选范畴，且这种机会具备一定的胜率比、盈亏比优势。

随着市场越来越成熟，如取消涨停幅限制，或是正股放开T+0也不是没可能，另外从近些年游资的活跃中我们不难发现A股的交易越发趋于短、平、快，很多游资都是从短线慢慢做起来的，有时一个板给的机会时间非常短，能不能上、怎么上，需要丰富的短线经验，可转债的T+0机制无疑提供了一个很好的"肌肉记忆"形成的市场，让交易变得更客观、更量化，杜绝了我们交易过程中较为主观的行为意识。在超短T+0的运用过程中，我们强调顺势而为、强势持有、借势地力、统一套路、规范动作、肌肉记忆，所以掌握、熟练运用可转债更有利于我们长期在市场获得稳定的收益！

游资元哥

目录
Contents

第三章　对可转债交易的思考

第四章　早盘正股涨停开仓

第五章　乘势是交易的最高智慧

第六章　日线转折与情绪共振时交易

第七章　SOS、JOC 预示的交易机会

第一章

可 转 债 及 其 运 行 机 制

本章我们介绍可转债的运行机制，探讨为什么强赎价是可转债的自我保护手段、转股价是不是固定的等问题，力求从更深的逻辑层次来讨论可转债的运行机制。

1.1　可转债的定义

可转债可以用一句话来概括：赢了是你的，输了算我的。

什么是可转债？举例来说，有一个项目，总投资 1000 元。但我只有 500 元，想跟你再借 500 元。

借多久？

6 年。

有利息吗？

有。前两年 0.5%，中间两年 1%，最后两年 2%。

利息太低了，银行利率更高。

利息不重要，重要的是如果我这个项目赚钱了，你可以随时从债主变成股东，生意就是咱俩的。如果亏钱了，到期我肯定连本带息还给你。赢了是你的，输了算我的。借不借？

……

这就是可转债，全称为"可转换债券"。可转换债券是债券持有人可在一定时期内按一定比例或发行时约定的价格将债券转换成一定数量的公司普通股票的债券。如果债券持有人不想转换，则可以继续持有债券，直到偿还期满时收取本金和利息，或者在流通市场出售变现。如果持有人看好发债公司股票增值潜力，在宽限期之后可以行使转换权，按照预定转换价格将债券转换成股票，发债公司不得拒绝。该债券利率一般低于普通公司的债券利率，企业发行可转换债券可以降低筹资成本。可转换债券持有人还享有在一定条件下将债券回售给发行人的权利，发行人在一定条件下拥有强制赎回债券的权利。

这个定义中，有几个要点。

1. 转股是权利，不是义务。

2. 债券发行公司在符合条件下，有权强制赎回。

3. 债券持有人在符合条件下，有权将债券回售给发行公司。

1.2　可转债的特性

1.2.1　可转债的低利息收入

可转债的发行价格都是 100 元，认购价也是 100 元的倍数，与购买股票的规则相同。可转债的主要盈利手段并不是靠债券利息，因为利率实在是太低了。我们随便找几个可转债的数据来看看。

国祯转债（123002）发行价格 100 元，上市日期 2017 年 12 月 25 日，到期日期 2023 年 11 月 24 日，存续期 6 年。第一年至第六年的利率分别是 0.3%、0.5%、1.0%、1.3%、1.5% 和 1.8%。前五年每年付息一次，第六年到期时以发行价格上浮 6%（含最后一期利息）的价格向投资者赎回可转债，即归还 106 元。

假设我们买了 100 元的国祯转债。

第一年收到利息 0.3 元。

第二年收到利息 0.5 元。

第三年收到利息 1 元。

第四年收到利息 1.3 元。

第五年收到利息 1.5 元。

第六年收到本息与补偿利息共 106 元。

6 年间 100 元变为 110.6 元，收益率 10.6%，平均年收益 1.77%，年复合收益率 1.69%。

对比中国银行一年期存款利率 1.75%、二年期存款利率 2.25%、三年和五年期存款利率 2.75% 来说，在这 6 年间我们只要分两次存三年期，单利可获得 16.5 元利息，复利可获得 17.18 元利息，收益率也比可转债的利息高。

再看铁汉转债（123004）发行价格 100 元，上市日期 2018 年 1 月 26 日，到期日期 2023 年 12 月 18 日，存续期 6 年。第一年至第六年的利率分别是 0.3%、0.5%、1.0%、1.3%、1.5% 和 1.8%。

博世转债（123010）发行价格 100 元，上市日期 2018 年 8 月 14 日，到期日期 2024 年 7 月 5 日，存续期 6 年。第一年至第六年的利率分别是 0.4%、0.6%、1.0%、1.5%、1.8%、2%。

既然利息这么低，为什么还有这么多人去买可转债呢？为什么我还要专门写一本书来介绍可转债呢？

1.2.2　转股、看涨期权

可转债盈利的主要手段，是通过充当债权人的角色伺机变成股东，来分享上市公司的成长红利。而银行利率高于可转债利率，如果我们贪图利率，大可不必认购可转债，直接存银行或买国债即可。

1. 转股

如何分享上市公司的成长红利呢？在发行可转债时，发行公司会约定一个转股价，即我们在开篇提到的生意赚钱了，股价自然上涨，这时再按约定的价格将债券转为股票，在市场上卖掉股票即可获利。

假设我们以 100 元的价格买进晶瑞电材（300655）发行的晶瑞转债（123031）。晶瑞转债发行时约定的转股价为 10.13 元，若我们买入时转股，每 100 元可以转股 9.87 股，即 9 股余 8.83 元。

正股晶瑞电材当前价格（2021 年 12 月 20 日收盘价）为 44.81 元，以现价在市场上卖掉即每股获利 34.68 元，9 股共获利 312.12 元。剩余的 8.83 元晶瑞电材会在 5 个工作日内返还给我们。

100 元的成本最终获利 320.95（312.12 + 8.83）元，收益率 320.95%。但这并不是最终收益，晶瑞转债上市时间是 2019 年 9 月 26 日，它分别在 2020 年 8 月 29 日每 100 元付息 0.4 元、2021 年 8 月 23 日每 100 元付息 0.5 元。当然要扣除 20% 的个人所得税，即两次付息分别是 0.32 元和 0.4 元。那么每 100 元的总收益就变成了 321.67（312.12 + 8.83 + 0.72）元，收益率 321.67%。

再看一个例子，小康股份（601127）发行的小康转债（113016）。小康转债发行时约定的转股价为 16.96 元，若我们现在转股，每 100 元可以转股 5.9 股，即 5 股余 15.2 元。正股小康股份当前价格（2021 年 12 月 20 日收盘价）为 72.9 元，以现价在市场上卖掉即每股获利 55.94 元，5 股共获利 279.7 元。剩余的 15.2 元小康股份会在 5 个工作日内返还给我们。

其间每 100 元可转债 2018 年付息 0.3 元、2019 年付息 0.5 元、2020 年付息 1 元、2021 年付息 1.5 元，每年利息所得扣除 20% 个人所得税后，实得利息分别为 0.24 元、0.4 元、0.8 元和 1.2 元。转股卖出后获利 297.54（279.7 + 15.2 + 0.24 + 0.4 + 0.8 + 1.2）元，收益率 297.54%。

如果有人就是不想转股怎么办？没问题。转股是权利，并不是义务。两种情况：一种是直接在可转债流通市场上卖掉，一种是持有可转债至到期。

2. 理论上没有无风险套利空间

正股价格上涨，可转债价格也必然上涨。不存在正股价格上涨，而相对应的可转债价格不涨的情况。

我们来假设一种情况，晶瑞转债发行价为 100 元，约定转股价为 10.13 元。当正股价格上涨了 50%，即 15.2 元时，晶瑞转债不随正股价格上涨，还停留在 100 元，会发生什么情况？

大家都会抢着去买 100 元的晶瑞转债，因为只要买到了晶瑞转债，转手转股后在市场上卖掉，就能获利近 50%，这就出现了无风险套利空间。

假设存在无风险套利空间，导致更多的人去买晶瑞转债，晶瑞转债供不应求必然会涨价。涨到多少呢？理论上会涨到 150 元左右，此时套利机会消失。150 元以上，转股利润便低于所付出的成本了。

不要说出现50%的无风险套利空间，高频交易只要发现0.05%的无风险套利空间，就会在瞬间引起市场反应，随着套利者的买进和卖出，哪怕一点点套利空间都会迅速消失。所以正股涨，理论上相对应的可转债也会上涨。

晶瑞电材现价44.81元，高出转股价10.13元的342.35%。晶瑞转债现价（2021年12月20日收盘价）为489.597元，高于可转债票面价值100元的389.6%。

通常情况下，可转债现价涨幅对应转股价的涨幅，二者都要高于正股的涨幅。同样，可转债现价跌幅对应转股价的跌幅，也都要低于正股的跌幅。这是为什么呢？

3. 半张看涨期权

因为可转债是一种无风险看涨期权（我在上一本书《平稳盈利——期权投资之立体思维与实战技巧》中讲过期权，读者可以参阅）。可转债的价格对应的是看涨期权的权利金；转股价对应的是看涨期权的行权价；可转债的存续期对应的是看涨期权的存续期。

可转债与看涨期权的区别在于：到期时，若看涨期权为虚值期权，即看涨期权对应的标的价格低于行权价，看涨期权价值归零；而可转债到期时，若正股价格低于转股价，我们还可以收回本金和利息。

所以说可转债是一种无风险期权。看涨期权所对应的标的价格上涨，看涨期权跟随上涨。与正股上涨所对应的可转债价格上涨，是同一个道理。

转股是权利，而非义务。不转股，可以直接在可转债市场中卖出，收益率可能还高于转股利润。如我们以489.597元的价格卖出晶瑞转债，相对于票面价值100元来说，收益率为389.6%，这还不包括每年的利息收入。

那么另一种方案持有至到期行吗？也行，也不行。这是怎么回事？

1.2.3 强制赎回

可转债发行时，发行公司通常会约定两个条件。

条件一：本次发行的可转债在本次发行的可转债转股期内，如果公司A股股票连续30个交易日中至少有15个交易日的收盘价格不低于当期转股价格的130%（含130%）；若在前述30个交易日内发生过转股价格调整的情形，则在转股价格调整日前的交易日按调整前的转股价格和收盘价计算，在转股价格调整日及之后的交易日按调整后的转股价格和收盘价计算。

条件二：本次发行的可转债未转股余额不足人民币 3000 万元时。

1. 强制赎回的收益计算

发行公司有权强制赎回可转债。

假设某可转债的转股价为 10 元，在连续 30 个交易日中，公司股票的收盘价格至少有 15 个交易日达到 10 元的 130% 即 13 元（含）以上时，发行公司可以强制赎回可转债，简称"强赎"。触发强赎机制的正股价格称为强赎价。

什么叫强赎？就是给你机会转股你不转，那么达到强赎条件，你想转也没机会了。为了补偿你，发行公司会给你一点儿利息。

通常情况下利息计算方式如下：

$I_A = B \times i \times t/365$。

I_A：当期应计利息；

B：指本次发行的可转债持有人持有的可转债票面总金额；

i：指可转债当年票面利率；

t：指计息天数，即从上一个付息日起至本计息年度赎回日止的实际日历天数（算头不算尾）。

假设约定每年应付利息率为 0.3%、0.5%、1.0%、1.2%、1.5% 和 1.8%。正股股价由转股价 10 元上涨至 13 元，此时我们应该及时转股或者直接卖出可转债。但我们由于疏忽忘记了转股或没有卖出可转债，导致触发了强赎机制，那么我们只能按规定接受强赎条款。

例如我们持有可转债 1 年零 60 天，由于持有期已过 1 年，且收到了第一年 0.3% 的利息，那我们只需计算第二年中持有的 60 天的利息：

100 元票面金额 ×0.5%×60/365 = 0.08 元，再加上本金共计 100.08 元。

条件二是未转股余额不足 3000 万元时，触发强赎。

假设可转债发行总额为 10 亿元，当正股股价由转股价 10 元上涨至 13 元时，你可能会以为可转债发行公司会随时强制赎回，大家纷纷转股，等可转债余额剩余 3000 万元时，你没机会了，结果被强赎。其实想错了，触发强赎条件有两个，分别是时间和价格，在价格触及强赎条件后，时间也马上要触发强赎条件时，可转债发行公司会发公告提醒大家。并且在价格和时间全部触发强赎条件后，发行公司会再次发布公告，提醒可转债持有者去做转股登记。

如果我们登记时，可转债余额已经少于 3000 万元怎么办？没关系，只要在登记截止日期之前登记，都可以转股，此时并不受余额少于 3000 万元的限制。那这种限制通常在什么时候起作用呢？通常情况下可转债的正股价格未触发强赎条件，并且大家都不看好正股价格，在有微利可图的情况下，纷纷先行转股。但此时的微利与强赎收益差不多，所以不必担心出现损失，但提前转股的情况也并不多见。

另一种情况是回售，大部分可转债都被回售后，剩余一小部分小于 3000 万元，发行公司会选择利用该条款强赎。我们后文会说到辉丰转债的案例，我国可转债历史上只此一例。总体来说，不到万不得已之时，可转债发行公司不会利用小于 3000 万元这一条款来强赎。发行可转债的目的是使债权变成股权，不还钱而融资。所以公司会想尽一切办法使可转债达到强赎条件后，让债权人转股，而不是强赎还钱。

2. 触发强赎条件未强赎

伟明环保（603568）发行的伟 20 转债（113607），约定转股价 21.71 元。发行时约定：

A. 在本次发行的可转换公司债券转股期内，如果公司股票在任何连续 30 个交易日中至少 20 个交易日的收盘价格不低于当期转股价格的 130%（含 130%）；

B. 当本次发行的可转换公司债券未转股余额不足 3000 万元时，伟明环保有权强制赎回可转债。

注意约定条件，连续 30 个交易日中的 20 个交易日不低于转股价的 130%。

伟明环保于 2021 年 9 月 24 日发布《关于"伟 20 转债"可能满足赎回条件的提示性公告》称："自 2021 年 8 月 23 日至 2021 年 9 月 24 日，浙江伟明环保股份有限公司股票已有十五个交易日收盘价不低于'伟 20 转债'当期转股价格的 130%。若在未来七个交易日内，公司股票有五个交易日的收盘价不低于当期转股价格的 130%（含 130%），即 28.22 元/股，将触发'伟 20 转债'的有条件赎回条款。届时根据《浙江伟明环保股份有限公司公开发行 A 股可转换公司债券募集说明书》中有条件赎回条款的相关约定，公司有权按照债券面值加当期应计利息的价格赎回全部或部分未转股的'伟 20 转债'。"

为什么会在 2021 年 9 月 24 日发布公告？如图 1-1 伟明环保（603568）2021年 5 月至 12 月日线走势图，2021 年 8 月 23 日到 9 月 24 日，已经有 15 个交易日的价格高于 28.22 元（21.71×130%）了。

8 月 23 日到 9 月 24 日共 23 个交易日，若在其后的 7 个交易日中，有 5 个交易日收盘价都在 28.22 元以上，便可触发强赎。特发公告以提醒可转债持有人尽快转股。

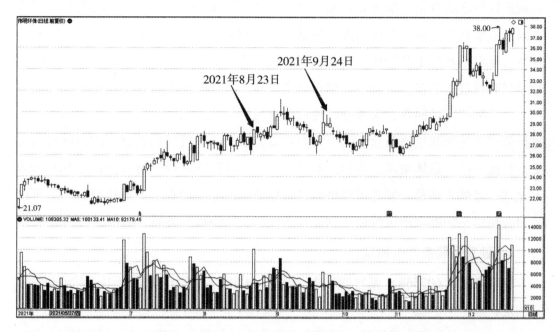

图 1-1　伟明环保 2021 年 5 月至 12 月日线走势图

有意思的是，随后的 7 个交易日收盘价分别为：28.96 元、28.18 元、27.68 元、27.6 元、27.6 元、27.05 元和 27 元。只有一个交易日高于转股价的 130%，即 28.22 元。伟 20 转债没能触发强赎。

2021 年 11 月 29 日伟明环保再次发布的《关于"伟 20 转债"可能满足赎回条件的提示性公告》称："自 2021 年 10 月 27 日至 2021 年 11 月 29 日，浙江伟明环保股份有限公司股票已有十五个交易日收盘价不低于'伟 20 转债'当期转股价格的 130%。若在未来六个交易日内，公司股票有五个交易日的收盘价不低于当期转股价格的 130%（含 130%），即 28.22 元/股，将触发'伟 20 转债'的有条件赎回条款。届时根据《浙江伟明环保股份有限公司公开发行 A 股可转换公司债券募集说明书》中有条件赎回条款的相关约定，公司有权按照债券面值加当期应计利息的价格赎回全部或部分未转股的'伟 20 转债'。"

图 1-2 是伟明环保 2021 年 5 月至 12 月日线走势图，10 月 27 日至 11 月 29 日共 24 个交易日。按约定只要在其后的 6 个交易日中有 5 个交易日的收盘价高于 28.22 元，即触发强赎。

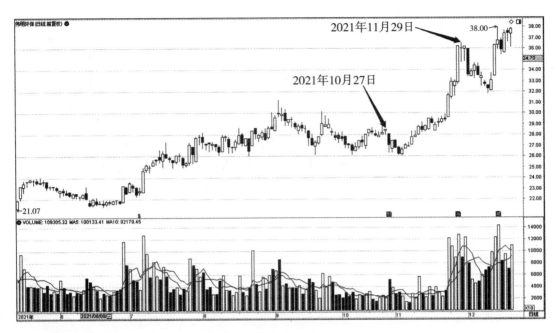

图 1-2　伟明环保 2021 年 5 月至 12 月日线走势图

其后的 6 个交易日收盘价分别为：36.15 元、33.54 元、33.86 元、34.42 元、33.47 元和 33.42 元，满足强赎条件。

但我们再看伟 20 转债，图 1-3 为伟 20 转债 2021 年 5 月至 12 月日线走势图，至 2021 年 12 月 20 日它还在交易。按公告所说，公司有权按照债券面值加当期应计利息的价格赎回全部或部分未转股的"伟 20 转债"。为什么没有强赎呢？

因为触发强赎和实行强赎的日期不同，伟明环保在 12 月 6 日发布的提示性公告称：赎回登记日收市前，"伟 20 转债"持有人可选择在债券市场继续交易，或者以转股价格 21.71 元/股转为公司股份。赎回登记日收市后，未实施转股的"伟 20 转债"将停止交易和转股，按照债券面值 100 元/张加当期应计利息的价格被强制赎回。本次赎回完成后，"伟 20 转债"将在上海证券交易所摘牌。

11 月 29 日时，在连续的 30 个交易日中，已有 15 个交易日的股价高于强赎价 28.22 元，至 12 月 6 日满 20 个交易日的强赎条件。所以 12 月 6 日伟明环保发布公告提示强赎还有一个最后期限，即赎回登记日之前。

那么赎回登记日是哪天呢？12 月 28 日。持有可能触发强赎机制的可转债时，一定要时刻留意公司发布的公告。也就是说，在 12 月 28 日之前，可转债持有者还可以继续交易。

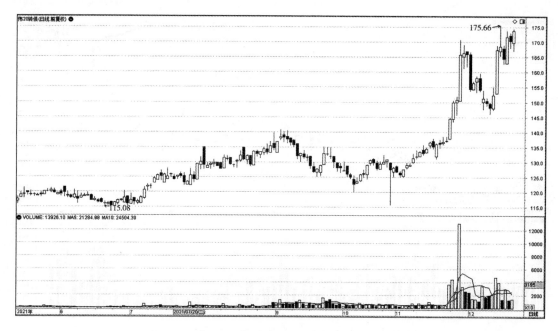

图 1-3　伟 20 转债 2021 年 5 月至 12 月日线走势图

　　需要说明的是，以上的讲述可能会给大家一种误导，即只有在触发强赎机制之后才能转股。其实不是，只要过了转股期起始日，随时都可以转股。

　　那什么又是转股起始日呢？通常情况下规定，可转债在计息之日起 6 个月内不能转股，半年后方可转股。

　　我们可以以伟 20 转债现价（2021 年 12 月 20 日收盘价）173.88 元卖掉平仓，每张转债盈利 73.88 元，收益率 73.88%。也可以按约定转股价 21.71 元转股，假设我有 1 万元伟 20 转债，可转 460 股余 13.4 元。然后以伟明环保现在 37.82 元的股价卖掉，获利 7410.6 元，再加上剩余未转股的 13.4 元。共获利 7424 元，收益率 74.24%。收益率几乎相同。

　　我们又为什么一直在强调强赎呢？因为触发强赎条件后转股，理论收益率最高，即按票面价值计算至少 30% 的收益率。

　　又为什么是理论最高收益率呢？因为有些可转债在到达转股起始日之后，正股价格的上涨幅度已经远远超过转股价的 30% 以上了。一般情况，正股缓慢上涨，缓慢触发强赎条件，然后转股，此时可转债收益率在 30% 左右。

　　如果时间过了转股起始日，并且正股上涨价格只有 5%，也可以随时转股。甚至正股价格低于转股价，也可以转股。只不过盈亏自负。最好的结局是等待触发强赎条件后，或转股，或直接卖出可转债。

为什么? 因为强赎价是可转债的应许之地,理论上它必然会达到强赎价。我们后文会详细论述。

但也有一些例外,如石英股份(603688)发行的石英转债(113548),转股起始日是 2020 年 5 月 1 日,约定的转股价为 14.93 元,那么只要正股股价在连续 30 个交易日中,有 15 个交易日达到强赎价 19.41 元(14.93×130%)以上,便会触发强赎条件。

石英股份现价(2021 年 12 月 21 日收盘价)60.1 元,已经远远超过强赎价 13.17 元,图 1-4 为石英转债 2021 年 1 月至 12 月日线走势图。为什么石英转债还在交易,并未转股、摘牌呢?

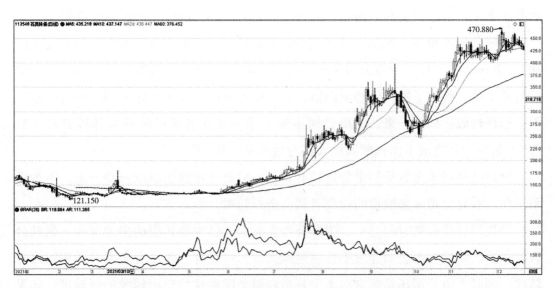

图 1-4 石英转债 2021 年 1 月至 12 月日线走势图

原因是在触发强赎条件后,石英股份发布《关于不提前赎回"石英转债"的提示性公告》,称公司于 2020 年 6 月 17 日召开第四届董事会第五次会议,审议通过了《关于不提前赎回"石英转债"的议案》,鉴于当前市场情况和公司实际情况,公司董事会决定本次不行使石英转债的提前赎回权利,即暂不提前赎回石英转债。

石英股份于 2020 年 7 月 31 日、2020 年 9 月 11 日、2020 年 12 月 14 日、2021 年 1 月 26 日、2021 年 6 月 22 日、2021 年 8 月 3 日分别发布《关于不提前赎回"石英转债"的提示性公告》。

强赎是发行公司的权利,而非义务。

3. 为什么放弃强赎

问题是我们不是说发行可转债的目的就是融资吗，并且以不还钱、把债权人变成股东为最终目的吗？强赎条件触发后，发布强赎公告，持债人纷纷转股，今后也不用付息了，不是更好吗？为什么会有放弃提前赎回的操作呢？

因为利益最大化，如果强赎的利益小于放弃本次强赎的利益，则会选择不强赎。原因何在？有几点可能。

强赎公告发布后，大部分可转债最终都会转化成公司的股票。这样一来，公司的股份就增加了，会稀释原有股权。

把可转债进行转股只是第一步，接下来就有人会选择把转换的股票卖出。卖出的股票多了，对股价会形成抛压，股价自然会有波动，甚至是比较大的波动。

强赎公告发布后，理论上（请记住这是理论上，实际中很少发生，但不完全排除），万一运气不好，上市公司碰到了"黑天鹅"事件，导致股票持续大跌，连带可转债下跌，跌破了赎回价乃至面值，这种情况下投资者宁可让公司赎回可转债也不会选择转股。如此一来，上市公司本来不花一分钱实现可转债全部转股的"梦想"，最后却演变成了出钱赎回绝大部分转债的"惨剧"。

对自己公司未来股价的走势比较有自信。只要公司股票继续强势下去，不少忍耐不住、看好公司未来股价的投资者就会选择转股。

如果可转债存续时间过短，强赎公告发布前，已主动转股的少之又少。强赎公告发布后，哪怕上市公司连发十几道强赎提示，也总有一些投资者因种种原因没能转股，到时上市公司还是要拿出不少真金白银来赎回这些忘记转股的可转债。如果余量过多的话，上市公司会出钱出得肉疼。

相对股票，大股东增减持自家可转债就相对自由得多，没有那么多条条框框的限制，比如可转债没有锁定期、买卖不需要提前公告。这里面具体可分为两种情况：大股东自己手上还持有不少转债，如果强赎转股了，再减持就不像可转债那么自由了。

上一节我们提问：如果不转股，持有至到期可行吗？我们的回答是，可行，也不行。

先说为什么不行，因为在可转债存续期内，正股价格触发了强赎条件，发行公司有权利强制赎回，那么我们想持有至到期也是不可能的，强赎流程一过，可转债即摘牌。

那为什么又说可行呢？下面将进行详细叙述。

1.2.4　回售

有些可转债发行后，正股价格一直低于转股价，相当于我们买的看涨期权一直处于虚值状态。由于正股价格一直低于转股价，理论上可转债价格也会低于票面价值 100 元（实际情况并非全部如此）。选择转股亏损，选择卖出可转债也亏损。

怎么办？不想止损，只能硬挺？

也不一定。发行公司还给出了另一个条款，当正股价格低于转股价一定程度时，我们可以将可转债卖还给发行公司。

例如灵康药业（603669）发行的灵康转债（113610）约定：

条件一：本次发行的可转债最后两个计息年度，如果公司股票在任意连续 30 个交易日的收盘价格低于当期转股价格的 70% 时，可转债持有人有权将其持有的全部或部分可转债按债券面值加上当期应计利息的价格回售给公司。

条件二：若在上述交易日内发生过转股价格因发生派送股票股利、转增股本、增发新股（不包括因本次发行的可转债转股而增加的股本）、配股以及派发现金股利等情况而调整的情形，则在调整前的交易日按调整前的转股价格和收盘价格计算，在调整后的交易日按调整后的转股价格和收盘价格计算。如果出现转股价格向下修正的情况，则上述连续 30 个交易日须从转股价格调整之后的第一个交易日起重新计算。

条件三：本次发行的可转债最后两个计息年度，可转债持有人在每年回售条件首次满足后可按上述约定条件行使回售权一次，若在首次满足回售条件而可转债持有人未在公司届时公告的回售申报期内申报并实施回售的，该计息年度不应再行使回售权，可转债持有人不能多次行使部分回售权。

我们先不考虑第二条，只看第一条和第三条。回售条件是强赎条款的镜像，除了将正股价格为转股价格的 130% 替换为 70% 以外，其他条件基本一致。也就是说，如果正股价格上涨到一定程度，我们若不转股，公司有权按票面付息强制赎回；相反，如果正股价格下跌到一定程度，我们有权按票面收息强制回售给发行公司。

灵康转债的转股价为 8.61 元，即当正股价格在连续 30 个交易日低于 6.03 元（8.61×70%）时，我们即可行使回售权。

但这里有一个可能不被注意的条件，即它与转股起始日相对应。转股起始日之后方可转股，而在灵康转债回售条件款里规定：触发回售条件必须在可转债存续期的最后两年中才能生效。

灵康转债上市日期是 2020 年 12 月，那么灵康转债必须在 2024 年 12 月以后，触发回售条件才有效。不单单是灵康转债如此规定，绝大部分可转债的回售条款都是如此。

不论如何，该条款可以让我们在正股走势不好时，至少提前不到两年的时间里收回成本。

再看第三条，灵康转债的存续期为 6 年，回售条件只有在最后两年才能触发。并且触发时，每年只有一次回售机会，过期不候。

当然回售也是权利，非义务。触发回售条件而不回售，等待正股情况好转。或者可以一直持有至到期，这就是上一节问题的另一个答案。

📈 总结一下：

可转债首先是有息债券，不但是名义利率，而且利率非常低。低于银行定期存款利率，也跑不赢通货膨胀。

可转债的主要盈利方式并不是利息收入，而是正股上涨后转股所带来的收益。或者正股价格上涨，水涨船高的情况下可转债价格上涨带来的价差收益。

转股是权利，而非义务。

转股有起始期限和终止期限。起始期限通常为可转债计息时间后 6 个月，称为转股起始日。终止期限为触发强赎条件后公告中给出的赎回登记日。

强赎条件大体相同，各发行公司大同小异。通常为在连续的 30 个交易日中，15 个或 20 个交易日的收盘价高于转股价的 30%，或转股余额低于 3000 万元。

触发强赎条件后，尽快转股，可获得最小 30% 的利润，否则到期被强制赎回，只有利息收入。

一般情况下，回售条件大体相同，各发行公司大同小异。通常为在存续期最后两年期间，连续 30 个交易日正股价格低于转股价的 70% 时，每年可行使一次回售权。

回售是权利，而非义务。

直至可转债存续期结束时，若可转债一直未触发强赎条件且未转股、未触发或行使回售条件，可一直持有至可转债到期。到期收取本金和利息。

可转债相当于保本看涨期权。可转债的票面价值100元对应看涨期权的权利金；可转债转股价对应看涨期权行权价；可转债转股对应看涨期权行权；可转债直接卖出对应看涨期权直接卖出平仓。不同之处在于，若看涨期权到期时仍为虚值期权，价值为零；可转债到期之后，若正股价格仍处于转股价之下，可返还可转债持有人本金和利息。

1.3　可转债的有关概念

1.3.1　转股价

前面我们说过，可转债相当于无风险看涨期权，那么转股价对应的就是看涨期权的行权价。

1. 转股价的确定

想一想，如果你是可转债发行公司，转股价到底是定高好还是定低好。如果定高了，转股价距离现价太远，那么转股遥遥无期，就不会有人认购可转债；如果定低了，一旦触发强赎，持有人纷纷转股，债权人变成了股东，相当于低价卖出了公司股权。

定多少合适呢？太高不好，过低也不好，那就不要主观规定转股价，把转股价的确定完全交给市场。

可转债规定：以本可转债募集说明书公告日前20个交易日公司股票交易均价和前一交易日公司股票交易均价二者之间的较高者，为转股价。

也就是公司哪天想发转股债了，需要发一个募集说明书公告。以发布公告这一天为准，向前推20个交易日，按收盘价算出平均价格，记为价格A；再把发布公告前一天的收盘价，记为价格B。比较A和B的大小，谁大，谁就是转股价。

当然，你可能会认为，股价安全可能被操纵，如果发行公司想把股价定得高一些，发布说明书之前，通过发布短期利好等手段即可将股价推高。当可转债售卖一空后，股价回落，不就既可以借到低利息的大笔资金，又不必出售公司资产了吗？

2. 发行可转债的最终目的

如果你这么想就错了，企业发行可转债的终极目的是卖出股权来融资。这笔钱是专款专用，比如机场类的上市公司发行可转债时在公告中说明用来建塔楼，必须修塔楼，若挪作他用，根据规定，持债者可以行使回售权。继续思考为什么机场修塔楼要发行债券来修呢？因为它本身没钱修。没钱可以借啊？可贷款利息太高了，发行可转债的利息比银行定期存款还低，为什么要向银行借款呢？

企业利用可转债来融资，本身是一个非常长的周期。比如投资建塔楼或用来扩产，并不是短短几个月或一两年就能完成的。可能长达 6 年，甚至比 6 年还久。注意我为什么说 6 年，6 年是可转债的存续期。

如果 6 年间不但完成扩建，还投产产生收益了，是不是可以还钱了呢？不一定。因为不一定还得起。比如我们购买一间店铺投资 1000 万元，6 年时间未必能赚到 1000 万元现金还债。如果想要还债，那只能出售店铺。但店铺是我们今后经营不可或缺的固定资产，不能卖，那么结果还是还不起债。

另一种情况是，即使我们在 6 年间赚到 1000 万元现金，但我们在经营过程中，还会把赚到的利润继续投资，比如再买一间店铺。那我们就更没有现金可以还债了。

还不起债怎么办？最好的办法是：不还。企业发行可转债的目的本来就是融资，想让你变成股东，一起做生意。

3. 可转债与增发股票

发行可转债和增发股票有什么区别吗？它们的目的都是融资。增发一步到位，不是更方便吗？短时间内能不能成功转股还不一定，无人转股的期间还要付利息。为什么要先发债、再转股呢？

利益最大化。我们在资本市场博杀，一定要记住利益最大化。我们都听过价格朝着阻力最小的方向流动。同理，资本市场的任何行为都遵循利益最大化的原则。

发行可转债和增发股票的目的都是融资，并且增发是一步到位，可转债转股需要至少半年的时间，还伴随着巨大的不确定性。不论从哪个角度来看，增发股票都是更好的选择。那为什么还要发行可转债呢？

谁都知道甜食好吃、近路好走。既然选择绕路，那只有一个可能，近路走不通，甜食吃不到嘴。放到增发和可转债的问题上，就是增发大概率没人要，不得已发行可转债。

增发分为定向增发和公开增发。定向增发也称为非公开增发，需要特定个人或机构一次性全部买下公司增发的股票，这是一笔大宗交易。向谁增发？有没有意愿？价格怎么定？定高了没人来，定低了自己不愿意。并且公司本身资质不好的话，也没人愿意来蹚这趟浑水。公司资质好、前景好，又没必要增发，或者不为了钱而增发，而是为了战略性合作关系增发。公开增发的手续费极高，又不一定能成功，容易烂尾。并且公开增发是面向所有人，会稀释股权，容易引发持股人抛售股票。

其实可转债是变相的公开增发，只不过公开增发没有保底收益，可转债的利息收入尽管少，但终归有保底。所以在公开增发不划算、定向增发没人要的情况下，可转债就是性价比最高的选择了。

4. 转股价的调整

那怎么才能真正做到不用还债呢？尽快触发强赎条件。可转债持有人如果在强赎条件下不转股，就会失去至少30%的利润（按票面价值计算），所以只要是理性人都会转股，也就由债权人变成了股东，企业可以合理合法地不还钱了。当然债券投资人也不亏，这是双赢的局面。

转股价会不会发生变化呢？正股价格马上就要触碰到强赎价，发行公司说这个价位转股公司太亏，要提高转股价。

例如约定10元转股，100元可转债可转10股。现在上调至20元转股，100元可转债只能转5股。发行公司可以出售相对较少的股权，换回同样的资金，行不行呢？

不行。《可转换债券管理办法》规定："上市公司向不特定对象发行可转债的转股价格应当不低于募集说明书公告日前二十个交易日发行人股票交易均价和前一个交易日均价，且不得向上修正。"

但这只是一般性规定，有些具体问题还要具体分析。例如转增配送股或派息的情况下，根据股权变动情况，有可能会稍稍上调转股价。

虽然每只可转债的计算方法可能略有不同，但通常情况下计算方式如下：

送股或转增股本，$P = P_0 / (1 + n)$；

增发新股或配股，$P = (P_0 + A \times k) / (1 + k)$；

如果以上两种情况同时发生，$P = (P_0 + A \times k) / (1 + n + k)$；

派息，$P = P_0 - D$。

其中，P_0 为初始转股价，n 为送股率，k 为增发新股或配股率，A 为增发新股价或配股价，D 为每股派息，P 为调整后转股价。

例如创维转债（127013）的转股价曾经由 11.56 元上调至 11.57 元，凯中转债（128042）的转股价也曾由 12.99 元上调至 13.01 元。怎么计算的呢？

以凯中转债为例，正股回购注销限制股票激励计划首次授予限制性股票股份 1379734 股，回购价格是 10.661 元/股。回购注销预留授予限制性股票 571250 股，回购价格为 7.355 元/股。回购之前公司总股本 291322694 股。

先计算 k，回购了两次，所以要分开计算，第一次回购记作 k_1，第二次回购记作 k_2。由于是回购所以 k 记为负值。

$k_1 = -1379734/291322694 = -0.47\%$，

$k_2 = -571250/291322694 = -0.19\%$。

再看 A，增发新股或配股价，这里与回购意思一样，方向相反。

两次 A，分别记作：$A_1 = 10.661$ 元/股，$A_2 = 7.355$ 元/股。

代入公式 $P = (P_0 + A \times k) / (1 + k)$：

$P = (12.99 \text{ 元/股} - 10.661 \text{ 元/股} \times 0.47\% - 7.355 \text{ 元/股} \times 0.19\%) / (1 - 0.47\% - 0.19\%) = 13.01$ 元/股。

如果是向外转增配送股，股本增多，每股权益降低，转股价会相应下调。但反过来，回购股票，股本减少，每股权益升高，转股价也会相应上升。所以规定不许上调转股价，其实是禁止无故上调转股价。由于客观原因导致每股权益变化的情况，是可以调整的。

不允许上调，能不能下调呢？

1.3.2 下修转股价

转股价不得上调，是对可转债投资人的保护。但却可以下调，也对投资人有利。转股价 10 元，每 100 元可转债可转 10 股，下调至 5 元，可转 20 股。

1. 转股价下修条件

怎样才会下调转股价呢？发行公司在发行可转债时，通常会规定：在本次发行的可转债存续期间，当公司股票在任意连续 30 个交易日中至少有 20 个交易日的收盘价低于当期转股价格的 85% 时，公司董事会有权提出转股价格向下修正方案并提交公司股东大会审议表决。上述方案须经出席会议的股东所持表决权的三分之二以上通过方可实施。股东大会进行表决时，持有公司本次发行的可转债的股东应当回避。修正后的转股价格应不低于该次股东大会召开日前 20 个交易日公司股票交易均价和前一交易日公司股票交易均价较高者。

可能每家公司的条款略有不同，但大同小异。

先看对我们有利的情况，当股价在任意连续 30 个交易日中有 20 个交易日的收盘价低于当期转股价的 85% 时，发行公司有可能下调转股价。

我们说过可转债就是无风险的看涨期权，那么同样的权利金，给我们换成行权价更低的看涨期权，是不是更划算呢？即同样票面价值的可转债，可以转换更多的股权。

需要注意的是，为什么我加了"可能"二字呢？因为下调转股价需要公司董事会提出向下修正方案，并提交公司股东大会审议表决。表决通过，下调转股价；如果表决不通过怎么办？不下调。

我们来看一个例子，亚太药业（002370）发行的亚药转债（128062），转股价为 16.25 元，触发可能下调转股价的股票价格是 13.81 元（16.25×85%）。图 1－5 为亚太药业 2019 年 8 月至 2021 年 1 月日线走势图，从 2019 年 8 月 7 日开始，便已经低于 13.81 元，并且一路下跌，远远超过连续 30 个交易日中的 20 个交易日的条件。

亚太药业现价（2021 年 12 月 22 日收盘价）4.14 元，已跌至转股价的 25.48%，远远低于转股价的 85%，为什么不下调转股价呢？因为没有通过股东大会的决议。

实际上，亚太转债在此之前已经下调过一次转股价。2019 年 5 月 31 日亚太药业发布公告：将转股价由 16.3 元/股下调至 16.25 元/股。但此后再未变动过。

上一节讲过，如果连续 30 个交易日正股股价下跌至转股价的 70% 以下时，可转债持有人可以行使回售权。既然可转债发行公司发行可转债的目的是融资，难道亚太药业就不怕回售吗？实际情况是并不怕，因为根据亚太转债的条款规定，触发回售权的时间是在可转债存续期的最后两年。亚太转债起息日期是 2019 年 4 月 2 日，那么只有在 2023 年 4 月 2 日之后才有可能触发回售条件，所以即便不下调转股价，亚太药业也未违反其发行时的约定。

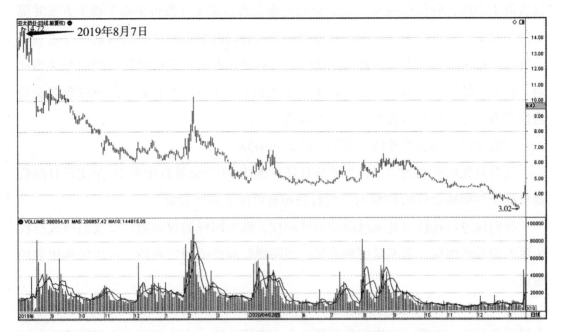

图1-5 亚太药业2019年8月至2021年1月日线走势图

下调转股价是发行公司的权利，并非义务。可转债持有人也拿它没办法。

亚太药业股价要由现在的4.14元上涨至16.25元以上，现在来看是遥遥无期。难道就一直等到2023年4月2日之后再回售，亚太转债持有人持有四年多，最后就只能拿到可怜的利息吗？

其实并不是，亚太药业可能比我们还急。因为我们说过发行可转债的目的就是融资，希望投资人都把可转债转成股票，也就是说不想还钱。但它也不想下调转股价贱卖公司股权。两害相权取其轻，如果时间快到2023年4月2日可能触发回售条件的临界点，亚太转债在衡量还钱和贱卖的情况下，认为贱卖可以接受，它就会下调转股价。毕竟回售是双输。

2. 下修转股价与市净率的关系

但有些转债的转股价很难下调，不是可转债发行公司不愿意尽快完成转债，将债权人变成共同战斗的股东，而是在某些情况下，下调转股价无法达到利益最大化。影响转股价下调概率最大的因素是市净率（PB）。

市净率＝市值/所有者权益（净资产）＝股价/每股净资产。

假设公司A的市值为1000亿元，净资产为200亿元，市净率为5；或者股价为

10 元，每股净资产为 2 元，市净率为 5。

一种解释是市净率越低，投资价值越大；另一种解释截然相反，市净率越低，投资价值越小。为什么？因为这涉及两种不同的估值方法。

我开了一家小超市，净资产不过 10 万元，你想收购我的店，你应该出价多少？一种是我的净资产只有 10 万元，只要你出价高于或等于 10 万元即可。

可这是你的出价，我并不同意，我会给你算一笔账。我的小超市，一年可以赚12 万元，假设我还能开 30 年，那么我至少还能赚 360 万元。10 万元买 360 万元我肯定不同意。

你也可以提出异议：今年确实可以赚 12 万元，明年也可以赚 12 万元，但明年的 12 万元的价值要小于今年的 12 万元，越往后 12 万元的价值越小。30 年后的 12万元的价值可能也就相当于现在的 1 万元。所以我的店虽然估值 10 万元有点亏，但远远不值 360 万元。

我们可以看出，估值的重点并不是净资产有多少，而在于未来能创造多少价值。

所以我继续提出要求：虽然未来的 30 年，理论上可以赚 360 万元，但由于未来的钱折合成现在的钱会打折（折现），所以我出个中间价 180 万元。

你认为超市在我手里每年赚 12 万元是因为我拿着好牌不会打，如果是你来经营，你可以每年赚 20 万元。所以你愿意出价 180 万元买我这家净资产只有 10 万元的小超市。

计算一下市净率：市值 180 万元/净资产 10 万元 =18。

我们再看另一种情况，我的超市净资产只有 10 万元，你想收购我的店，你只出价 10 万元。我说，我的小超市一年可以赚 12 万元……

好了，不要再说了。你的店已经亏损很久了，继续经营下去，连这 10 万元也要亏光。我报价 10 万元已经是最高价了。

我同意，成交。

计算一下市净率：市值 10 万元/净资产 10 万元 =1。

摆在我们面前的同样净资产为 10 万元的两家店，但市净率分别为 18 和 1。哪家具有投资价值？显然市净率更高的店更有投资价值，因为保底还能每年赚 12 万元。但要投资市净率为 1 的那家店，就需要全面改革，是否成功还不一定。说市净率越低越有投资价值，是要有能左右企业经营的影响力和改革的能力。如果都没有，市净率越低的企业越危险。

即便如此，小超市的净资产还有 10 万元，有人出价 8 万元我肯定不卖，毕竟出售净资产也可以拿回 10 万元。我都不想以低于净资产的价格卖出小超市，那么上市公司愿意以低于净资产的价格卖出股权吗？大部分不会。

可转债的目的是让债权人转股，变成股东，即以转股价出售股权。它愿意以低于净资产的价格卖出股权吗？大部分不会。

我们再看城地转债（113596），转股价为 24.26 元。正股城地香江（603887）现价（2021 年 12 月 24 日收盘价）7.91 元，每股净资产 8.3467 元，其股价低于每股净资产。

下调转股价的规定是什么？修正后的转股价格应不低于该次股东大会召开日前 20 个交易日公司股票交易均价和前一交易日公司股票的交易均价之间的较高者，同时，修正后的转股价格不得低于最近一期经审计的每股净资产值和股票面值。

注意时间是召开股东大会前 20 个交易日的均价和前一个交易日均价中，挑选一个最高。不论哪个值，都低于每股净资产 8.3467 元。城地转债有可能在现在召开股东大会并且通过下调转股价的决议吗？显然不会。

基于市净率的考虑，有些上市公司发行可转债时，转股价的设定可能不按法规办，但这并不违法，只要上报证监会同意即可。

兴业银行（601166）发行的兴业转债（113052），起息日期 2021 年 12 月 27 日，当前时间是 2021 年 12 月 25 日。即两天后，兴业转债即将开启申购。转股价为 25.51 元。

需要注意的是，正股兴业银行最近 20 个交易日的平均价为 19.03 元，开启申购前一天 2021 年 12 月 24 日收盘价 19.07 元。按规定，转股价应该设定为 19.07 元才是，为什么是 25.51 元？

这就涉及市净率的问题。兴业银行 2021 年三季报显示，每股净资产 27.83 元。现行的转股价 25.51 元原本已经低于每股净资产 27.83 元，算是打折出售股权。如果按 19.07 元的设定，要打更多的折扣。所以兴业转债的转股价实际上比规定的转股价要高。

3. 正股下跌、转股不调，可转债价格走势

如果我们把可转债看作看涨期权的话，当标的价格下调，看涨期权的行权价距离标的价格越来越远，看涨期权的虚值程度越来越大，看涨期权的价格也会越来越低，直到到期归零。

那么正股下跌幅度非常大，发行公司又不下调转股价，致使转股价与正股股价

距离越来越远，可转债价格会同比下跌吗？

　　以亚药转债（128062）为例，转股价 16.25 元。正股亚太药业一路由 22.1 元下跌至最低 3.02 元，为转股价的 18.58%，转股价一直未下调。图 1-6 为亚太药业 2019 年 4 月至 2021 年 1 月日线走势图。

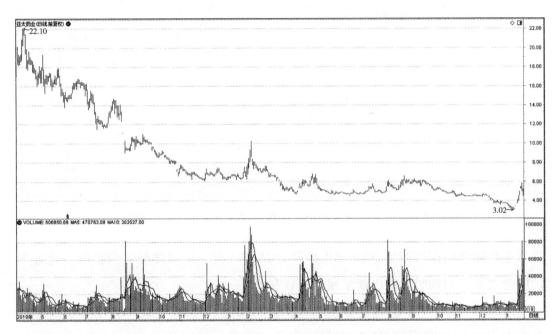

图 1-6　亚太药业 2019 年 4 月至 2021 年 1 月日线走势图

　　亚药转债会同比下跌吗？

　　不会。为什么？

　　我们把可转债比作看涨期权是为了加深理解，但我们还说了，可转债与看涨期权不同的是，可转债可以保本。即到期时，正股价格一直处于转股价之下，我们也可以收回债券本金和利息（权利金）。有了保本的保护，可转债就不会随着正股价格同比下跌。图 1-7 为亚药转债 2020 年 4 月至 2021 年 2 月日线走势图。

　　亚药转债虽然下跌，但不同比。最低达到 66.6 元，为票面价值的 66.6%。假设我们在 2019 年 11 月时，以 90 元的价格买进亚药转债，算亏损吗？严格来说只是账面亏损，并未发生实际亏损。为什么？

　　亚药转债的起息时间是 2019 年 4 月 2 日，我们买进的时间是 2019 年 11 月，所以第一次拿到利息的时间是 2020 年 4 月初。

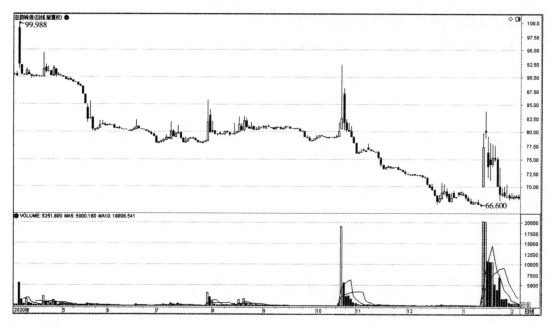

图 1-7 亚药转债 2020 年 4 月至 2021 年 2 月日线走势图

亚药转债的存续期是 2019 年 4 月至 2025 年 4 月，所以即便亚药转债一直处于转股价之下，到期时我们也能拿回本金和利息。

2020 年至 2025 年的利率分别为 0.3%、0.5%、1.0%、1.5%、1.8% 和 2%，并且规定在本次发行的可转债期满后五个交易日内，公司将以本次发行的可转债的票面面值的 115%（含最后一期利息）的价格向投资者赎回全部未转股的可转债。即前五年拿利息，最后一次返还本金 115 元，115 元中包括最后一年的利息。

即到期时，我们每 100 元本金共收到 0.3 元、0.5 元、1 元、1.5 元、1.8 元和 115 元，收到的现金加总为 120.1 元。

我们买进的成本是 90 元，将近 6 年间收益率为 33.44%，平均每年 5.57%。这样的收益率甚至高于长期国债。

所以当亚药转债达到 90 元的时候，投资者认为 5.57% 平均收益率可以接受，那他就会在 90 元的位置买进。

如果我们在 2020 年 5 月以 80 元买进呢？由于时间距离起息日过去了一年多，第一年的利息我们收不到了，最终收到的现金为 0.5 元、1 元、1.5 元、1.8 元和 115 元，共 119.8 元。成本 80 元，5 年间收益率为 49.75%，平均年收益率 9.98%。

如果我们在 2020 年 12 月以 70 元买进呢？由于时间距离起息日过去了一年多，第一年利息我们收不到了，最终收到的现金为 0.5 元、1 元、1.5 元、1.8 元和 115

元，共119.8元。成本70元，5年间收益率为71.14%，平均年收益率14.23%。

如果我们在2021年1月以最低价66.6元买进呢？由于时间距离起息日过去了一年多，第一年利息我们收不到了，最终收到的现金为0.5元、1元、1.5元、1.8元和115元，共119.8元。成本66.6元，收益率179.88%，平均年收益率35.98%（持有时间少于5年，按5年计算）。

如果我们能在66.6元买进，就算不持有至到期，亚药转债也在短时间内给了我们可观的收益。

图1-8为亚太药业2020年12月至2021年12月日线走势图。亚太药业由（2021年1月13日最低价）3.02元上涨至现价（2021年12月21日收盘价）4.14元，上涨幅度39.07%。

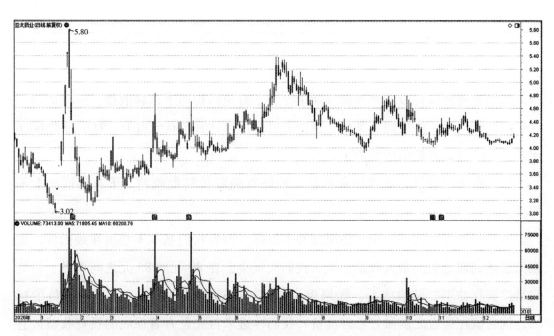

图1-8 亚太药业2020年12月至2021年12月日线走势图

再看图1-9为亚药转债2020年12月至2021年12月日线走势图。亚药转债由（2021年1月13日最低价）66.6元上涨至现价（2021年12月21日收盘价）94.426元，上涨幅度41.78%。

亚药转债在最近一年间上涨的幅度，高于我们算过账的持有5年后，每年平均35.98%的幅度。

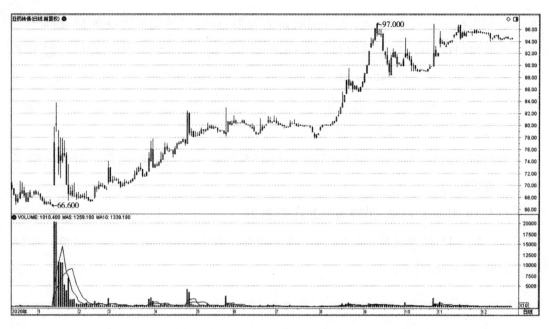

图 1-9　亚药转债 2020 年 12 月至 2021 年 12 月日线走势图

如果亚药转债在最后两年存续期中，为了避免回售而下调转股价，一旦遇到一波牛市股价上涨，触发强赎条件，理论上可转债可达到 130 元以上。对于最低 66.6 元来说，已经接近翻倍的收益了。

如此看来，最差有债券投资收益，最好有强赎价转股收益。下有保底，上不封顶。

虽然账算得很漂亮，现实情况却并不如此。因为我们基本不会买在最低价，也就无法达到理论上的最大收益。那么我们大概率会在 80 元到 85 元之间买进。但终归是投资收益不如转股收益。如果想买亚太转债这种正股价远远低于行权价的标的，就应该在买进之前做好心理准备：我们冲进来首先是奔着保底的投资收益，它有可能在长时间内无法达到更好的强赎价转股收益。如果达不到，我也能接受投资收益。

4. 正股价格与可转债价格的关系

不要从上面的例子中得出错误的推论：正股下跌，可转债跟随下跌，但不同比；正股上涨，可转债同比上涨。前半段推论正确，但后半段推论并不全面。

理论上，只要正股价格低于转股价，可转债价格就不会高于投资收益总价格。以亚药转债为例，正股亚太药业的股价只要低于转股价，那么亚药转债的价格就不会超过未来几年的利息和最后利率补偿赎回价。

亚药转债的利率为第一年0.3%、第二年0.5%、第三年1.0%、第四年1.5%、第五年1.8%、第六年2%，最后利率补偿赎回价是票面价值的115%，即115元，包括最后一期利息。

亚药转债的起息日期是2019年4月2日，现在时间是2021年12月22日。在2020年4月初和2021年4月初时，已经计过两次息，所以还剩四年利息可取。

未来四年中的前三年每100元可转债会收到利息1元、1.5元和1.8元，最后一期收到115元，总价为119.3（1+1.5+1.8+115）元。

也就是说，在正股亚太药业股价低于转股价的时候，亚药转债的价格不会高于119.3元。因为在119.3元以上将得不到任何保底收益，也就没有人愿意买。

尽管我们把所有可转债的投资人都设定为理性人，都会坐下来踏踏实实地算一笔账，但肯定也会有一些不理性的人，认为亚药转债要不了多久就要下调转股价，并且马上就会有一波牛市，会快速将亚太药业的股价推升至强赎价。他们就会以超过保底投资收益的价格买进亚药转债，使亚药转债的价格超过119.3元。

按照理性人的设定，亚药转债的转股价是16.25元，亚太药业的现价（2021年12月21日收盘价）为4.14元。在亚太药业未达到16.25元以上时，亚药转债的价格理论上应一直在119.3元以下徘徊。

如果亚药转债快速推升，例如接近16.25元，也会给某些人一些积极预期，使他们以超过投资收益的价格购买亚药转债。

回到我们本节的推论，正股亚太药业由低位上涨，亚药转债几乎同比上涨，这是事实。但同比上涨的步伐，理论上应止步于投资收益119.3元。并且不论亚太药业的涨幅再如何高，只要不超过转股价16.25元，亚药转债理论上也不会超过119.3元。

我们还要重申一遍，该推论建立在理性假设基础之上，非理性的情况不在我们讨论的范围内。

再看一个我们上面提到过的案例城地转债（113596）。起息日期2020年7月28日，转股价24.26元，正股城地香江现价（2021年12月21日收盘价）8.36元。

城地转债的利率情况为：第一年0.4%、第二年0.6%、第三年1.0%、第四年1.5%、第五年2.0%、第六年3%，最后一期返还108元，且包括最后一期利息。

2021年7月已经派息过一次，在未来的五年中，还能收到四次派息和最后一次本息返还。未来五年每100元可转债分别收到0.6元、1元、1.5元、2元和108元，总计113.1（0.6+1+1.5+2+108）元。换句话说，正股城地香江的股价只要低于转股价24.26元，理论上城地转债的价格不会超过113.1元。

1.3.3　回售套利

我们在前面已经详细介绍了回售机制。虽然每只可转债的规定不一样，但大同小异：可转债存续期最后两年中，如果公司股票在任何连续30个交易日的收盘价低于当期转股价的70%时，可转换公司债券持有人有权将其持有的全部或部分可转换公司债券按债券面值加上当期应计利息的价格回售给公司。

1. 回售收益计算

虽然前面讲过，但我们还是要重申一遍，并不是正股价格连续30个交易日的收盘价低于当期转股价的70%时，我们都可以行使回售权。一定要注意时间限制，虽然每只转债的规定可能不同，但大同小异。通常只有在可转债存续期内的最后两年，才能触发回售条件。

假设某只可转债，正股价格连续四年一直处于转股价下方，并且发行公司并未下调转股价。我们是回售好，还是等到期赎回更好？

还是算账。我们一直说可转债投资，一直在强调它的投资属性，就是让大家坐下来踏踏实实算账。可转债不同于在股票市场中做多头敞口交易，可转债更加关注确定性的收益。

以亚药转债为例。我们假设，亚太药业在存续期的最后两年也未下调转股价，我们该如何处理。

如果触发了回售条件，时间必然已经到可转债存续期的最后两年。亚药转债的回售价格是100元，我们真正能拿到的钱除了这100元外，还包括当期的应计利息。不过利息太低，并且时间小于一年，可以忽略不计。

回售是否划算，要看我们投资亚药转债的成本是多少。如果成本是100元，回售收益率为0%；如果成本是90元，回售收益率为11.11%。

如果按现价（2021年12月22日收盘价）94.698元计算，当前距离回售日期2023年4月2日还有466天，约1.28年。假设到期即行使回售权利，每100元可转债可以拿到5.302（100-94.698）元的收益，再加上2022年4月和2023年4月的利息收入，利率分别是第三年的 1%、第四年的 1.5%，每 100 元可转债可收到 1 元、1.5 元利息。

总收益为 7.802（5.302 + 1 + 1.5）元，年收益率 6.44%（7.802/94.698/1.28）。

我们再计算到期赎回的收益率。假设亚药转债一直未下调转股价，我们以现价 94.698 元买进，且准备到期赎回。根据亚药转债的条款，我们可以拿到第三年 1%、第四年 1.5%、第五年 1.8% 和最后一年包含利息在内的 115 元本息返还。当前距离最后赎回日期 2025 年 4 月 2 日共 1197 天，即 3.28 年。

分别收到 1 元、1.5 元、1.8 元和 115 元，共 119.3（1 + 1.5 + 1.8 + 115）元，成本 94.698 元，收益 24.602 元，年收益率 7.92%（24.602/94.698/3.28）。

是选择 1.28 年后 6.44% 的年收益率，还是选择 3.28 年后 7.92% 的年收益率？看似选择谁的收益率更高，真实情况其实是赌亚药转债的选择。

如果我们认为亚药转债选择到期赎回的可能性更大，那不如趁早抽身，把资金投入到回报率更高的项目上。如果我们认为亚药转债最终还是会下调转股价，下调转股价就有可能触发强赎条件，即我们有机会获得按票面价值计算 30% 以上的收益。

所以，不想跟它耗下去了，回售；还想再跟它赌一把的，继续等转股价下调。

2. 有最低保障的回售套利

如何回售套利呢？就是寻找具有亚药转债特征的可转债：现价远远低于转股价、回售日期临近，且收益率还可以接受。这些可转债有回售套利的机会。

还以亚药转债为例，以现价计算，就有年回报 6.44% 的套利机会。其实不高，但这个套利机会中还隐藏着一个更好的条件。我们在这 1.28 年中，拿着年回报 6.44% 的最低预期收益率，去博亚药转债会下调转股价，并且触发强赎价。那么亚药转债的价格最低也会达到 130 元，按 94.698 元的成本计算，则会有 37.28% 的收益率。

通常情况下，我们都是拿亏损多少钱作为赌注，来博取高收益。例如拿 2 块钱的彩票博取 500 万元；或在交易时，以亏损 8% 的本金来博取 32% 的股票涨幅等等。在这个案例中，我们是拿最低赚 6.44% 的收益，来博取未来赚 37.28% 的收益。不论股价高低都有收益，这才是回售套利的精要所在。

1.3.4 强赎是第一目标也是最后目标

强赎价，即转股价的130%以上，是每一只可转债的终点。强赎的目的并不是以低价强制赎回我们手中的可转债，而是要敦促我们尽快去转股，获取更大的收益。

正股收盘价格达到强赎价时，我们建议立刻转股或卖出可转债平仓。可能你会认为，不必这么着急，有些公司即便达到强赎价也发布公告说放弃本次强赎，比如我之前说过的伟20转债，我们还可以继续持有啊。

分两种情况来说明为什么正股价格达到转股价的130%以上后，应尽快转股或卖出可转债平仓。

一种情况是发行公司并不放弃本次强赎，我们应该快速转股或平仓，保证本次投资的收益，避免被强赎。

一种情况是发行公司放弃本次强赎，我们最好也要尽快转股。达到强赎条件而不强赎，则本计息年度内不再强赎。即公司对股价有绝对的信心，在下一个年度内，也能轻松触发强赎条件。这里需要注意的是，下一年度指的是自然年度，而不是计息年度。例如东财转3（123111）在2021年末时已经触发强赎条件，正股东方财富发布公告放弃本次强赎。2022年1月到2月，继续触发强赎条件，正股东方财富发布公告，敦促尽快转股，若不转股，将会在规定时间进行强赎。东财转3的计息时间是存续期内每年的4月7日，但再次强赎，并不是从下一年4月7日开始，而是从下一年的1月1日开始。

虽然公司有信心未来一段时间内股价不跌，但我们建议的是尽快转股后卖出股票，或直接卖出可转债。为什么在公司对未来股价有信心的情况下，并不建议继续持有正股或可转债呢？

因为考虑的角度不同。如果我们从投资可转债的角度来看，它能带给我们的理论最高收益就是正股价格以上30%左右的幅度。后面是否看好正股价格，与可转债投资无关。继续持有，也就不再参考可转债的各种因素，而是切换到正股的基本面、消息面、技术面等问题的分析上。正股价格可能继续上涨，也可能转而下跌，但它们都不再与可转债相关，也就脱离可转债投资的范畴了。如果我们做的是纯粹可转债投资，那么当可转债将我们送到了彼岸，即触发强赎条件后，我们就与可转债投资做了完全的切割。

如果我们通过正股的基本面、消息面、技术面等层面的分析，认为正股价格还会继续上涨，无论我们持有哪种形式的证券，都是可转债投资的补集，即非可转债投资。或持或卖或追或补，都有道理。但这里的道理，与可转债投资无关。

结论就是，做纯粹可转债投资，达到强赎条件立刻转股卖股或卖出可转债平仓。

1.4 一眼看懂可转债

我们只要找到可转债的几个要素数据，就可在几分钟内一眼看懂可转债。数据哪里找呢？

1.4.1 看盘软件中的可转债

以通达信软件为例，在键盘中输入"KZZ"（可转债首字母），回车，即可到达可转债列表界面，如图1-10。

▼	代码	名称 ·	涨幅%	现价	涨跌	买价	卖价	总量	现量	涨速%	换手%	今开	最高	最低
1	123002	国祯转债	0.39	118.225	0.462	118.225	118.375	2677	25	0.00	1.06	118.000	118.400	117.593
2	123004	铁汉转债	-0.19	109.378	-0.206	109.376	109.378	13783	49	-0.01	1.72	109.600	109.998	109.000
3	123010	博世转债	0.13	111.640	0.149	111.640	111.700	2711	5	0.00	0.63	111.492	111.937	111.400
4	123011	德尔转债	0.93	118.700	1.099	118.700	118.709	22166	138	0.14	8.84	117.695	119.233	117.520
5	123012	万顺转债	6.89	194.200	12.510	194.200	194.300	381166	1791	-0.30	311.10	183.000	197.776	182.000
6	123013	横河转债	-0.64	304.731	-1.967	304.731	304.731	10197	164	-0.05	26.67	306.440	306.500	303.532
7	123014	凯发转债	-0.30	135.990	-0.409	135.950	135.990	7161	128	-0.02	6.17	136.670	136.746	135.608
8	123015	蓝盾转债	0.19	244.239	0.459	244.220	244.239	170522	1038	0.06	170.25	243.690	250.800	241.004
9	123018	溢利转债	-8.93	214.010	-20.980	214.001	214.010	294268	2034	-0.24	542.27	238.500	240.990	210.600
10	123022	长信转债	9.50	240.500	20.872	240.500	240.600	119.6万	5244	0.54	466.30	222.000	257.600	221.496
11	123023	迪森转债	0.78	115.600	0.900	115.591	115.600	53893	294	-0.03	10.18	115.490	117.000	114.781
12	123024	岱勒转债	0.82	123.499	0.999	123.498	123.499	9651	118	0.00	4.60	122.499	124.563	122.190
13	123025	精测转债	0.43	162.200	0.700	161.873	162.200	61075	495	0.29	19.79	161.000	163.466	156.849
14	123027	蓝晓转债	1.93	344.070	6.520	344.070	344.100	74458	552	-0.03	69.57	340.000	349.540	340.000
15	123029	英科转债	—	—	—	—	—	0	0	—	—	—	—	—
16	123031	晶瑞转债	1.09	484.852	5.222	484.852	484.900	43786	287	-0.10	82.45	480.630	493.680	479.750
17	123034	道光转债	-1.23	217.500	-2.700	217.488	217.500	51539	740	0.00	66.18	219.300	220.496	216.010
18	123035	利德转债	0.61	171.000	1.043	171.000	171.010	107384	380	-0.40	13.44	173.000	175.800	170.500
19	123038	联得转债	-0.30	134.600	-0.399	134.600	134.690	46528	848	-0.04	31.59	136.190	136.190	134.309

◀▶│分类▲│ A股 ▲│创业 ▲│科创 ▲│CDR▲│ B股 ▲│基金 ▲│债券 ▲│股转 ▲│板块指数 ▲│港美联动 ▲│自选 ▲│板块 ▲│自定 ▲│港股 ▲│期权 ▲│期货现货 ▲│基金理财 ▲│

图1-10 通达信可转债界面

双击任何一只可转债，即可看到它的日K线走势图，图1-11为国祯转债日线走势图。

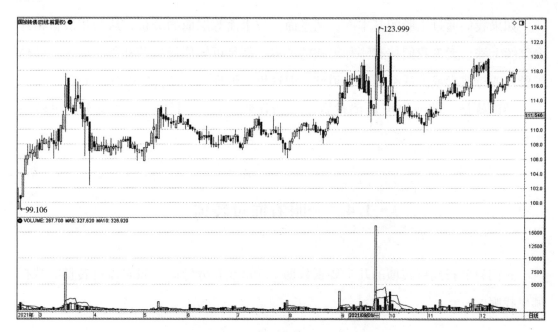

图 1-11　国祯转债日线走势图

按"F10"即可看到该只可转债的详细资料，如图 1-12。

在 F10 中，有债券概况、财务分析、付息情况、债券担保、债券评级、转股情况、利率情况、债券条款、债券公告等项。

在债券概况中，会列出可转债的基本情况，以国祯转债为例，我们可以知道：

1. 代码：123002。

2. 债券简称：国祯转债。

3. 债券全称：安徽国祯环保节能科技股份有限公司可转换公司债券。

4. 发行人：中节能国祯环保科技股份有限公司。

5. 债券类型：可转债。

6. 交易市场：深交所主板。

7. 发行规模：5.97 亿元。

8. 期限：6 年。

9. 最新规模：2.5215 亿元（转股后余额）。

10. 发行价格：100 元。

11. 发行方式：向原股东配售，上网定价发行。

12. 发行对象：公司原股东，即发行公告公布的股权登记日收市后中国结算深圳分公司登记在册的发行人所有股东；社会公众投资者，指在深交所开立证券账户的符合法律法规规定的投资者（国家法律、法规禁止者除外）。

【1. 债券资料】

债券代码	123002		债券简称	国祯转债
债券全称	安徽国祯环保节能科技股份有限公司可转换公司债券			
发行人	中节能国祯环保科技股份有限公司			
债券类型	可转债		交易市场	深交所主板
发行规模（亿元）	5.9700		期限（年）	6.0000
最新规模（亿元）	2.5215		发行价格（元）	100.0000
发行方式	向原股东配售，上网定价发行			
发行对象	公司原股东：发行公告公布的股权登记日收市后中国结算深圳分公司登记在册的发行人所有股东；社会公众投资者：在深交所开立证券账户的符合法律法规规定的投资者（国家法律、法规禁止者除外）。			
承销方式	包销		付息方式	按年付息
票面利率（%）	1.5000		最新转股价（元）	8.3600
债券信用级别	AA			
起息日期	2017-11-24		到期日期	2023-11-24
上市日期	2017-12-25		兑付日期	2023-11-24
转股起始日	2018-05-30		转股截止日	2023-11-24
是否担保	否			
主承销商	国元证券股份有限公司			
信用评估机构	上海新世纪资信评估投资服务有限公司			

图 1-12 国祯转债债券概况

13. 承销方式：包销。

14. 付息方式：按年付息。

15. 票面利率：1.5%（当期利率值）。

16. 最新转股价（也称为当期转股价）：8.36 元。

17. 债券信用级别：AA。

18. 起息日期：2017 年 11 月 24 日。

19. 到期日期：2023 年 11 月 24 日。

20. 上市日期：2017 年 12 月 25 日。

21. 兑付日期：2023 年 11 月 24 日。

22. 转股起始日：2018 年 5 月 30 日。

23. 转股截止日：2023 年 11 月 24 日。

24. 是否担保：否。

25. 主承销商：国元证券股份有限公司。

26. 信用评估机构：上海新世纪资信评估投资服务有限公司。

27. 英文名称：CECEP Guozhen Environmental Protection Technology Co.，Ltd.

28. 公司简称：节能国祯。

29. 是否上市公司：是。

30. 成立日期：1997 年 2 月 25 日。

31. 注册资本：69896.2023 万元。

还包括国祯转债十大持有人的信息，持有数量（张）、持有金额（万）、持有比例（%）等。

其他数据我们不再一一列举，感兴趣的朋友请自行查询。

投资可转债一定要看 F10，但没有必要把所有信息全部看完。大家只需要按下面几条，把下列信息找到即可，在 F10 债券概况中：

1. 正股名称、正股现价。

2. 起息日期、到期日期。

3. 转股价。

4. 利率说明。

5. 利率补偿说明。

6. 特别向下修正条款。

7. 赎回条件。

8. 回售条款。

1.4.2 试看一只可转债

有以上 8 条，基本上就可以看懂一只可转债了。我们随便找一只可转债来试一下。例如广汇转债（110072）。

1. 正股名称：广汇汽车，现价 2.68 元。

2. 起息日期：2020 年 8 月 18 日，到期日期：2026 年 8 月 18 日。

3. 转股价：4.03 元。

4. 利率分别为第一年 0.20%，第二年 0.40%，第三年 0.60%，第四年 1.50%，第五年 1.80%，第六年 2%。

5. 本次发行的可转债到期后 5 个交易日内，公司将按债券面值的110%（含最后一期利息）的价格赎回未转股的可转换公司债券。

6. 在本次发行的可转债存续期间，当公司股票在任意连续 30 个交易日中有 15 个交易日的收盘价低于当期转股价格的90%时，公司董事会有权提出转股价格向下修正方案并提交公司股东大会审议表决。若在前述 30 个交易日内发生过转股价调整的情形，则在转股价格调整日前的交易日按调整前的转股价格和收盘价计算，在转股价格调整日及之后的交易日按调整后的转股价格和收盘价计算。上述方案须经出席会议的股东所持表决权的三分之二以上通过方可实施。股东大会进行表决时，持有本次发行的可转债的股东应当回避。修正后的转股价格应不低于该次股东大会召开日前 20 个交易日公司股票交易均价（若在该 20 个交易日内发生过因除权、除息引起股价调整的情形，则对调整前交易日的交易价按经过相应除权、除息调整后的价格计算）和前一个交易日公司股票交易均价。

7. 转股期内，当下述两种情形的任意一种出现时，公司有权决定按照债券面值加当期应计利息的价格赎回全部或部分未转股的可转债：①在转股期内，如果公司股票在任何连续 30 个交易日中至少 15 个交易日的收盘价不低于当期转股价格的130%（含130%）；若在上述交易日内发生过转股价格调整的情形，则在调整前的交易日按调整前的转股价格和收盘价格计算，在调整后的交易日按调整后的转股价格收盘价格计算；②当本次发行的可转债未转股余额不足 3000 万元人民币时。

8. 在本次发行的可转债最后两个计息年度，如果公司股票在任何连续 30 个交易日的收盘价格低于当期转股价格的70%时，本次可转债持有人有权将其持有的可转债全部或部分按债券面值加上当期应计利息的价格回售给公司。若在上述交易日内发生过转股价格因发生派送股票股利、转增股本、增发新股（不包括因本次发行的可转债转股而增加的股本）、配股以及派发现金股利等情况而调整的情形，则在调整前的交易日按调整前的转股价格和收盘价格计算，在调整后的交易日按调整后的转股价格和收盘价格计算。如果出现转股价格向下修正的情况，则上述连续 30 个交易日须从转股价格调整之后的第一个交易日起按修正后的转股价格重新计算。本次发行的可转债最后两个计息年度，可转债持有人在每年回售条件首次满足后可按上述约定条件行使回售权一次，若在首次满足回售条件而可转换公司债券持有人未在公司届时公告的回售申报期内申报并实施回售的，该计息年度不能再行使回售权，可转债持有人不能多次行使部分回售权。

以上内容包括了我们所讲可转债的大部分内容，当然也可以反过来说，我们是按照这8点来讲述可转债的。

简略概括一下要点：广汇转债的存续期还有不到5年的时间，若现在（2021年12月22日）买还能收到4年的利息和最后一年的本息返还，每100元可转债最终的本息收入为114.3元。广汇转债现价101.28元，最低平均每年投资收益率2.59%，至少不会亏。正股现价2.68元，低于转股价4.03元。广汇转债早已触发下调转股价条件，但广汇汽车并未下调转股价。短时间内不会触发回售条件。

以上就是我们需要的广汇转债的基本信息。结论是，距离触发回售条件的时间较远，短期内没有下调转股价的压力。

如果我们看好广汇汽车，此时买广汇转债不如买广汇汽车的股票。为什么？

虽然买广汇转债有保底，但我们算过账，正股广汇汽车股价涨到转股价4.03元之前，广汇转债理论最高价为114.3元，理论最高收益率是12.85%。

假设广汇汽车的股价真的能涨到转股价附近，广汇汽车现价2.68元，上涨至4.03元，涨幅即收益率是50.37%。50.37%的收益率是12.85%广汇转债收益率的3.92倍，我认为如果真的看好广汇汽车，值得放弃保底收益，博一下广汇汽车的股价上涨。

当然如果你并不看好广汇汽车，按广汇转债现在的情况，我建议不论是股票还是可转债，都不要碰。

可能问题又回来了，虽然50.37%的收益率是12.85%收益率的3.92倍，但我不知道这个数字具体代表着什么意思，我到底能不能博一下呢？这就需要求助于数学期望值了。

1.4.3　数学期望值

硬币只有两个面，一个均匀的硬币落地后任意一个面朝上的概率是50%（不考虑硬币垂直落在地上）。我们玩一个游戏，如果正面朝上我给你100元，如果背面朝上你给我100元，游戏局数无限多。请问，这个游戏有意义吗？

一段时间内可能我赢得多，一段时间可能你赢得多。但只要游戏时间足够长，我们都不会赢，也不会输。

以我为例计算，每一局我赢的概率是 50%，盈利金额为 100 元。相对的，我失败的概率是 50%，亏损金额为 100 元。

数学期望值

＝盈利值×成功率＋亏损值×失败率

＝100×50%＋（－100）×50%

＝0

所以这个游戏没意义。

再看一种彩票排列 3，0 到 9 的数字中，任意选择 3 个数字下注。每注 2 元，开奖后获奖金额 1000 元。

大奖概率是多少？第一个数字从 0 到 9 中选择，中奖概率为 1/10。第二个数字从 0 到 9 中选择，中奖概率为 1/10。第三个数字从 0 到 9 中选择，中奖概率为 1/10。3 个数字全部得中，概率为 1/1000（1/10×1/10×1/10），中奖金额为 1000 元。相对的，失败概率为 99.9%，亏损金额为 2 元。

数学期望值

＝盈利值×成功率＋亏损值×失败率

＝1000×1/1000＋（－2）×999/1000

＝－0.998

假如游戏局数无限长，我们平均每下注一次，都要亏损 0.998 元，约 1 元。

再看赌场中轮盘，共 38 个数字，下注一个数字为 1 元，若中奖得 35 元。赢的概率是 1/38，盈利金额为 35 元。相对的是，输的概率是 37/38，输的金额为 1 元。

数学期望值

＝盈利值×成功率＋亏损值×失败率

＝35×1/38＋（－1）×37/38

＝－0.0526

假如游戏局数无限长，我们平均每下注一次，都要亏损 0.0526 元。

到这里我们可以回答上一节的问题了。如果我看好广汇汽车的股价会由现价 2.68 元上涨至 4.03 元，每股我将获利 1.35（4.03－2.68）元，那么我将损失购买广汇转债的保底收益 13.02（114.3－101.28）元。我要不要放弃广汇转债，而买入广汇汽车的股票？

为方便计算，假设我们现在有 271.4304 元的资金，可以买 101.28 股广汇汽车的股票，或买 2.68 股广汇转债。

按数学期望值来计算，我们需要知道广汇汽车上涨的概率是多少。

假设概率是 100%，

数学期望值

　= 盈利值 × 成功率 + 亏损值 × 失败率

　= （4.03 元 − 2.68 元） × 101.28 股 × 100% + （101.28 元 − 114.3 元） × 2.68 股 × 0%

　= 136.728

数学期望值为正，股票有 100% 的上涨概率肯定要买。

假设概率是 80%，

数学期望值

　= 盈利值 × 成功率 + 亏损值 × 失败率

　= （4.03 元 − 2.68 元） × 101.28 股 × 80% + （101.28 元 − 114.3 元） × 2.68 股 × 20%

　= 102.4

数学期望值为正，买股票。

假设概率为 50%，

数学期望值

　= 盈利值 × 成功率 + 亏损值 × 失败率

　= （4.03 元 − 2.68 元） × 101.28 股 × 50% + （101.28 元 − 114.3 元） × 2.68 股 × 50%

　= 50.92

数学期望值为正，买股票。

假设概率为 20%，

数学期望值

　= 盈利值 × 成功率 + 亏损值 × 失败率

　= （4.03 元 − 2.68 元） × 101.28 股 × 20% + （101.28 元 − 114.3 元） × 2.68 股

$\times 80\%$

$= -0.57$

数学期望值为负，买股票不如买可转债。

最后的问题就变成了：你对广汇汽车的股价上涨有多大的把握，如果把握足够大，明显买股票的收益更丰厚。如果把握不足，不如相对求稳买广汇转债。或者你对广汇汽车的把握不够大，对于广汇转债的兴趣也没那么大，可以什么都不买。

问题转换了，广汇汽车的股价会涨吗？这个问题谁也不知道。但我们可以通过基本面、消息面、政策面、技术面来分析，当然这不是本书的重点。关于股价波动方面，可以读我们出版过的《锁定热点强势股：基本面技术面共振法》，想计算股价涨跌的概率，可以参考我们出版过的《平衡盈利：期权投资的立体思维与实战技巧》，虽然是写期权的书，但其中有关于使用正态分布计算股价涨跌概率的内容，并且书中给出了使用 EXCEL 制作概率计算器的内容，没学过高等数学也可以按步骤计算出结果。

小结一下：

可转债的四大要素：转股价、下修转股价、强赎价、回售价。

转股价：以本可转债募集说明书公告日前 20 个交易日公司股票交易均价和前一交易日公司股票交易均价二者之间的较高者，为转股价。

发行可转债的目的：融资，使可转债的债权人变成股东。

为什么不直接定向增发股票而发行可转债：当下融资的最优手段。

转股价的调整：当股权发生变化时，转股价会做出相应的调整，通常情况下回购并注销股票，转股价会向上调整。其他情况转股价会向下调整。

转股价的修正：转股价不得向上修正。当正股价格触发可转债条款中规定的下修转股价条件时，可转债发行公司有权向下修正转股价，但非义务。

下修转股价与市净率的关系：市净率越高，触发下修转股价条件后下修转股价的概率越大。

正股价格与可转债价格的走势关系：并不是简单同比上涨或同比下跌。通常情况下，可转债有保底，所以在正股价格大幅下跌时，可转债下跌的幅度较小；正股价格在低于转股价的情况下上涨时，可转债虽然跟随上涨，但不会超过投资收益总额的价格。

回售：在可转债存续期的最后两年中，正股价格低于可转债条款规定的回售价格时，可向发行公司回售可转债。每年可行使权利一次。

回售套利：临近回售期时，可计算回售后的全部投资收益，若以当前价格买进可转债，并且回售的收益率高于无风险收益率，或高于自己的机会成本，可进行回售套利。

强赎：不论可转债发行公司是否放弃本次强赎，如果是纯粹可转债投资，我们都建议转股平仓或卖出可转债平仓。如果脱离了纯粹可转债投资的范畴，怎么做都有道理，但可转债投资的指导意义已不再适用。

通过了解转股价、下修转股价、回售、强赎四个可转债条款，即可在短时间内看懂一只可转债并确定操作策略。

第二章

可转债投资

　　格雷厄姆在《聪明的投资者》第一章《投资与投机》中写道："投资操作是以深入分析为基础，确保本金的安全，并获得适当的回报，不满足这些要求的操作就是投机。"格雷厄姆对投资给出了三个条件：深入分析、本金安全、适当回报。我们在可转债投资中该如何理解这三个条件呢？

　　深入分析即在先明白转股价、转股价下修、回售条款、强赎条款的情况下，对正股基本面进行分析。

　　本金安全分为两个层面：购买价格的高低和本金永久性损失。超过投资收益总额的价格购买，大概率会出现亏损；可转债发行公司违约几乎会丧失全部本金。

　　适当回报：纯粹可转债投资的理论最高收益为30%。如果想要更多，就不要选择做可转债投资。

2.1　有保底的可转债也会亏损

　　我在知乎上搜索"可转债"，其中有一个问题：可转债一天亏了5万，人都要抑郁了。该题主描述说：从4月开始炒股，越亏越多，今天10月23日玩可转债，5.5万又没了。我现在每天都吃不香，睡不好，每天以泪洗面。

知乎上这个问题发布日期是 2020 年 12 月 23 日，图 2-1 为集思录网站中可转债等权指数全图，图中的折线为可转债等权指数，柱线图为成交量。图中标注的位置就是 2020 年 10 月 23 日的成交量，当天可转债等权指数波动不大，但成交量异常火爆，当日可转债成交总额 1924.236 亿，换手率高达 44.45%，均为历史最高值。

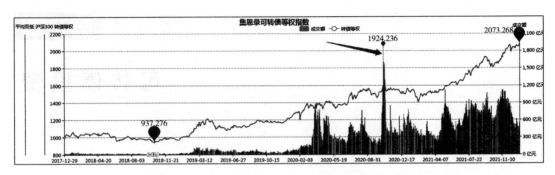

图 2-1　集思录网站可转债等权指数

可转债是一个下有保底、上不封顶的好东西，竟然可以让人亏到想跳楼，到底是哪里出了问题？

可转债 T+0、无上限、博弈性强。买股票有 T+1、涨停板的限制。如果一天可以多次交易，上涨无限制，岂不是赚得更多？难道我们不想一想，在有限制的情况下我们都很难盈利，在无限制的情况下我们就能赚得更多？问题不是出在交易是否有限制，而是出在自我认知上。

可转债的流动性并不是太好，有些盘口上买一与卖一可能差了 10 个点，有时候买一到买十加起来的交易总额可能不到 100 万，价格相差也可能达到 50 点以上。主力资金出货，向下打几十个点也很正常，跟着挂单手再快可能也没办法成交，抢跑和抢筹都不行，容错性就很低。如果资金量不占优势，就容易被反复收割。但凡坐下来读一本介绍可转债的入门书，也不至于亏得如此厉害。

为什么有保底的可转债最后还会亏损呢？在可转债发行公司没有违约的情况下亏损，只有一种可能，买高了。

2021 年 12 月 31 日可转债市场上价格最高的可转债是钧达转债（128050），价格 486.88 元，正股钧达股份（002865）价格 70 元。图 2-2 为钧达转债 2020 年 4 月至 2021 年 12 月日线走势图。图 2-3 为钧达股份 2020 年 4 月至 2021 年 12 月日线走势图。

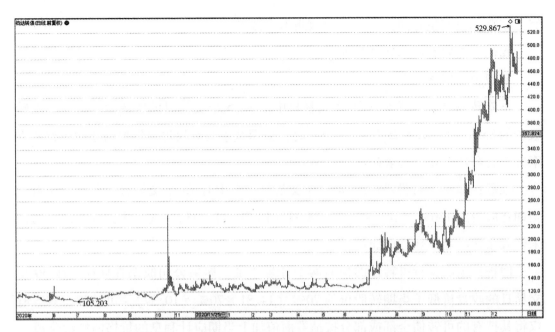

图 2 - 2　钧达转债 2020 年 4 月至 2021 年 12 月日线走势图

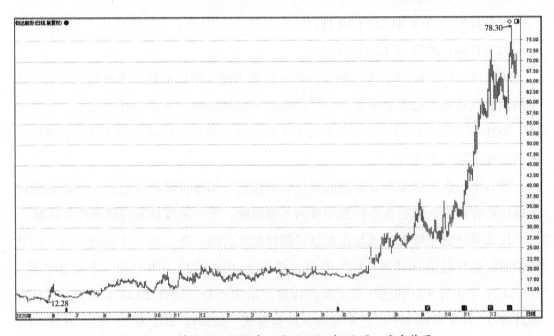

图 2 - 3　钧达股份 2020 年 4 月至 2021 年 12 月日线走势图

现在把这两张图摆在这里你来判断，还能买吗？

需要注意的是，我虽然让你看了图，但我在误导你。可转债投资几乎不用图表分析，甚至最好不用图表分析。为什么？因为我们做的是投资，要踏踏实实坐下来算一笔账，而不是看图预测。看图预测不是投资。

我们首先要看钧达转债的四要素：

转股价：14.81元。

下修转股价：任意连续30个交易日中至少15个交易日的收盘价格低于当期转股价的85%（14.81×85%＝12.59）时，公司董事会有权提出转股价格向下修正方案并提交公司股东大会表决。

强赎：如果公司股票在连续30个交易日中至少有15个交易日的收盘价不低于当期转股价的130%（含130%）（14.81×130%＝19.25），或当本次发行的可转债未转股余额不足3000万元时。

回售：本次发行可转债的最后两个计息年度，如果公司股票在任何连续30个交易日的收盘价低于当期转股价的70%（14.81×70%＝10.37），可转债持有人有权将其持有的可转债全部或部分按债券面值加上当期应计利息的价格回售给公司。

还有一些其他信息：

起息日期：2018年12月10日；

到期日期：2024年12月10日。

2022年12月10日后才有触发回售条件的可能，所以最后一条我们不用看。从当前正股钧达股份的走势来看，早已经触发了强赎条件，为什么还在交易？查看公告。2021年3月9日钧达股份发布关于不提前赎回钧达转债的提示性公告，即钧达股份放弃了第一次强赎。

那么下一次可触发强赎的时间是什么时候呢？如果可转债发行公司在达到强赎条件后放弃强赎，则它在本计息年度内不得强赎。下一年度触发强赎条件可强赎。

什么是计息年度呢？就是由起息日期开始之后的一年，为一个计息年度。钧达转债的起息日期是2018年12月10日，那么至2019年12月9日为一个计息年度。

2021年3月9日钧达转债发布公告放弃本次强赎，即在2020年12月10日至2021年12月9日这一个计息年度内，放弃强赎。如果在2021年12月10日至2022年12月9日之间触发强赎条件，即可强赎。

现在时间是2021年12月31日，已经处于下一个计息年度，所以如果正股钧达股份的股价触发了强赎条件，钧达股份有权强赎。

所以在2021年12月24日钧达转债发布公告称：截至2021年12月24日，公司股票如在未来6个交易日的收盘价均不低于"钧达转债"当期转股价格（14.81

元/股）的 130%（即 19.25 元/股），将于 2022 年 1 月 4 日首次触发"钧达转债"2022 年度有条件赎回条款。

也就是说钧达股份告诉我们：到期不转股，我要强赎了。

好，在这种情况下，我们是否应该购买钧达转债？

假设我们以现价 486.88 元购买了钧达转债，有三种情况。

情况 1：在未来 6 个交易日内，钧达转债继续上涨，涨多少，我们赚多少。

情况 2：在未来 6 个交易日内，钧达转债保持持平，我们不亏不赚。

情况 3：在未来 6 个交易日内，钧达转债下跌，跌多少，我们亏多少。

是赚是亏完全看运气？对，就是看运气。因为我们违背了格雷厄姆对于投资的定义，我们有没有深入分析？没有。我们怎么样保障本金安全？不知道。

如果钧达转债价格持平或上涨，是我们运气好。如果钧达转债下跌，我们只能认亏。这算哪门子投资？这不是投资。

投资应该怎样做？怎样算？是看见它涨得好猛啊，我也买点吧，再不买就来不及了吗？当然不是！肯定不是！绝对不是！我们要算清楚，我们付出了什么，能拿回什么。

如果我们以 486.88 元/张的价格买了票面价值为 100 元/张的钧达转债，钧达转债的价格持平或上涨的情况不考虑。如果下跌了，我们卖出钧达转债肯定是亏损的。还有两条路可选，被强制赎回或转股。

如果被强赎，根据钧达转债的规定，按钧达转债的票面价值加上本期利息。可转债的利息本来就很低，并且本期计息时间是从 2021 年 12 月 10 日开始，强制赎回时间距离本期计息日不过 1 个月，利息更是低到可以忽略不计。所以我们以 486.88 元/张的价格买进，被强赎后，只返还给我们 100 元/张，亏损 386.88 元/张，亏损率达到 79.46%，这条路肯定不能选。

那只有转股了，转股价为 14.81 元。按面值 100 元转股可转 6 股余 11.14 元。即转股后，我们能拿到 11.14 元现金和 6 股钧达股份的股票。

我们付出了多少？买钧达转债 486.88 元/张。

我们拿回来了多少？11.14 元现金和 6 股钧达股份的股票。

相当于我们用 475.54 元买了 6 股钧达股份的股票，每股平均成本 79.26 元。当前钧达股份的价格是 70 元整，转股后我们每股亏损 9.26 元，6 股共亏损 55.56 元。除非钧达股份由 70 元上涨至 79.26 元，上涨幅度必须超过 13.23%，我们才能回本。

我们再梳理一遍，如果我们以 486.88 元的价格买了钧达转债，除非在钧达转债最后 6 个交易日中继续上涨，我们才能盈利。如果在未来的 6 个交易日中，钧达转债并未上涨或保持持平，我们有可能亏损；如果强赎我们就亏大了，不能等强赎；如果转股，钧达股份必须再上涨 13.23% 我们才能回本。

要么赌钧达转债在未来的 6 个交易日中会继续上涨，要么赌钧达股份在强赎之后还会继续上涨。既然我们赌钧达股份会再上涨 13.23% 后回本，为什么不放弃买钧达转债，转而直接买钧达股份不是更好吗？

所以经过深入分析，我们认为现在没有购买钧达转债的理由。现在我们就能了解，为什么有些人在有保底的可转债中，还会血亏了吧。

2.2　可转债投资收益计算

怎样才能称得上是可转债投资呢？还是要坐下来踏踏实实地算账。可转债最理想的是正股达到强赎价，这是我们做纯粹可转债投资理论上最高收益 30%；可转债发行公司违约，公司破产而无法清偿债务，会导致资金永久性损失，理论上最高可达到 100%。在其间还会出现其他的收益情况。

2.2.1　可转债几种收益情况

触发强赎条件是正股价格在一定时间内达到转股价的 130% 以上（含 130%），相应的在没有套利空间的情况下，可转债的价格也会达到它的票面价值的 130%，即 130 元。

第一种情况是，由于正股价格必须经历一番上涨后才能触发强赎条件，所以可以肯定的是此时的正股，不论是短期还是长期，必然处于上涨趋势当中。趋势的方向不会轻易改变，所以大都会判断正股价格还有继续上冲的可能性。

既然正股有上冲的可能性，那些想做股票而不想受 T+1 制约的人，就会转而买进正股对应的可转债，进出自由。买入资金涌入，自然会推升可转债价格上涨。

第二种情况是，大家都认为可转债的发行目的就是触发强赎条件后，债权人转股，公司达到融资的目的。而触发强赎条件时，股价必须在连续的 30 个交易日内中的 15 或 20 个交易日的收盘价，高于转股价的 130%（含 130%）。那么为了达到强赎的条件，发行公司必然会想尽一切办法使得股价处于高位，甚至再向上推高一部分，避免出现疏漏而功亏一篑。所以真正在时间和价位上都触发强赎条件，正股价格通常都会高于强赎价（转股价的 130%）一部分。

第三种情况是，并未购买可转债的人，当他们看到该可转债的正股价格可能要触发强赎条件时，他们认为股价必然会在短期受到支撑，甚至上涨。那么他们则会利用这次套利机会，购买股票，股价上升，进而导致可转债价格继续上涨。

包括但不限于以上的情况下，当正股在时间和价格上达到强赎条件时，股价通常都会超过强赎价很多，并且可转债也出现了溢价。即正股达到转股价 130% 时，可转债的价格大都会超过票面价值的 130%，可能会达到 140 元左右。

做纯粹可转债投资，当正股在时间和价格都符合强赎条件下，我们可能获得30% 到 40% 的收益，那么我们折中一下，收益率为 35%，这是我们可以做到的。

我们真的能得到这么多吗？还真不一定。虽然每家发行可转债的公司最终目的都是触发强赎条件后，促使可转债持有人转股，由债权人变成股东，但有些公司尽全力也无法达成这一目标，甚至因公司经营不善而倒闭，可转债违约，本金全失。

不过自我国发行可转债以来，无一例违约。当然我们不能说以前没有违约，以后就不会有。公司有多大的可能性违约，我们会在后文中详细论述。

另一种情况是回售，拖了四年后，正股价格始终没有触发强赎条件，反而下跌，触发了回售条件。这种情况下，我们只能拿回本金和四年多的利息。

假设某只可转债规定的利率为第一年 0.2%、第二年 0.4%、第三年 0.6%、第四年 1.5%。在可转债的存续期最后两年中可触发回售条件。即我们能拿到前四年的利息和第五年的当期利息，当期利息低到可以忽略不计。那么这四年我们可以拿到 0.2 元、0.4 元、0.6 元、1.5 元和 100 元本金，总计 102.7 元。

如果我们运气不好，买到了最终回售的可转债，不考虑机会成本，我们也只能拿四年总计 2.7% 的收益率。

还有种情况是，即未触发回售也未触发强赎，拖了六年时间后，可转债发行公司付息还本。我们能拿到多少？假设某可转债的利率为第一年 0.2%、第二年 0.4%、第三年 0.6%、第四年 1.5%、第五年 1.8%、第六年 2%，最后一年可以拿到利率补偿连本带息共 110 元，其中包括了第六年的利息。即我们 6 年中能拿到0.2 元、0.4 元、0.6 元、1.5 元、1.8 元和 110 元，总计 114.5 元，即在不考虑机会成本的情况下，我们能拿到 6 年总计 14.5% 的收益率。

我们梳理一下可能发生的情况：

1. 公司违约，永久性亏损，本金全失。

2. 4 年后回售，能拿到前四年的利息和 100 元本金，通常不超过总计 3% 的收益率。

3. 6 年后公司还本付息，能拿到前 5 年的利息、本金和利率补偿，通常不超过总计 15% 的收益率。

4. 可转债上市后，正股价格猛涨，在价格上触发强赎条件，但时间上未超过转股起始日，可直接卖出可转债获利；或价格和时间都触发了强赎条件，通过转股获利或卖出可转债获利。纯粹可转债投资的理论收益在 30% 至 40% 之间。

以上数据给了我们可能获取的收益，那么我们就能计算付出什么样的价格，才能称得上投资了。

2.2.2　公司违约的资金永久性损失

如果有人问我们借钱，我们的第一反应是什么？他会给我多少利息吗？当然不是。我们之所以不愿借钱，是怕这钱永远要不回来了，也就是资金的永久性损失。借钱给朋友和借钱给上市公司的道理一样。为了保证至少能把本金要回来，有这样一句话叫"救急不救穷"，即不要把钱借给没有偿还能力的人。

那怎么判断他有没有能力还钱呢？

首先要看他还有多少家底，本来就一无所有，哪怕是借给他一毛钱他也还不起。所以借钱给公司要看它的资产负债率有多高，如果公司资产中 50% 甚至更高都是负债，它极有可能发生资金链断裂的情况，不要把钱借给它。

其次要看他能不能赚钱，即便他有很多资产，可他不事生产，只吃存量，没有增量，坐吃山空，也不要把钱借给他，即不要把钱借给一个不上进的人。所以要看一家公司的盈利能力如何，如果它的主营业务在不停地赚钱，发行可转债只是为了发展新项目，我们把钱借给它，再变成它的股东，等于跟随它一起发展。即便新项目做砸了，还有老项目可以确保还本付息。

最后要看他能不能赚足够的钱来还利息。如果公司每年的现金流都无法偿还可转债的当期利息，说明新老项目的盈利情况都不好，我们不要蹚浑水了。

这三个基础条件，分别用三个财务指标——资产负债率、净利润和利息保障倍数来指示。其中资产负债率和净利润在通达信软件中可以直接查询，利息保障倍数需要手动计算。

利息保障倍数＝息税前利润/利息费用。

息税前利润＝净利润＋所得税＋利息费用。

根据格雷厄姆的标准，利息保障倍数达到 7 以上才算安全。为了使没有财务基础的朋友们计算起来方便，我们把利息保障倍数公式简化一下。

利息保障倍数＝利润总额/利息费用≥6

有些情况下，通达信中没有利息费用数据，可以去"问财"搜索。

但是这些指标只能起到参考作用，算是一个保底。比如，我们都知道亚药转债上市后下跌的幅度有多深，图 2-4 为亚药转债 2019 年 4 月至 2022 年 1 月日线走势图。即便是亚药转债的正股亚太药业，以上这些指标都满足，也并不是说投资或买入亚太转债是绝对安全的。

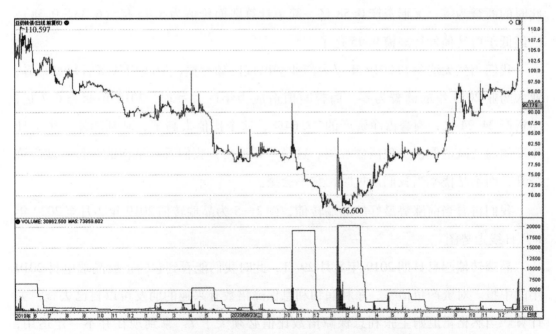

图 2-4 亚药转债 2019 年 4 月至 2022 年 1 月日线走势图

怎么办？没有办法了吗？我们说过，以上这些数据的计算是静态的，只起到保底的作用。我们还是要用发展的眼光来看问题，看它未来会不会出现问题。既然是计算保底，所以我们要做最坏的打算，即看它未来会不会出现可能变糟糕的问题。

2018 年底，亚太药业净资产 24.24 亿，其中商誉 6.7 亿、无形资产 1.03 亿。

用净资产减去商誉和无形资产简单计算它的账面价值为 16.51（24.24－6.7－1.03）亿，这是它自有的家底。那它要借多少钱呢？9.95 亿，占它所有家底的 60.27%。

如果它还不起钱违约了，最坏的情况是破产清算，在清算的过程中非流动资产通常以 20% 的账面价值计算，基本不值钱，按照格雷厄姆的算法，流动资产大约等于它的最后价值。2018 年亚太药业流动资产 12.47 亿。差不多刚够还钱，但我们说要用发展的眼光看待问题。经过 6 年（可转债存续期）的时间，若公司经营不善，12.47 亿的流动资产还剩多少？恐怕不会高于 9.95 亿。

你可能会说这不公平，因为我估计的是最坏的情况，而事实上是不可能发生的。这个还真不一定。之前没发生，不代表以后不会发生。我们本节讨论的就是最坏的情况。

事实上 2019 年这种最坏的情况已经呈现。2019 年年报显示，亚太药业亏损 19.21 亿。只用了一年时间，净资产由 2018 年的 24.24 亿变成 2019 年的 6.33 亿。此时的商誉为零，无形资产 0.58 亿，简单计算账面价值为 5.75 亿（6.33－0.58），已经低于可转债发行规模 9.95 亿了。

我们当然无法预知 2019 年亚太药业会出现巨额亏损，但我们从事后复盘来看，亚太药业 2019 年的商誉为零。商誉减值造成当年巨大亏损，2018 年商誉 6.7 亿，净资产 24.24 亿，商誉占净资产的 27.64%，这个比值太高了，高到随便一个会计年度的商誉减值便会出现巨额亏损。这是一颗地雷，我们看到地雷的时候，就应该绕开，而不是侥幸当我们走过时，它不会爆。

我们再看当前涨势最好的晶瑞转债，图 2－5 为晶瑞转债 2019 年 2 月至 2022 年 1 月日线走势图。

晶瑞转债起息日期 2019 年 8 月 29 日，此时我们能看到它的正股晶瑞电材 2019 年的中报。对资产负债率、净利润和利息保障倍数有兴趣的朋友可以自己去查，去计算。当然格雷厄姆主张利息保障倍数比值必须大于 7，拿到现在并不一定适用，比值不要太小即可。

晶瑞电材 2019 年上半年总资产 20.93 亿，净资产 13.35 亿，资产负债率 36.22%。商誉 0.24 亿、无形资产 0.56 亿，账面价值 12.55（13.35－0.24－0.56）亿。晶瑞转债发行规模 1.85 亿，占账面价值的 14.74%。不论是商誉还是晶瑞转债的发行规模，对于晶瑞电材的家底来说，占比都非常小。

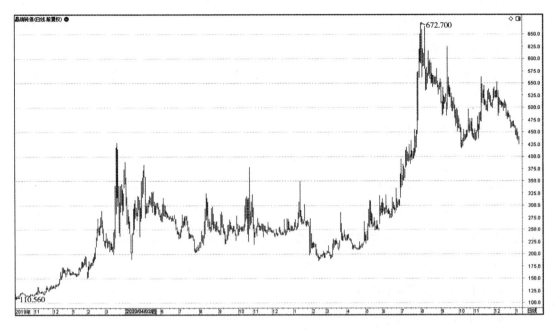

图 2-5 晶瑞转债 2019 年 2 月至 2022 年 1 月日线走势图

当然爆雷的情况可能不是资金链断裂或商誉减值，更有可能是应收账款、存货等的减值，或是投资收益大幅亏损等。这就需要对正股的财务进行全面分析了。本书的主题是可转债，所以我们不赘述财务分析的知识，有兴趣的朋友可以关注我们今后出版的财务分析系列的书籍。

总之，在购买可转债之前，首先要做最坏的打算。如果从财务、发展层面上问题不大，就可以进行下一步了。

2.2.3 做好回售和正常赎回的计算

排除本金永久性损失，回售是最坏的情况。从申购时中签可转债起，我们最少要持有四年，且只能获得极少的利息收益。当然我们事先不知道它最终会不会回售。如果你是极度风险厌恶者，那就要做最坏的打算。

如果申购时中签，在持有期间不进行任何处理的情况下，就没什么好说了。如果可转债已经发售上市，我们在选择买或不买的情况下，那就要坐下来算算账了。

有两种情况，第一种是我们完全不在乎机会成本。反正最后回售的时候，我们也能拿到本金和利息。我们还是以亚药转债为案例，亚药转债起息日期 2019 年 4 月 2 日，如果现在（2022 年 1 月 10 日）买还能拿到 2021 年 4 月至 2022 年 4 月期间的利息，这是存续期的第三个年度。

按照亚药转债的发行说明，第三、四个年度的利率为 1% 和 1.5%。如果我们做最坏的打算，在第五年时回售。那么我们能拿 2.5 元的利息和 100 元本金，共 102.5 元。所以在完全不计算机会成本的情况下，我们只要在 102.5 元以下买进即可。

另一种情况是把机会成本考虑进去，如果我不投资可转债，可以把钱存入银行或买国债。假设买国债的利率是 4%，是我们能拿到的最高的无风险收益率，也可以称为最安全情况下的最高机会成本。

从现在开始到回售期 2023 年 4 月 2 日，大约还有 15 个月，即 1.25 年。那么这就变成一道应用题，投入 x 元，收益率为 4% 的情况下，1.25 年后得到 102.5 元，求 x。

$$x \times (1 + 4\%)^{1.25} = 102.5$$

$$x = 97.6 \text{ 元}$$

其实这就是个折现问题，可以用 EXCEL 轻松解决，在 EXCEL 任何一格中输入" = pv（4%，1.25，0，102.5）"即可。

即我们以 97.6 元买进亚药转债，到期回售也可以拿到年复合 4% 的收益率。当然这是最低保障，如果亚太药业的股价能一飞冲天，或是亚药转债下修转股价，亚药转债触发强赎价。我们就能获得 33.2%（130/97.6）以上的收益率。

如果我们还想扩大收益，就要把机会成本放大。例如我们认为购买亚药转债的的机会成本为 8%，按照上面的公式代入：

$$x \times (1 + 8\%)^{1.25} = 102.5$$

$$x = 93.1 \text{ 元}$$

EXCEL 计算式为" = pv（8%，1.25，0，102.5）"。

当前（2022 年 1 月 10 日）亚药转债收盘价为 102.97 元。如果想要 4% 的机会成本保底，当前价格已经太高了。

同样的道理，做好到期后赎回准备的计算方法是一样的。还是以亚药转债为例，假设亚药转债既无人回售，也没有触发强赎，到期亚太药业正常赎回。距离 2025 年 4 月 2 日到期日还有 3.25 年。

第三、四、五年利率分别为 1%、1.5% 和 1.8%，最后一年连本带利可拿回 115 元，共 119.3 元。如果我们计算机会成本的话，只要在 119.3 元以下买进，都不算亏损。

如果我们还是以4%的机会成本来计算，应用题变成投入 x 元，收益率为4% 的情况下，3.25年后得到119.3元，求 x。

$x \times (1 + 4\%)^{3.25} = 119.3$

$x = 105.2$ 元

EXCEL计算式为 "=pv（4%，3.25，0，119.3）"。

同样把机会成本扩大为8%后，代入公式：

$x \times (1 + 8\%)^{3.25} = 119.3$

$x = 92.9$ 元

EXCEL计算式为 "=pv（8%，3.25，0，119.3）"。

以低于105.2元的价格买进，到期正常赎回后可以获得年复合4%的收益率。以低于92.9元的价格买进，到期正常赎回后可以获得年复合8%的收益率。

其实正常情况下，几乎所有可转债最终都会触发强赎条件。需要注意的是，我们在为最坏的情况做计算，并不是说亚药转债或其他某只转债不会触发强赎价。

2.2.4 有违约风险时的回售打算

以史上最接近违约的辉丰转债为例。

辉丰转债正股是辉丰股份（002496）。

辉丰转债2016年4月起息，2016年5月上市，2018年停业整顿，原因是环保问题。2018年亏损5.47亿，2019年亏损5.04亿，2020年一季度亏损0.76亿。

2016年10月28日，辉丰转债进入转股期。

2020年4月29日，年报公布公司近两年净利润为负，辉丰转债停牌，等待深交所作出是否暂停上市的决定，此时还有8.44亿辉丰转债。

2020年5月19日，深交所发布公告，决定自2020年5月25日起，辉丰转债暂停上市。其间，辉丰转债可以正常转股。

2020年5月25日，辉丰转债暂停上市。

2020年6月6日，辉丰股份发布回售公告，截至2020年6月5日，辉丰转债已满足回售条件，可以在2020年7月27日至2020年7月31日期间进行回售申报，回售价格为103元/张（含税）。

2020年6月29日，辉丰转债下调转股价，由7.71元/股调整为4.38元/股。

2020年8月4日，辉丰转债的回售结果发布，共申报回售8202675张，还余

238500 张未回售。本次回售给投资者兑付大约 8.2 亿元，剩余 0.24 亿元未兑付。

2020 年 8 月 7 日，回售资金划拨到投资者账户。

2020 年 12 月 30 日，辉丰股份修改募集资金用途，触发附加回售条件，投资者可以在 2021 年 1 月 4 日至 2021 年 1 月 8 日申报回售，回售价格为 100.919 元/张（含息税）。

2021 年 3 月 4 日，辉丰股份发布公告称：2021 年 1 月 4 日至 2021 年 1 月 8 日共申报回售的辉丰转债张数为 44298 张。

2021 年 3 月 20 日，辉丰股份发布公告称：由于剩余规模只有 0.19 亿元，小于 0.3 亿元，触发了强赎条款，公司决定发起强赎。赎回价格为 103 元/张，赎回日 2021 年 4 月 20 日。

2021 年 4 月 27 日，赎回款到账，市场上再无辉丰转债份额。

2021 年 4 月 28 日，辉丰转债从深交所摘牌。

注意辉丰转债暂停上市的时间是 2020 年 5 月，即存续期已经过了 4 年，股价走低已经触发了回售条件。按规定办事，为什么要叫停呢？注意看 2020 年一季报的数据，现金只有 3.22 亿元。如果全部回售需要多少钱？不算利息的话需要 8.44 亿元。如果不叫停，批量涌入回售申报，辉丰股份就会陷入挤兑，根本没钱全部回售，必定成为历史上第一个违约的可转债标的。深交所叫停，还要注意一个细节，在停牌期间可以转股，但不能回售。

辉丰转债发行规模 8.45 亿元，当时的评级是 A + 。我们用自己的方法来看一下，2016 年 5 月起息，当时我们能看到 2016 年的一季报。2016 年一季报的资产负债表显示，正股辉丰股份净资产 36.68 亿元、商誉 1.52 亿元、无形资产 3.95 亿元，简单计算辉丰股份账面价值 31.21（36.68 − 1.52 − 3.95）亿元。可转债发行规模占账面价值的 27.07%。2016 年之前的资产负债率都不超过 51%，辉丰股份的净利润稳定上升。

这一切看起来都很好，我们很难把它剔除出去。谁也无法预见 2018 年和 2019 年的巨额亏损，导致股价大幅下跌，并且公司账上没有现金。2018 年出现的问题其实很大，因为我们仔细看它最近几年的财务报表会发现，自 2018 年开始，辉丰股份的营业收入连续大幅下降。

营业收入下降是企业经营最重要的问题。我们可以设想一家小超市一年的净利润虽然很低，但是客流量很高，这就表示还能抢救一下。无外乎是成本和费用高，想办法降成本降费用即可。若是没有客流量，根本没有人来买东西，再怎么降成本降费用也无济于事。辉丰股份就遇到了这样的问题。不过 2018 年出现问题时，一切都已经晚了，那时的股价和可转债价格已经开始大幅下跌了。

面对这种无法根据现有信息规避的风险怎么办？没有特别好的办法，但我们能学会一件事：不要把资金全部投入一只可转债中去，保持适度分散。

2.2.5 触发强赎条件的计算

辉丰转债的问题，在我国可转债市场上目前只有一例。虽然过去没有违约的可转债，过去只有一例回售的可转债，但并不代表未来不会有。从历史经验来看，可转债触发强赎条件还是大概率事件。只要我们不把鸡蛋放在一个篮子里，坚持适度分散投资，大部分可转债还是能让我们获得 30% 以上的收益率。

我们在前面的章节中说过，当正股价格触发强赎条件时，正股相对于转股价的涨幅可能仅仅是 30%。可能触发时间条件时，相对涨幅已经达到了 40%、50%，甚至更高。所以公司公布强赎公告时，我们可能已经获得了 40%、50%，甚至更高的收益率。

真实情况中涨幅可能超过 30%，为了方便统一计算，我们就按理论 30% 的收益率作为锚点。

虽然可转债的存续期长达 6 年，但经过 4 年还未触发强赎条件，说明股价长期疲弱，极有可能在 4 年后触发回售条件，大部分人会选择回售，不在这只可转债上浪费时间。所以我们在计算时，以 4 年为期作为触发强赎条件的最后期限，而不是 6 年。

还是可以分为两种情况，一种是不在乎机会成本，另一种是计算机会成本。

不在乎机会成本的情况下，只要我们低于 130 元买进即可，但我们并不推荐给出这么高的溢价。2022 年 1 月 11 日，在市场上交易的可转债有 400 只，低于 130 元的有 189 只。把资金分成 189 份太过于分散，效率不高。通常情况下，都会无区别地在 130 元以下买入任意一只可转债。

另一种情况是计算机会成本。我们还是把它转换成一道应用题，现投入 x 元，收益率为 4% 的情况下，最坏情况 4 年后拿到 130 元的回报，求 x。

$$x \times (1 + 4\%)^4 = 130$$

$$x = 111.12 \text{ 元}$$

EXCEL 计算式为"= pv（4%，4，0，130）"。

4 年是最坏的打算，如果我们以 111.12 元买进，结果只用 3 年就触发强赎条件，拿到 130 元的回报，年复合收益率为 5.34%。如果只用 2 年就触发强赎条件，年复合收益率为 8.12%。如果只用 1 年就触发强赎条件，年复合收益率为 16.91%。

假设我们以 111.12 元买进，结果 4 年后以回售收场，不算低得可怜的利息外，我们只能拿回 100 元。那么这 4 年中，我们每年复合亏损率 2.62%。

我们要冒着虽然概率很小，但极有可能发生的每年亏损 2.62% 的风险，去争取 5.34% 至 16.91% 的年复合收益率。成功率大约为 99.99%，盈亏比为 2.04 到 6.45。从数学的角度看，可以接受。从主观情绪看，却并不让人那么满意。

问题出在哪儿呢？买贵了，时间太长了。

如果我们是以 100 元买进，4 年触发强赎，年复合收益率为 6.78%；3 年触发强赎，年复合收益率为 9.14%；2 年触发强赎，年复合收益率为 14.02%；1 年触发强赎，年复合收益率为 30%。

所以我们应该尽可能以低价买进可转债，尽可能买会在短时间内触发强赎条件的可转债。

可问题在于，低价买我们可以控制，但无法判断哪只可转债在短时间内会触发强赎条件。如果我们有预测的能力，那就不用在意买进成本了。所以我们只能控制自己不要买贵了。至少高于 111.12 元的可转债尽量不要买。

但问题并没解决，这之间又出现了另一个问题。在市场中小于等于 100 元的可转债，它们的正股现价都远低于转股价，触发强赎条件遥遥无期。

原谅我现在无法举例，因为目前为止（2022 年 1 月 11 日）没有低于 100 元的可转债，我只能找一些近似的可转债来举例。

城地转债（113596）价格 102.43 元，转股价 24.26 元，正股城地香江价格 8.43 元。

浦发转债（110059）价格 105.97 元，转股价 13.97 元，正股浦发银行价格 8.73 元。

广汇转债（110072）价格 106.09 元，转股价 4.03 元，正股广汇汽车价格 2.77 元。

广汽转债（113009）价格 106.43 元，转股价 13.92 元，正股广汽集团价格 14.51 元。

天创转债（113589）价格 106.65 元，转股价 12.29 元，正股天创时尚价格 6.6 元。

可转债价格最低的五只可转债中，只有广汽转债的正股价格高于转股价。可转债价格越低，触发强赎条件的预期时间越长。反过来，可转债价格越高，触发强赎条件的预期时间越短，当然其中包含了该只可转债未过转股起始日，或可转债发行公司放弃了本次强赎这两种情况。

事实上这种情况非常尴尬，我们选择低价，附加条件是在较长时间内无法触发强赎条件，算上时间成本，年复合收益率被拉低；如果我们选择高价，虽然触发强赎条件的预期时间变短，但又会降低总体收益率，甚至遭遇风险。我们选哪种？

让你的风险偏好来做决定。更好的解决方案是不要在已经上市的可转债中选择，而是去申购新发行的可转债。中签的成本被锁定在 100 元，至于它什么时间可以给我们 30% 以上的收益率，让市场来决定吧，因为这不是我们能够决定的。

交给运气靠谱吗？只要能在成功率、盈亏比和交易次数等的组合下给出大于零的数学期望值，就值得一试。至少纳西姆·尼古拉斯·塔勒布就是这么发财的。

2.3 交易的逆向思维
——塔勒布的期权与巴菲特的可转换优先股

纳西姆·尼古拉斯·塔勒布是《黑天鹅》《反脆弱》《随机漫步的傻瓜》《动态对冲》的作者，也因《黑天鹅》的畅销和理念的深入人心被称为"黑天鹅之父"。2001 年 2 月塔勒布正式成为衍生性金融商品交易战略名人堂的一员。他在巴黎大学获得科学学士和硕士学位，又在宾夕法尼亚大学沃顿商学院获得 MBA 学位，并在巴黎第九大学获得管理科学博士学位。我们在上一本关于期权的书中，写了关于《黑天鹅》的读书笔记。

在安道全的《可转债投资魔法书》中给了这样一则例子，如果中国足球对巴西足球的胜率是千分之一，赔率是 1：1，赌不赌中国赢？肯定不赌，为什么？胜率是 0.1%，那么失败率即为 99.9%。

数学期望值＝胜率×盈利额＋失败率×亏损额

＝0.1%×1＋99.9%×（－1）

= - 0.998

数学期望值为负值，长期来看，平均每赌一次要输掉 0.998 个下注单位。

但若赔率是 1 ：2000 呢？如果中国队胜，将获赔 2000 倍的赌注，赌不赌？当然要赌。

数学期望值 = 胜率×盈利额 + 失败率×亏损额

= 0.1% ×2000 + 99.9% × (- 1)

= 1.001

数学期望值为正值，长期来看，平均每赌一次都会赢利 1.001 个下注单位。

看似不可能的事，只要赔率足够大，使得数学期望值为正值，就有盈利的希望。据传塔勒布的基金就是这么操作的，买进那些看似不可能发生的事的虚值期权。因其看似不可能发生，又是虚值期权，所以期权价格非常便宜。但只要发生一次，就会出现巨额盈利。

2020 年初美股崩盘，美国一位期权交易者豪赚 10 亿多美元。他是怎么赚的？就是买美国股指的虚值看跌期权。美股崩盘？看似不可能发生。我相信他也赌了很多年、很多次。但每次都是他能负担得起的小亏损。我们都知道不可能有永远上涨而不下跌的股市，我们翻看美股股指的历史走势也知道，美股股指通常在相当长的一段时间内缓慢上涨，但崩盘都来得非常迅速。

虽然他失败了很多次，但非线性收益的期权赔率（盈亏比）非常诱人，只要在他破产之前赌对一次，不但可以回本，还有相当丰厚的盈利。不看美股股指，只看 2020 年和 2021 年我国 50ETF 期权、300ETF 期权，就上演了多次涨幅 100 倍以上的行情。

我们也都知道，交易取胜靠的是三要素：准确率、盈亏比和交易机会。这是一个不可能三角，不可能出现高准确率、高盈亏比和高交易机会同时存在的情况。

价值投资大师，通常有高准确率和高盈亏比，但交易机会极少。

趋势跟随者，通常有高盈亏比和高交易机会，但准确率不高。

短线交易者，通常有高准确率和高交易机会，但盈亏比不高。

塔勒布的这种做法，就是放弃准确率，而追求盈亏比和交易机会。回头看可转债，我们要的是什么呢？高准确率和高交易机会，放弃了盈亏比。

可转债的卖点是什么？安全，收益可预期。那为什么我们身边很少看到可转债的交易者呢？因为他们认为自己能赚到比可转债预期收益还要高的收益。当然市场上更多的情况是自作聪明，"你以为你以为的就是你以为的吗？"

追求阿尔法，反倒亏了贝塔。追求贝塔，反而有了阿尔法。在证券市场中，选择比努力更重要。《哈利·波特与密室》中邓布利多对哈利·波特说："让我们成为哪种人的并不是我们的能力，而是我们的选择。"

如果你不选择高准确率，就不要选择可转债投资。因为高准确率暗示下的"无风险"，就是可转债的卖点。不能又要高准确率、高交易机会的情况下，又要求高盈亏比。

即便辉丰转债，如果我们用申购中签价来计算成本的话，即使最终以回售告终，在不考虑机会成本的情况下，并没有出现亏损。所以目前来看，只要能够在低价购买可转债，它的准确率是100%。

这不是塔勒布的做法，但这是塔勒布带给我们的一种交易思维的反向利用。

我们再看沃伦·巴菲特的可转换优先股。优先股是享有优先权的股票，优先股的股东对公司资产、利润分配等享有优先权，但对公司事务无表决权。优先股股东没有选举权和被选举权，对公司经营没有参与权，优先股股东不能退股，只能通过优先股的赎回条款被公司赎回。所以优先股本质是一种债权。

可转换优先股具有债权加看涨期权的双重特点，看涨期权看增量收益、债权看保底收益，这就是一份可转债合同。

1989年7月，巴菲特购买了6亿美元的吉列可转换优先股，股息率8.75%，附加一份行权价为50美元的看涨期权。当时股价为40美元，1年半后，吉列股价上涨至73美元。

2002年7月9日，伯克希尔·哈撒韦宣布投资Level 3公司长期债券和可转债1亿美元。Level 3公司在2000年互联网泡沫时股价一时风头无两，高达130美元/股，市值460亿美元。但2002年，互联网泡沫破灭，其股价跌到5美元/股上下，公司面临倒闭。Level 3面值1美元的债券跌到18至50美分，有15亿美元的现金但有6.5亿美元的银行借款，还掉贷款还有9.5亿美元现金。伯克希尔·哈撒韦宣布买进Level 3的债券和可转债，当天Level 3的股价暴涨60%。2003年，Level 3债券价格上涨到0.73美元，一年多的时间，收益率达到180%。

2008年金融危机，谁有现金谁才有王炸。伯克希尔·哈撒韦手握巨量的保险浮存金即拥有巨大的现金流。此时的高盛面临巨大的资金压力，向巴菲特请求救援。高盛前高管拜伦·特洛特在一次庭审中说："当时这个投资对于高盛和市场而言，是一件非常、非常重大的事件。50 亿美元在当时的市场是不容易找到的。"

巴菲特开出的条件是，向高盛投入 50 亿美元，购买股息率为 10% 的优先股，并且附加一份期限为 5 年、行权价格为 115 美元的看涨期权。2013 年巴菲特将优先股转换为普通股，高盛董事长兼首席执行官劳伊德·布兰克芬表示："我们很高兴伯克希尔·哈撒韦愿意成为我们的长线投资者。"

还是 2008 年，伯克希尔·哈撒韦以同样的条件购买通用电气 50 亿美元的可转换优先股。

巴菲特："投资的第一条准则就是保证本金安全永远不要亏损；第二条：请参考第一条。"

我们可以看到巴菲特这几次可转债的操作，基本都是在危急时候看似雪中送炭，其实为骗人糖果吃的行为。注意"骗人糖果"可不是我说的，而是华尔街狼王卡尔·依坎说的。依坎是美国西方石油公司的股东，他给其他股东写信时说："本公司某女董事长在并购上幼稚得像个清洁工，巴菲特的交易就像从婴儿手中骗走糖果，更神奇的是她居然还公开感谢他！"

为什么依坎这么说？当年雪佛龙出价 330 亿美元收购阿纳达科石油公司，西方石油开价 380 亿美元横刀夺爱。但西方石油没那么多现金，从而找到了伯克希尔·哈撒韦。伯克希尔·哈撒韦决定出资 100 亿美元，但有条件：

1. 出资 100 亿的前提条件是西方石油对阿纳达科收购必须成功。

2. 伯克希尔·哈撒韦获得 10 万股每股清算价值 10 万美元的累积永久优先股。西方石油在 10 年后有权以清算价值的 105% 加所有累积股息的价格赎回优先股。

3. 伯克希尔·哈撒韦获得一份行权价为 62.5 美元、最多购买 0.8 亿股的西方石油的看涨期权。

4. 伯克希尔·哈撒韦获得的优先股股息率为 8%。

如果伯克希尔·哈撒韦的任何一笔投资都能够以可转债的形式交易，我想巴菲特一定不会考虑普通股了。

那我们能不能学习巴菲特的这种操作，越跌越买呢？我们用亚药转债来对标 Level 3 公司。

亚药转债 2021 年 1 月份时最低跌到 66.6 元。当时我们只能看到正股亚太药业的 2020 年三季报，此时它的净资产 5.27 亿，无形资产 0.57 亿，账面价值 4.67 亿，现金 8.08 亿，可转债发行规模 9.65 亿。回售起始日期 2023 年 4 月 2 日。

2021 年 1 月份时，距离回售起始日期还有 2 年多的时间，所以即便现金 8.08 亿无法覆盖总发行规模 9.65 亿，短期内也不用担心回售挤兑。如果我们对亚太药业还有一点点信心，可以买进。并且我们在同一时间也看到辉丰转债的回售操作，几乎是不惜一切代价避免可转债违约，并且亚药转债的情况比辉丰转债要好很多。

亚药转债对标 Level 3 的话，敢不敢买呢？

如果是以 66.6 元买进，到期 100 元回售，2 年多的时间，最少可以拿到 50.15% 的收益率（33.4/66.6），平均每年达到 25% 以上。万一亚太药业在回售起始日之前能触发强赎条件，我们至少可以拿到 95.2% 的收益率〔（130－66.6）/66.6〕。

这么赌行吗？我不知道行不行，不过两位大师塔勒布和巴菲特都这么干过。即便我想学习巴菲特这种寻找安全标的越跌越买，或只买超跌的可转债，可现在市场上根本没有低于票面价值（100 元）的可转债，怎么办呢？

2.4　买进套利策略

本书从开始到现在一直在算账，最好情况如何、最坏情况如何，付出多少、回报多少、时间多少，等等。除了这种方法以外还有没有其他方法可以用？

我们说过可转债就是有保底的看涨期权，它兼有看涨期权的特性，就可以用计算期权的方法来计算。当然这对于没有高等数学基础的朋友们并不友好，因为计算概率需要计算正态分布曲线一部分的面积，计算不规则曲面面积，需要使用二重积分，所以不推荐大家使用这种方法。如果非常感兴趣，可以去看这个系列上一本关于期权的书，里面有详细介绍，我还给大家用 EXCEL 做了一个计算器。

以上的方法都可以称为投资，投资之外的可以称为投机和套利。只利用可转债 T+0 的特性来替代股票交易，属于投机的部分，本书后半部分以介绍这种方法为主。本节我们要聊聊套利。

可转债的套利，其实就是利用可转债的各种条款来寻找规则之内的稳定收益机会。

例如我们都知道当正股价格在连续的 N 天内，有 X（X 小于 N）天的收盘价低于某一幅度时，就会触发下修转股价条件。下修转股价是可转债发行公司的权利，而非义务。但通常情况下，有一线希望能不触发下修条件，发行公司便会使出全身解数。所以当正股价格即将触发下修转股价条件时，一般都会有一股神秘的资金入场托举股价，我们便可以在此处套利。但需要注意的是，整个市场处于熊市，或发行公司无力托举股价时，此法无用。

例如正股价格继续下跌，马上进入存续期的最后两年，且有可能触发回售价时，这是可转债生死攸关的节点。发行公司的最终目的是融资，绝不是借贷，所以发行公司会想尽一切办法使正股价格远离回售价。正股价格远离回售价，有两个方向：一种方向是托举正股价上涨；一种方向是下修转股价，那么回售价也会跟着下调。此时套利的方法是买可转债，因为如果我们买正股的话，发行公司下修转股价，正股价格并不会上涨。但不论发行公司采用哪种调整方向，可转债的价格都会上涨。当然使用这种方法时，要按我们之前说过的方法，做好发行公司真的回售的打算，计算投资收益。如果投资收益小于0，最好不要碰。

例如正股股价触发强赎条件时，需要两个条件：价格和时间。价格先触发，然后等足够的时间。我们之前说过，包括但不限于发行公司发布利好公告、市场套利资金进入、继续看好后市走势等，都会使正股价格维持在转股价之上，甚至维持更高的涨幅。所以一旦正股价格达到转股价格的30%左右，我们可以在此时买进正股套利。

例如可转债价格大幅下跌，在计算公司有足够还债的资金时，可大胆买进。但不要把全部资金押入，之前没有违约，并不代表其后没有违约。

例如亚药转债条款规定，最后一年利率补偿连本带息返还115元，那就是说，亚药转债到存续期的最后一年，既没有触发强赎价，也没有触发回售价。当然，如果亚药转债的价格低于115元，此时可买进可转债套利；如果彼时亚药转债的价格为110.58元，持有一年后还可收到4%的收益率。虽然很低，可即使是最后一年，亚太药业也有可能触发强赎价，从而带动亚药转债价格达到130元以上。

其他方法无外乎利用转股价、回售价、强赎价、最后一年利率补偿条款，变相寻找套利机会，归根结底还是算账。

至此我们可以阶段性总结一下买进可转债的几条铁律，以下关系层层递进，越往下，价格规则越严格。

1. 永远不要在140元以上的价格买进可转债。可转债达到强赎条件时，大部分可转债价格每张通常在140元以上。

2. 永远不要在 130 元以上的价格买进可转债。个别情况下，在触发强赎条件时，可转债价格低于 130 元。

3. 永远不要在 110 元以上的价格买进可转债。这是根据大部分可转债存续期利率和最后一年利率补偿条款计算的平均价格。

4. 永远不要在 103 元以上的价格买进可转债。这是根据当可转债余额小于 3000 万元触发强赎条件时计算的价格。

5. 永远不要在 100 元以上的价格买进可转债。这是根据可转债票面价值计算的价格。

补充 6：同一只可转债，可以分档补仓。

2.5　可转债卖出

我们知道了怎样计算可转债的投资收益，就有了买进的准则。如何卖出呢？其实只要有利润，随时可以卖出。当然我们是想问，在追求利益最大化的情况下，如何卖出。

2.5.1　可转债总体收益

运气好的话，可转债入市即可大幅盈利，达到我们理论目标位 30%～40%。运气不好的话，陪跑 4 年或 6 年。如果折中一下 4 年或 6 年才赚 30%，还值得我们去做吗？我们先看数据，表 2－1 为集思录给出的部分近十年已退市的可转债。

表 2－1　最近 10 年已退市可转债

可转债名称	最后交易价格	发行规模（亿元）	回售规模（亿元）	剩余规模（亿元）	存续年限（年）	退市原因
滨化转债	169.2	24	0	0.091	1.8	强赎
广汽转债	106.43	41.059	0	17.557	6	到期
九州转债	107.73	15	0	14.981	6	到期
宝通转债	132.101	5	0	1.308	1.6	强赎
三星转债	121.83	1.92	0	0.018	2.6	强赎

续表1

可转债名称	最后交易价格	发行规模（亿元）	回售规模（亿元）	剩余规模（亿元）	存续年限（年）	退市原因
伟20转债	164.91	12	0	0.005	1.2	强赎
长城转债	258.95	6.34	0	0.023	2.8	强赎
精研转债	149	5.7	0	0.384	1	强赎
中天转债	178.19	39.651	0	0.052	2.8	强赎
隆利转债	162.2	3.245	0	0.592	1.1	强赎
健20转债	142.12	7.8	0	0.011	1	强赎
博彦转债	142.5	5.758	0	0.351	2.7	强赎
清水转债	321	4.9	0	0.748	2.4	强赎
东缆转债	239.44	8	0	0.05	1.2	强赎
华自转债	263	6.7	0	0.385	0.7	强赎
康隆转债	156.27	2	0	0.033	1.6	强赎
金诺转债	185.554	3.68	0	0.494	1.1	强赎
15国盛EB	102.98	50	5.222	44.778	6	到期
蒙电转债	145.03	18.752	0	0.339	3.9	强赎
国贸转债	101.64	28	0	0.336	5.8	强赎
16凤凰EB	104.95	50	0.033	49.967	5	到期
时达转债	101.155	8.825	4.752	1.453	4	强赎
19华菱EB	131.599	20	0	1.126	1.9	强赎
20华菱EB	119.2	15	0	0.687	1.8	强赎
久吾转债	216.198	2.54	0	0.761	1.6	强赎
今天转债	105.2	2.8	0	0.703	1.4	强赎
弘信转债	104	5.7	0	0.815	1	强赎
林洋转债	165.36	30	0	0.183	3.9	强赎
三祥转债	155.39	2.05	0	0.088	1.5	强赎
九洲转债	234.5	3.08	0	0.545	2.1	强赎

续表 2

可转债名称	最后交易价格	发行规模（亿元）	回售规模（亿元）	剩余规模（亿元）	存续年限（年）	退市原因
永冠转债	184.1	5.2	0	0.148	0.8	强赎
运达转债	271	5.77	0	0.431	0.8	强赎
光华转债	184.6	2.493	0	0.354	2.7	强赎
星源转 2	261.303	10	0	0.532	0.6	强赎
骆驼转债	152.25	7.17	0	0.024	4.4	强赎
新凤转债	116.86	21.53	0	0.067	3.4	强赎
金力转债	150.7	4.35	0	0.59	1.8	强赎
司尔转债	162.2	8	0	0.229	2.4	强赎
新泉转债	213.7	4.5	0	0.02	3.2	强赎
赛意转债	193.08	3.2	0	0.365	0.9	强赎
道氏转债	196.1	4.8	0	0.529	3.6	强赎
星宇转债	141.8	15	0	0.075	0.8	强赎
福 20 转债	181.53	17	0	0.131	0.7	强赎
双环转债	173.021	10	0	0.278	3.6	强赎
华菱转 2	141.582	40	0	2.438	0.7	强赎
欧派转债	185.1	14.95	0	0.015	1.9	强赎
欣旺转债	142.5	11.2	0	0.646	1	强赎
淮矿转债	136.04	27.58	0	0.044	1.5	强赎
英科转债	1380	4.7	0	0.028	1.9	低于 3000 万
永创转债	175.98	5.12	0	0.053	1.5	强赎
紫金转债	144.39	60	0	0.192	0.6	强赎
16 皖新 EB	110.6	25	0	25	5	到期
航信转债	106.7	24	0	23.983	6	到期
天目转债	100.18	3	0	0.113	1.2	强赎
赣锋转 2	173.8	21.08	0	0.815	0.8	强赎

续表3

可转债名称	最后交易价格	发行规模（亿元）	回售规模（亿元）	剩余规模（亿元）	存续年限（年）	退市原因
森特转债	191.2	6	0	0.056	1.4	强赎
瀚蓝转债	122.3	9.92	0	0.008	1.1	强赎
隆20转债	166.13	50	0	0.235	0.7	强赎
凯龙转债	148.295	3.289	0	0.311	2.3	强赎
明阳转债	141.36	17	0	0.051	1.3	强赎
赣锋转债	235.977	9.28	0	0.539	3.2	强赎
海容转债	156.19	5	0	0.029	0.7	强赎
安20转债	176.53	9	0	0.017	0.7	强赎
益丰转债	111.9	15.81	0	0.077	0.8	强赎
特发转债	132.331	4.194	0	0.433	2.3	强赎
歌尔转2	144.988	40	0	0.599	0.7	强赎
雅化转债	205	8	0	0.28	1.9	强赎
蔚蓝转债	108.79	5.1	0	0.385	5.1	强赎
晨光转债	128.8	6.3	0	0.261	0.7	强赎
寒锐转债	167.485	4.4	0	0.317	2.3	强赎
巨星转债	309.91	9.73	0	0.149	0.7	强赎
泛微转债	138.42	3.16	0	0.014	0.7	强赎
永兴转债	280.502	7	0	0.203	0.7	强赎
福莱转债	244.78	14.5	0	0.028	0.7	强赎
至纯转债	152.4	3.56	0	0.063	1.1	强赎
上机转债	417.35	6.65	0	0.027	0.6	强赎
电气转债	106.48	60	0	13.422	6	到期
桐20转债	167.33	23	0	0.076	0.9	强赎
久立转2	150.73	10.4	0	0.297	3.2	强赎
百合转债	234.26	5.1	0	0.064	2.2	强赎

续表4

可转债名称	最后交易价格	发行规模（亿元）	回售规模（亿元）	剩余规模（亿元）	存续年限（年）	退市原因
裕同转债	129.777	14	0	0.733	0.7	强赎
海大转债	172.8	28.3	0	0.194	0.8	强赎
璞泰转债	132.14	8.7	0	0.188	1	强赎
中环转债	117.79	2.9	0	0.588	1.5	强赎
龙蟠转债	295.16	4	0	0.024	0.6	强赎
先导转债	165.87	10	0	0.281	1	强赎
15 国资 EB	109.93	20	0.24	0.162	5	到期
振德转债	417.87	4.4	0	0.028	1	强赎
金牌转债	128.46	3.92	0	0.06	1	强赎
万里转债	120.36	1.8	0	0.582	1.1	强赎
科森转债	168.63	6.1	0	0.08	2	强赎
桐昆转债	163.64	38	0	0.38	2	强赎
拓邦转债	151.98	5.73	0	0.114	1.7	强赎
17 宝武 EB	102.98	150	0	150	3	到期
永高转债	117.88	7	0	0.225	0.7	强赎
博特转债	139.42	6.97	0	0.026	0.7	强赎
康弘转债	124.908	16.3	0	0.076	0.7	强赎
一心转债	141	6.03	0	0.101	1.5	强赎
东音转债	212.56	2.813	0	0.009	2.2	强赎
桃李转债	119.48	10	0	0.098	1	强赎
唐人转债	104.201	12.4	0	0.511	0.7	强赎
环境转债	114.22	21.7	0	0.087	1.3	强赎
索发转债	140.66	9.45	0	0.081	0.9	强赎
新莱转债	172	2.8	0	0.202	0.7	强赎
木森转债	114.528	26.6	0	0.285	0.7	强赎

续表5

可转债名称	最后交易价格	发行规模（亿元）	回售规模（亿元）	剩余规模（亿元）	存续年限（年）	退市原因
仙鹤转债	145.27	12.5	0	0.03	0.7	强赎
航电转债	116.32	24	0	0.12	2.7	强赎
富祥转债	217.52	4.2	0	0.12	1.5	强赎
17巨化EB	101.97	20	0	20	3	到期
玲珑转债	135.88	20	0	0.074	2.5	强赎
威帝转债	123.34	2	0	0.063	2.1	强赎
博威转债	120.91	12	0	0.086	0.6	强赎
东财转2	194	73	0	0.499	0.6	强赎
国轩转债	201.87	18.5	0	0.331	0.7	强赎
机电转债	131.21	21	0	0.029	2	强赎
顾家转债	177.68	10.973	0	0.042	2	强赎
浙商转债	118.46	35	0	0.277	1.5	强赎
乐普转债	118	7.5	0	0.68	0.6	强赎
深南转债	133.4	15.2	0	0.131	0.7	强赎
日月转债	150.44	12	0	0.042	0.7	强赎
麦米转债	139.489	6.55	0	0.014	0.6	强赎
视源转债	133	9.42	0	0.012	1.4	强赎
克来转债	253.95	1.8	0	0.037	0.7	强赎
顺丰转债	176.5	58	0	1.064	0.7	强赎
福特转债	207.28	11	0	0.035	0.7	强赎
华夏转债	169.38	7.9	0	0.016	0.7	强赎
中宠转债	182.499	1.942	0	0.01	1.4	强赎
高能转债	130.36	8.4	0	0.079	1.9	强赎
千禾转债	202.82	3.56	0	0.07	1.9	强赎
泰晶转债	125.47	2.15	0	0.092	2.4	强赎

续表6

可转债名称	最后交易价格	发行规模（亿元）	回售规模（亿元）	剩余规模（亿元）	存续年限（年）	退市原因
辉丰转债	99.999	8.45	8.247	0.203	4.1	低于3000万
百姓转债	130.03	3.27	0	0.02	1.1	强赎
万信转2	154.02	12	0	0.013	1.1	强赎
佳都转债	132.28	8.747	0	0.183	1.3	强赎
长青转2	116.1	9.138	0	0.154	1.1	强赎
曙光转债	117.52	11.2	0	0.312	1.6	强赎
雨虹转债	147.9	18.4	0	0.016	2.5	强赎
中来转债	106.302	10	0	1.016	1.1	强赎
再升转债	120.19	1.14	0	0.2	1.8	强赎
南威转债	122.53	6.6	0	0.084	0.7	强赎
圆通转债	100.23	36.5	0	0.861	1.3	强赎
星源转债	108.369	4.8	0	0.529	2	强赎
通威转债	107.5	50	0	0.205	1	强赎
利欧转债	249.005	21.975	0	0.031	2	强赎
洲明转债	130	5.48	0	0.086	1.3	强赎
圣达转债	161.51	2.99	0	0.033	0.7	强赎
启明转债	149.64	10.45	0	0.016	0.9	强赎
旭升转债	158.58	4.2	0	0.025	1.3	强赎
安图转债	187.09	6.83	0	0.031	0.6	强赎
中装转债	166.6	5.25	0	0.037	0.9	不足3000万
蓝思转债	182.402	48	0	0.574	2.2	强赎
和而转债	129.03	5.47	0	0.032	0.7	强赎
伟明转债	155.78	6.7	0	0.027	1.2	强赎
水晶转债	134	11.8	0	1.147	2.2	强赎
参林转债	142.29	10	0	0.167	0.8	强赎

续表7

可转债名称	最后交易价格	发行规模（亿元）	回售规模（亿元）	剩余规模（亿元）	存续年限（年）	退市原因
海尔转债	132.02	30.075	0	0.09	1	强赎
格力转债	105.69	9.8	0	4.251	5	到期
绝味转债	158.52	10	0	0.127	0.7	强赎
天马转债	123.29	3.05	0	0.03	1.6	不足3000万
光电转债	129.027	13	0	0.023	0.9	强赎
冰轮转债	130.799	5.091	0	0.016	0.7	强赎
蓝标转债	135.998	14	0	0.02	3.8	强赎
崇达转债	123	8	0	0.047	1.8	强赎
平银转债	123.88	260	0	0.01	0.7	强赎
隆基转债	154.19	28	0	0.193	1.8	强赎
宁行转债	125.7	100	0	0.108	1.7	强赎
生益转债	167.56	18	0	0.101	1.7	强赎
安井转债	141.29	5	0	0.038	1	强赎
16以岭EB	102.751	8	7.837	0.161	3.2	不足2000万
17桐昆EB	100.9	10	0	0.265	1.9	强赎
常熟转债	131.63	30	0	0.156	1.3	强赎
东财转债	138.588	46.5	0	0.306	1.4	强赎
康泰转债	168.658	3.56	0	0.056	1.2	强赎
鼎信转债	128.2	6	0	0.122	1	强赎
景旺转债	120.27	9.78	0	0.176	0.8	强赎
三一转债	176.09	45	0	0.094	3.2	强赎
江南转债	100.59	7.6	7.359	0.241	2.9	不足3000万
15清控EB	99.93	10	0	10	3	到期
15天集EB	100	12	11.869	0.131	3.4	不足2000万
万信转债	145.8	9	0	0.064	0.7	强赎

可转债名称	最后交易价格	发行规模（亿元）	回售规模（亿元）	剩余规模（亿元）	存续年限（年）	退市原因
宝信转债	141.39	16	0	0.286	0.6	强赎
14 宝钢 EB	148.64	40	0	40	3	到期
汽模转债	121.501	4.2	0	0	1.4	强赎
歌尔转债	146.1	25	0	0.008	2.6	强赎
白云转债	138.39	35	0	0.192	1.3	强赎
洛钼转债	130.55	49	0	0.456	0.6	强赎
吉视转债	100.18	17	0	6.472	0.8	强赎
民生转债	119.66	200	0	1.62	2.3	强赎
通鼎转债	355	6	0	0.003	0.8	强赎
齐峰转债	200.56	7.6	0	0.027	0.7	强赎
深机转债	221.1	20	0	0.026	3.9	强赎
燕京转债	149.979	11.3	2.623	0.025	4.6	强赎
浙能转债	165.5	100	0	0.18	0.6	强赎
东华转债	341	10	0	0.001	1.8	强赎
齐翔转债	163.49	12.4	0	0.001	1.1	强赎
海运转债	206.46	7.2	0	0.013	4.3	强赎
深燃转债	142.99	16	0	0.034	1.4	强赎
歌华转债	204.97	16	0	0.136	4.4	强赎
恒丰转债	173	4.5	0	0.004	3.1	强赎
冠城转债	177.49	18	0	0.047	0.8	强赎
长青转债	145.999	6.318	0	0	0.8	强赎
南山转债	152.64	60	0	0.084	2.4	强赎
中行转债	145.93	400	0	0.24	4.8	强赎
同仁转债	131.49	12.05	0	0.045	2.2	强赎
国电转债	169.69	55	0	0.044	3.5	强赎

续表9

可转债名称	最后交易价格	发行规模（亿元）	回售规模（亿元）	剩余规模（亿元）	存续年限（年）	退市原因
东方转债	159.57	40	0	0.036	0.6	强赎
工行转债	132.38	250	0	0.15	4.5	强赎
石化转债	116.3	230	0	0.529	4	强赎
中海转债	115	39.5	0	0.344	3.5	强赎
徐工转债	136.19	25	0	0.031	1.3	强赎
平安转债	167.57	260	0	0.338	1.1	强赎
国金转债	194.97	25	0	0.152	0.6	强赎
久立转债	143	4.87	0	0.009	0.8	强赎
隧道转债	153.06	26	0	0.062	1.2	强赎
重工转债	132.55	80.5	0	0.048	2.5	强赎
华天转债	154.001	4.61	0	0.013	1.3	强赎
泰尔转债	134.122	3.2	0	0.018	1.8	强赎
博汇转债	108.61	9.75	0	0.145	5	到期
川投转债	159	21	0	0.332	3.5	强赎
中鼎转债	142	3	0	0.015	3.5	强赎
新钢转债	106.55	27.6	0.024	27.576	5	到期
巨轮转2	131.5	3.5	0	0.022	1.9	强赎
美丰转债	163.2	6.5	0	0.022	2.9	强赎
双良转债	93.82	7.2	6.938	0.261	1.6	不足3000万

等权计算，表中数据显示平均存续期1.88年，假设100元为买进成本，最后交易价格为平仓价格，平均收益率为61.62%。年复合收益率为29.09%〔EXCEL计算公式：=Rate（1.88，0，-1，1.6162）〕。

再对比一下股指数据（2012年至2021年）：

1. 上证指数2011年收盘点位2199.42，2021年收盘点位3639.78，年复合增长率5.17%。

2. 深证指数2011年收盘点位8918.12，2021年收盘点位14857.35，年复合增长率5.24%。

3. 沪深300指数2011年收盘点位2345.74，2021年收盘点位4940.37，年复合增长率7.73%。

4. 上证50指数2011年收盘点位1617.61，2021年收盘点位3274.32，年复合增长率7.31%。

5. 创业板指数2011年收盘点位729.5，2021年收盘点位3322.67，年复合增长率16.37%。

已知几大指数都跑输最近十年可转债的平均收益率。我们再看一下最近几年的对比，表2-2为集思录可转债等权指数与几大指数的涨跌幅数据。其中本年涨幅日期截至2022年1月13日。

表2-2　集思录可转债等权指数与几大指数近年涨跌幅数据

名称	本年涨幅	2021年涨幅	2020年涨幅	2019年涨幅	2018年涨幅
上证指数	-3.05%	4.80%	13.87%	22.30%	-24.59%
B股指数	0.31%	17.41%	-5.20%	-5.25%	-20.70%
国债指数	0.18%	4.24%	3.67%	4.35%	5.61%
上证50	-3.77%	-10.06%	18.85%	33.58%	-19.83%
中证转债	-1.46%	18.48%	5.26%	25.12%	-1.15%
中证1000	-4.07%	20.52%	19.39%	25.67%	-36.87%
中证流通	-3.62%	6.70%	24.62%	30.75%	-30.00%
中证500	-3.73%	15.58%	20.87%	26.38%	-33.32%
深证成指	-4.63%	2.67%	38.73%	44.08%	-34.42%
中小100	-5.16%	4.62%	43.91%	41.03%	-37.75%
创业板指	-6.11%	12.02%	64.96%	43.79%	-28.65%
深证B指	0.15%	8.01%	13.01%	14.86%	-28.04%
沪深300	-4.08%	-5.20%	27.21%	36.07%	-25.31%
深证100	-5.23%	-1.27%	49.58%	55.18%	-34.66%

续表

名称	本年涨幅	2021年涨幅	2020年涨幅	2019年涨幅	2018年涨幅
企债指数	-0.03%	-0.56%	-0.41%	0.31%	0.22%
道琼斯工业指数	-0.62%	18.73%	7.25%	22.34%	-5.63%
恒生国企	3.27%	-23.30%	-3.85%	10.30%	-13.53%
恒生指数	3.76%	-14.08%	-3.40%	9.07%	-13.61%
纳斯达克100	-5.05%	26.63%	47.58%	37.96%	-1.04%
标普500	-2.25%	26.89%	16.26%	28.88%	-6.24%
集思录可转债等权	-0.85%	35.61%	23.26%	27.97%	-3.07%

2.5.2 傻瓜式卖出方法

从上一节的已退市可转债的数据来看，只要我们坚持以100元的价格买进可转债，拿到它上市的最后一天，长期即可获得29%以上的收益率，实际上有这种傻瓜式的卖出方法，根本不需要再去研究其他的方法了。

但这种方法有一个弊端，触发强赎条件后，不论是转股还是平仓，都容易错失最后交易日。我们随便一搜就能看到一大把这样的案例。

2021年1月21日新浪财经新闻："上机转债发布强赎公告，最终居然还有267万的债没有转股，从1月19日收盘时价格417.35元，在1月20日直接被按100.308元强赎，一天时间损失76%。"

2021年8月16日搜狐每日经济新闻："8月15日晚间，赛意信息发布公告称，确认赛意转债将于16日停止交易和转股，实施强制赎回，赎回价格为100.37元/张。值得注意的是，如果没有及时处理，193.08元将秒变100.37元，赛意转债的持有人每张损失92.71元，比例高达48%。8月13日结束交易后，赛意转债吧出现了多则求助帖表示，没操作转股也没卖出，怎么办？"

2021年12月1日第一财经广播："11月29日是东缆转债、清水转债、博彦转债的最后交易日。投资者需要转股或卖出，如果没有做上述二选一的操作就会被强制赎回，一旦强制赎回投资者会面临巨额亏损。11月30日晚间，东缆转债强赎结果出来，最终还是有5.045万张债券没有转股，导致按100.092元的价格强制赎回，而强赎前 11 月 29 日东缆转债的收盘价为 239.44 元/张，相当于 1208 万元市值。239.44 元的债，被按照 100.092 元强赎，一下就巨亏了 58%。"

如果把时间设为最后一天，方法很安全，但这样的系统很不安全。什么叫作系统不安全？最大的一块多米诺骨牌可能我们倾尽全力也无法推倒，但最小的一块多米诺骨牌却可以推倒最大的一块多米诺骨牌。最大的一块骨牌单独屹立，是方法安全；把骨牌连串摆在一起，叫作系统不安全。我们可以控制明火，我们也可以控制油气，单独两个都安全，放在一起，叫作系统不安全。

所以以面值价格买进可转债，或以最后交易日的最终价格卖出，分别来看，每一步都是交易系统极好的一部分，但放在一起，有可能因为各种原因而无法平仓，这就是系统不安全。

当然，你可以强制自己每天收盘前预留时间看盘、处理持仓。就像你能控制好放置在一起的每一块骨牌，在同一密封空间内能控制好明火和油气。但如果不能，那我们最好再优化一下。

但是交易系统就像一块永远盖不住漏洞的布，补住了左面右面就露出来。提前平仓可以解决最后一天有可能造成巨大损失的情况，代价是不能拿到最大的利润。参考表 2 - 1 数据最后交易价格的平均值是 161.62 元。如果我们把提前平仓点位设置在 130 ~ 140 元之间，就会整体损失 13.38% ~ 19.56% 的利润，这又是我们不能够接受的。

本章开头所说，格雷厄姆在《聪明的投资者》中给出投资原则之一：适当的回报。什么是适当？说穿了，可转债它既不难又没有艺术性，几行算式就可以搞定。所以投资可转债其实是体力工作，而不是脑力工作。适用于体力劳动的准则是付出与回报成正比，多付出多回报、少付出少回报，这就是适当。

除了每天检查一遍所持可转债的价格是否达到 130 元或 140 元，第二天准备卖出的简单方法外，还可以在正股中使用各种分析，例如对正股的基本面和技术面进行分析。基本面分析每个行业板块每只个股都不一样，技术分析无外乎对图表使用各种交易系统或指标的量化分析，正股价格一旦触碰到某条平仓规则，同时平仓可转债。不过这种手段又超脱了可转债投资的框架，我们的初衷和主旨并不是用基本面和技术面分析来投资可转债，我们只是纯粹地从算账的角度看，我们付出多少钱，能拿回多少钱。一是加入其他的因素，投资变得不纯粹；二是这方面并不是本书前半部分的主旨。

所以，我推荐的最好的投资方法，就是申购或以低于100元（含）的价格买进，并持有到最后一天。为了防止系统不安全，每天都要抽出一些时间来看所持可转债所发布的公告，及时应对各种情况。

2.5.3　回撤式卖出

图2-6为东财转3（123111）从2021年4月23日至2022年2月23日的日线走势图。东财转3最高上涨至174.5元，并且已发布公告在2022年3月1日强制赎回。正常情况下，可转债价格一旦涨至140元以上时，大多数正股价格都已触发强赎条件，正是胜利号角吹响的时候，并且在最后的存续期间，正股价格和可转债价格还会一路高涨。然而，东财转3的价格在2022年2月22日却跌至108元，这是为什么？

图2-6　东财转3 2021年4月23日至2022年2月23日日线走势图

东财转3的转股价为23.35元/股，2021年10月13日进入转股期，并且在2021年11月2日就已经触发强赎条件。但其正股东方财富发布公告称放弃本次强赎。我们在前文中讲过公司放弃强赎的理由，主要原因是对自己的股价有信心，相信下一年度正股价格还会再触发强赎价，晚一年促使大家转股，就可以晚一年变相定增股份，其代价就是再付一年少得可怜的利息而已。2021年11月，东方财富出于对自己股价的信心，毅然放弃了强赎。

转眼 2021 年过去了，2022 年 1 月 4 日开盘后，连续 15 个交易日的收盘价继续高于强赎条件 30.36 元（23.35×130%），再次触发了强赎条件。我们来看正股东方财富这段走势，如图 2-7。

图中标注了新的一年（2022 年）触发强赎条件的 15 个交易日。东方财富股价一路下滑，从技术分析看，跌破了前期上涨的峰谷。在高点 39.35 元的右侧，又形成了向下的 N 字突破，至少在 2022 年 1 月来看，这是一波下跌趋势，东方财富的股价顶不住了。此时东方财富发布公告，不放弃本次强赎。

正股股价继续下跌，可转债价格跟随下跌，导致了东财转 3 由最高 174.5 元下跌至 108 元，跌幅 38.11%。

图 2-7　东方财富 2021 年 10 月 27 日至 2022 年 2 月 23 日日线走势图

有人会问为什么不在第一次触发强赎条件后就转股或直接平仓可转债呢？当然可以，但正常情况下，放弃强赎背后的原因是有信心股价继续上涨。正股股价继续上涨，可转债价格也会继续上涨。拿到最后，可能会获得更多的利润。东财转 3 至今还有 74.5 亿的规模没有转股，占总规模的一半。

我们可以说，这一半可转债持仓的操作，并没有原则上的问题，属于正常操作。只是东方财富与东财转 3 的个别问题。我们做可转债投资，也并不是把所有仓位都押在一只可转债上，而是尽可能分散。一只可转债出现问题，并不会影响全局，所以上一节所说的傻瓜式平仓法并没有问题。

但如果不小心，在一只可转债上押了重仓，那么最好使用回撤式平仓法，即避免东财转3的这种情况。使用该方法的前提条件是：触发强赎条件，即正股价格在15或20个交易日内的收盘价高于转股价的30%。然后设置一个回撤百分比，例如5%、8%或10%。一旦可转债价格由最高回落了5%、8%或10%，便卖出平仓。

需要注意的是，我们不建议在分散投资的情况下使用回撤式平仓法，只有在重仓押票的情况下才建议使用，并且是强烈建议。

📈 总结一下：

1. 以投资的角度看待可转债，之所以亏损是因为买贵了。

2. 在做可转债投资之前，把回售、持有至到期都考虑到后，计算每种情况的投资收益率。能接受收益率则买，不接受则不买。

3. 由高到低进行风险量化，分别为不要在140元以上买进、不要在130元以上买进、不要在110元以上买进、不要在103元以上买进和不要在100元以上买进。

4. 卖出方式有两种：一种是持有至到期卖出；一种是在触发强赎条件后，按可转债价格的百分比回撤卖出。

对可转债交易的思考

本书的第一章、第二章从投资的角度看待、操作、分析可转债，在最大限度地确保本金安全的前提下，获取经过精心计算的适当的投资收益。从第三章开始，我们以技术分析为基础，构建数学期望值为正的交易系统，主动承担风险，进而获取更多的情绪溢价（收益）。哪怕该可转债的价格超过了 130 元甚至 140 元，只要符合我们的数学期望值为正的交易系统，也可以勇往直前果断杀入。本章我们来思考几个做可转债交易应考虑的问题。

3.1 你为什么不能稳定盈利

不能稳定盈利的原因只有一个，你不知道自己在做什么。你可能会问，我怎么不知道呢？我或者在股价低的时候买，或者在股价高的时候买，或者在大家都买的时候我也买，或者在大家都卖的时候我才买。这些情况我都做，或者上述情况我只做一种。难道不对吗？

3.1.1 高位低位是相对的

在股价下跌的时候买，低买高卖获利。但低多少才算是低价呢？一只 100 元的股票跌到了 80 元算低吗？又跌到了 60 元算低吗？再跌到 40 元算低吗？你无法确定哪里是低点。

图 3-1 为长春高新（000661）2021 年 3 月至 2022 年 3 月的日线走势图，图中 522.2 元是长春高新的历史最高价。

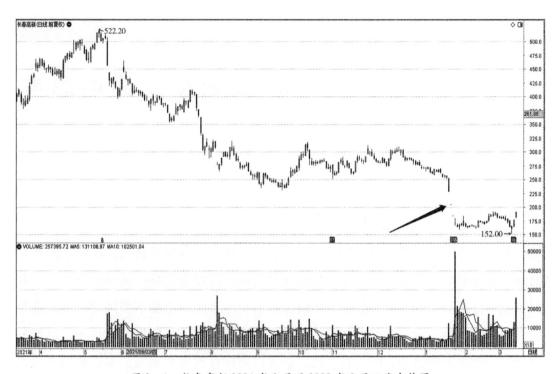

图 3-1　长春高新 2021 年 3 月至 2022 年 3 月日线走势图

图中箭头所示（2022 年 1 月 20 日）的价格为 204.84 元，距离最高位 522.2 元已下跌了 60.77%，这个位置算低吗？价格继续下跌至 2022 年 3 月 9 日的 152 元，按最高价计算下跌幅度为 70.89%。若你认为箭头位置是低位，并且满仓杀入，那么在这期间账户浮亏将达到 25.8%。

股价上涨的时候买进也是同理，我们随便翻两张图就能找到顶部 V 型反转的走势图。图 3-2 为湖北广电 2021 年 12 月至 2022 年 3 月的日线走势图。股价由最高位 13 元下跌至箭头所示的位置 7.15 元，下跌幅度达 45%，用时不过 7 个交易日，平均每日跌幅 6.43%，并且它还是在强势上涨的过程中，几乎是毫无征兆地快速大幅下跌。

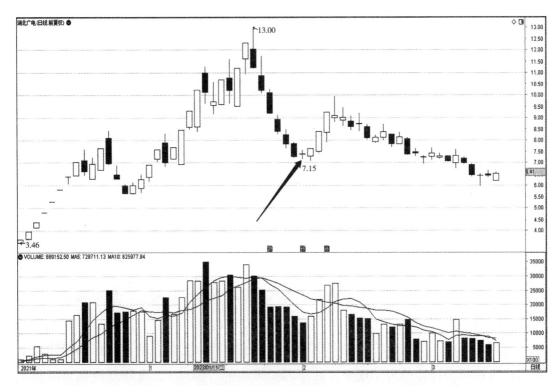

图 3 - 2 湖北广电 2021 年 12 月至 2022 年 3 月日线走势图

这两个案例表明，股价的高低并不是我们交易的唯一依据。股价持续下跌或持续上涨，也不是我们交易的依据。或者任何东西都不能成为我们交易的充要条件，因为我们只能发现必要条件，永远不可能找到充分条件。

当你发现股价上涨或许是由于原因 A 的驱动，那么当你把原因 A 放在其他股票上时，会发现并不一定有效。一个原因如此，一组原因（原因 A、原因 B、原因 C 等共同作用）也如此。

《孢子理论》讲的是一名证券市场失败者登广告招学生的短篇故事，一名失败者能教给别人什么呢？他教的正是失败的经验，或者说他所教的是一个结论，在证券市场上永远没有绝对成功的方法。

3.1.2 确定的交易系统

我不止一次引用过《宇宙尽头的餐馆》中开篇的一句话："有一种理论宣称，如果任何一个人真正发现了宇宙存在的原因、宇宙存在的目的，宇宙就会立刻消失，被某种更为怪异、更难以理解的玩意儿取代。还有另外一种理论宣称，上述事件已经发生了。"

证券市场是宇宙的一部分，当你认为你发现了市场运行的规律，该规律就会立刻消失，被某种更为怪异、更加隐秘的规律取代。同样我也深信不疑，上述事件可能已经发生过了。更加极端的方式是刘慈欣先生的短篇小说《朝闻道》中所说：获取终极知识的代价是死亡。

如此消极的结论，是否把我们带往了不可知论？没那么悲观。以上一切的说明只不过是为了说明市场没有充分条件，一切都是带有主观色彩的反推出来的必要条件。所以说任何方法在市场面前都没有意义，都可能是错的。但从相反的角度来看，任何方法在市场面前都有意义，都有可能是对的。

事情并不必然是从 A 推出 B，再从 B 推出 C，因此，既对又错，既有还无，很哲学。

任何事情都可以由因推到果的思考方式，在牛顿出生之前就已经出现，被称为机械论或机械唯物主义。

机械论宣称：生物的机体遵守物理定律，遵循能量守恒、动量守恒的规律。生物运动可还原为纯粹的力学现象，并不需要灵魂的"驱动"。世间万物都要臣服于运动规律，那么动物、人类的身体，也会臣服于这些规律。即给你一切所需的参数，从宇宙大爆炸那一刻开始，你就能推算出我现在坐在这里敲击键盘打出这段话。刘慈欣先生的《镜子》就是基于机械论的故事。

那么我们需要提问，是不是人类的思想、感情也会符合运动规律呢？是不是我们头脑中的一切意识其实都不过是物质运动的结果呢？

机械论在这个问题上倾向于经验主义，认为我们能观测到的东西就是真的。但机械论并不真的关心这个问题，当经验主义者们讨论经验到底可靠不可靠的时候，机械论者不屑于回答这个问题，经验最可靠。

机械论者不相信这世上存在什么高于客观世界的理性。认为精神是由物质决定的，精神世界也要符合物理定律。所以研究这世界，我们只要学好科学就行了。

机械论的反对者说：可以证明人类不能靠思想意念去改变物质，但是也仍旧不能严格证明意志完全由物质决定。唯物主义说物质不依赖意识存在。但是，当人没有意识的时候，又怎么知道那些物质是存在的呢？

机械论者无法证明，所以他们说人类不过是这个世界中可有可无的一件事物。那么人活着的意义是什么？这又导致了虚无主义和享乐主义的诞生。继而机械论出现了修正主义，认为物理世界是被决定的，但是人有自由意志，称为部分决定论。

这与斯多葛学派的"我们不能控制事物，但我们可以控制我们对待生活的方式"完美契合。

我们不谈论哲学史，引用到这里就足够我们得出结论了。既然部分决定论认为物理世界可以被决定，但人有自由意志。那么市场的参与者是物理世界还是具有自由意志的人呢？显然是后者。那么市场运行的规律就是不可被推导的，也就是我们前文所说：任何交易方法既对又错，既有还无。

交易是艺术，它并不完全是科学，它脱离了可证伪的科学思考范式。你让我描述它到底是什么？我不知道，它可能就是"道"吧，道可道，非常道。又抑或假作真时真亦假，无为有处有还无。真真假假、虚虚实实。市场正如王夫人口中的宝玉："他嘴里一时甜言蜜语，一时有天无日，一时疯疯傻傻，只休信他。"

在这样变幻莫测的市场中，你已经被它耍得团团转了，你能盈利吗？或者可以一时盈利，但你能持续稳定盈利吗？怎样才能盈利呢？《道德经》中所说"见素抱朴，少私寡欲"，后被《菜根谭》转化为我们更熟悉的一种说法：抱朴守拙。

我们始终遵循既定的交易系统，只要该交易系统的数学期望值大于零，不论市场怎么变，长期来看我们都会稳定盈利。那什么是交易系统呢？就是你必须知道你在干什么，并且为什么这么干。

3.1.3　交易三要素

为什么这么干，代价是什么？能否承受得了这样的代价？成功的概率有多大？成功了能赚多少？失败了会亏多少？按照这样的方法，一定时间内有多少次这样的机会？是一年百次，还是百年一次？这就是简单理解的交易系统。我们可以总结出交易系统的三要素：成功率（失败率＝1－成功率）、盈亏比和交易机会。

例如某交易系统的成功率是60%（失败率为40%）、盈亏比为2∶1，交易机会平均一年60次。那么每年平均收益率＝（成功率×盈利幅度－失败率×亏损幅度）×交易次数。

将数据代入公式，年平均收益率＝（60%×2－40%×1）×60＝48，即假设每笔交易承担1万元的风险，一年后按此交易系统，可盈利48万元。可能还有很多朋友不知道具体的计算逻辑，那我们就用算术方法推演一次。

虽然成功概率不是平均分配的，可能在一年内无法达到平均成功率60%，但至少按10年的时间来看，成功率在60%左右的概率非常高。为了计算方便，我们假设为一年。

一年中有 60 次交易机会，每次预计亏损 1 万元后止损平仓，每次预计盈利 2 万元后止盈平仓。成功率为 60%，即在 60 次交易中，有 36 次为盈利，并且每次盈利 2 万元，共盈利 72 万元。失败率为 40%，即在 60 次交易中，有 24 次为亏损，并且每次亏损为 1 万元，共亏损 24 万元，总盈利减总亏损为净盈利 48 万元。

当然你不可能凭空创造出一套交易系统后便宣称找到了它的三要素参数，而是要经过精密的回测后取得翔实的数据。创建交易系统本身还有诸多要求，例如不能仅采用一小段时间的数据来做总样本，也不能只采用一种市场行情的数据来做总样本，即不能只在上涨，或只在下跌行情中进行回测，而要尽量采用大数据全样本回测。如果不能，该系统的回测也要经过大跌、大涨和震荡行情三种情况的洗礼，回测数据才能用于参考。

三要素也会构成一种不可能三角，即没有一种系统既有高胜率，又有高盈亏比，还有高交易频次。优秀的交易系统，只能三居其二，差一点的交易系统只能三居其一。三者不可兼得。

若高胜率、高盈亏比，便没有高交易频次，这种交易类型属于价值投资。长期持币等待机会，可能一个牛熊轮回才有一次大机会。

若高胜率、高交易频次，便没有高盈亏比，这种交易类型属于"抢帽子剥头皮"，快进快出超短线交易。

若高盈亏比、高交易频次，便没有高胜率，这种交易类型大多属于趋势追踪型，它要一个波段甚至是大波段的行情来获取盈利，但大波段趋势并不会轻易形成，且无法判断何时形成，所以只要有信号便会进场试错。成功率较低，交易频次较高，不过只要有一次大波段趋势出现，便像俗语所说："三年不开张，开张吃三年。"我们用海龟法则在上证指数中测试过，成功率仅有 30% 多，交易次数一年约几十次，看似很呆头呆脑的交易系统，其盈亏比高达 7 ∶ 1 甚至更高，足以秒杀大多数平庸的交易系统。

3.2　明明白白地交易——以长春高新为例

2022 年 1 月 20 日长春高新一字板跌停。有位朋友问我：长春高新能不能买？

是否能估一下值？我写了一篇短文发给他。接下来，我们从多个角度分析长春高新。

3.2.1 从基本面角度看待长春高新

金赛药业重组人生长激素被纳入集采，金赛药业是长春高新的子公司。金赛药业的主营业务是重组人生长激素，是通过基因重组大肠杆菌分泌型表达技术生产的，在氨基酸含量、序列和蛋白质结构上与人垂体生长激素完全一致。在儿科领域，采用重组人生长激素进行替代治疗，可以明显促进儿童的身高增长，并改善全身各器官组织的生长发育。同时重组人生长激素在生殖领域、烧伤领域及抗衰老领域也有着重要的作用。

简单来说，该产品的作用就是长高。金赛药业由长春高新控股99.5%，为方便计算将其当作全资子公司看待。

2021年中报显示，金赛药业的净利润为18.59亿元。动态估计金赛药业全年净利润为37亿元左右。2021年长春高新中报，净利润19.23亿元。可计算出金赛药业的净利润占长春高新净利润的96.67%，算是长春高新的支柱。

据报道，金赛药业重组人生长激素注射液在医保中标价为580元/支，降价幅度达到70%。所以第一种最严格的计算方法就是其他因素都不管，直接按市值下调70%。

长春高新前段时间股价最高为522.2元，下调70%为156.66元。这是没有考虑戴维斯双杀效应的情况，股价最高时市盈率达50倍以上，多重因素影响下，股价至少要降到100元左右。

当然这是极限算法，实际情况股价可能不会跌得如此惨烈。但市净率也还有4.7倍，不过市盈率只剩下6倍了。

再进一步的想法是，集采仅在广东省。广东虽然是人口大省，这确实不是什么大事，需要担心的是，金赛药业的粉针、水针、长效剂型的市占率分别为4.37%、70.81%和0.94%，合计76.13%。这些剂型一旦被集采，杀伤力会变得极其强大。

2019年卫健委称，国家组织药品集中采购和使用试点区域范围扩大到全国范围。没有只有广东省集采而其他省份不跟进的道理，全国一盘棋。当其他省份跟进时，如果届时长春高新的股价下跌幅度已经很大，有可能是利空出尽。如果跌幅不大，还可能引发新一轮下跌。

雪上加霜的是，老二乐得看老大出事，大寡头出问题了，该行业领域的其他大公司如安科生物会全力铺开它的水针市场，那么长春高新的问题就不是价格下调70%了，连市占率可能都会受到影响。

但另一种说法是，本次长春高新主动参加集采，以达到降价换量的目的，单品价格只要下调19%以上，就可以获得全部市场份额。我并不认同主动参加集采的说法。长春高新业绩一直稳定，参加集采与否不影响经营大局。长春高新水针市占率极高，参加集采便再没有回头路，它会丢了西瓜去捡芝麻吗？

长春高新的实控人是长春国资委，长春高新二股东金磊减持发生在集采之前。主动参加并不可信。

我们把事情再往好的地方想一想，降价会促进销量。可以理解为价格降低后需求过大，供给也会增加。这就变成集采前和集采后的 p×q（价格×数量）的问题了。供给如果没问题，需求会增加。从长春高新的业绩走向来看，它的业绩一向稳定增长，在不提价的情况下，业绩增长只能是需求增加。在提价的情况下业绩还在增长，说明需求弹性不高，刚性需求更多。

当然如果我们还要考虑更细致的话，增加供给需要扩产，扩产需要资本支出，增加管理费用，甚至是财务费用。增加供给扩产的前几年除了营收增加，应该很难看到利润的大幅增长。

我们还可以用其他数据来分析一下，有数据显示，第一批国采涉及的仿制药在医院的销售额由招标前2018年的268亿元下降到2020年的152亿元，下降43%，平均每年下降22%。原研药由2018年的298亿元下降到2020年的141亿元，下降了53%，平均每年下降27%。第一批国采涉及的仿制药在医院的销售量由招标前2018年的55亿剂上升到2020年的80亿剂，增长了46%；原研药由2018年的28亿剂下降到2020年的19亿剂，下降了31%。

注意原研药经过国采后，不但价格下降了，销量也下降了。长春高新的生长激素是仿制药还是原研药？看法不一致。有人认为是原研药。但我认为是仿制药。如果是原研药，不会有对手，就像健帆生物的血透器械。

我们暂且按仿制药的数据来计算：

2018年前，仿制药的价格是268亿元，销量为55亿剂，p×q＝14740亿元。

2020年后，仿制药的价格是152亿元，销量为80亿剂，p×q＝12160亿元。

销售总额下降了17.5%。

假设我们把这个数据直接套用在长春高新上，在不考虑扩产的成本和费用，不算细账的情况下，预估长春高新的业绩也下降17.5%。你可能会问，毛利率可以直降70%啊，按广义仿制药的下降幅度，年平均也不过是22%，所以价格下降对长春高新的影响大，不能按平均值来计算。

我认为不会，生长激素的需求弹性非常大。在没有集采之前，每年4万元至10万左右的需求量情况下，业绩不断增长。有人认为，少儿已经不仅仅在学习上内卷了，视力、身高的内卷已经开始了。

另一个层面的考量是集采会降低销售费用。表3-1为长春高新近几年的销售费用占营业收入的数据。

表3-1　长春高新近几年销售费用占比营业收入数据

时间	2020	2019	2018	2017	2016
营收/亿元	85.77	73.74	53.75	41.02	28.97
销售费用/亿元	25.82	25.22	20.95	15.65	9.48
占比	30.10%	34.20%	38.98%	38.15%	32.72%

长春高新每年销售费用占比非常高，集采后销量扩大，销售费用下降的空间也很大，甚至此次事件炒得沸沸扬扬，也算节省了销售费用，也可以变相提高净利率。

如果我们不算扩产的资本支出、管理费用、财务费用的提高，不计算扩产后边际成本的降低，不计算销售费用的减少，假设这些费用互相抵销，那么最后也归为 $p \times q$ 的问题。

用平均数据计算，即销售总额下降约17.5%。甚至我们可以再加大一些，下降35%的业绩。分别估值。

再看长春高新的股价下跌是从2021年5月开始的，彼时的股价是现在（2022年1月20日）的2.7倍，当前动态市盈率＝19.76倍，股价在高位市盈率＝53.27倍。市盈率高位回落至现在的20倍左右在证券市场中是很正常的事，是受集采消息、大量抛单行为的影响。

从技术上看，2020年8月至2021年5月，长春高新的股价一直在高位横盘震荡，形成充当五浪的楔形形态，或者可以理解为充当顶部的三角形形态。但这之后股票经历了一波下跌行情，技术测算下跌到这个位置，也很正常。图3-3为长春高新2018年11月至2022年1月日线走势图。

图3-3　长春高新2018年11月至2022年1月日线走势图

所以200元左右的股价、20倍左右的市盈率，可以称得上是长春高新的正常位置，甚至都可以乐观地认为集采带来的不全是负面的影响。

3.2.2　用折现法为长春高新估值

长春高新近6年平均净利润12.27亿元，近6年平均资本支出5.45亿元，近6年平均折旧0.91亿元。近6年平均股东盈余7.72亿元，占平均净利润的62.94%。

2009年净利润0.73亿元，2021年动态净利润41.96亿元，年复合增长率40.16%。2019年净利润17.75亿元，2021年动态净利润41.96亿元，年复合增长率53.75%。最后3年增长速率太快，我们保守采用过去10多年的复合增长率40%来计算。

如果没有集采事件发生，长春高新2022年业绩为2021年的1.4倍，即58.74（41.96×1.4）亿元。假设2023年业绩为2022年的1.4倍，即82.23（58.74×1.4）亿元。再保守估计2023年后，业绩不再增长，始终保持在82.23亿元。但是受到集采影响，我们分两种情况计算。

情况 1：按原研药下降 35% 估算。即 2022 年的业绩由 58.74 亿元变为 38.18（58.74×65%）亿元，股东盈余为 24（38.18×62.94%）亿元。按 3.98% 的无风险利率和距今 1 年来折现，为 23.11 亿元。

2023 年的业绩由 82.23 亿元变为 53.45（82.23×65%）亿元，股东盈余为 33.64（53.45×62.94%）亿元，按 3.98% 的无风险利率和距今 2 年来折现，为 31.12 亿元。2023 年后为永续折现 781.91（31.12/3.98%）亿元。三者加总为 836.14 亿元。当前市值 829 亿元。

即当前的市值就是长春高新的内在价值。股价下跌，就会跌出安全边际。能低估就能高估，价差收益出现。

情况 2：按仿制药下降 17.5% 估算。即 2022 年的业绩由 58.74 亿元变为 48.46（58.74×82.5%）亿元，股东盈余为 30.5（48.46×62.94%）亿元。按 3.98% 的无风险利率和距今 1 年来折现，为 29.33 亿元。

2023 年的业绩由 82.23 亿元变为 67.84（82.23×82.5%）亿元，股东盈余为 42.7（67.84×62.94%）亿元，按 3.98% 的无风险利率和距今 2 年来折现，为 39.49 亿元。2023 年后为永续折现 992.21（39.49/3.98%）亿元。三者加总为 1061 亿元。当前市值 829 亿元。

即当前价格有 20% 以上安全边际，但这还不够，如果做价值投资，在没有技术分析的配合下，至少要 50% 以上的安全边际再来考虑，当市值达到 400 亿元的时候又太低了。两者中和一下，最好股价能跌到 150 元左右的时候再布局。当然没有经过择时的分析，150 元左右也未必是长春高新的最低价，但这一档位可能是它在未来很长一段时间的价值底。如果基本面发生变化，另行分析。

以上便是 2022 年 1 月 20 日我给那位朋友从估值的角度写的简短分析。你要有一个锚，这个锚让你知道你在干什么、为什么这么干。如果只看到股价下跌了很多，便去抄底，那是盲目的随性的交易，永远不会有长期稳定盈利。

3.2.3　从技术角度看待长春高新

由于那位朋友只是问估值，所以我没有写择时，我们再从择时的角度来看长春高新。图 3-4 为长春高新 2021 年 3 月至 2022 年 3 月的日线走势图。

如图中箭头位置所示，当长春高新股价开始下跌之后，每一次规模以上的反弹都没有超过前一个规模以上反弹的高点，即高点越来越低。同样随着股价的下跌，低点也越来越低。峰比峰低、谷比谷低，根据趋势的定义，这是下跌趋势。择时交易的第一原则即永远不要在下跌趋势中买进。

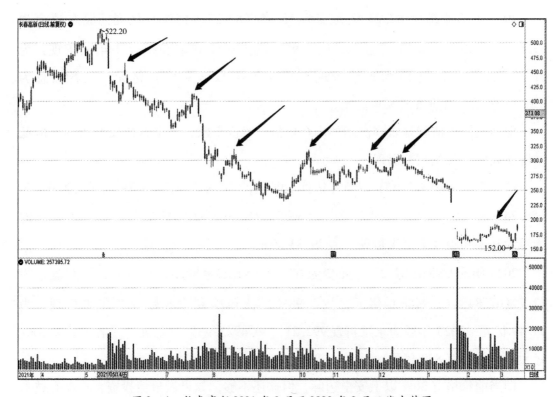

图 3-4　长春高新 2021 年 3 月至 2022 年 3 月日线走势图

这是从择时技术的层面上，知道你要干什么。除非股价下跌趋势完结，进一步给出上涨趋势的信号时，才是我们买进的时机。

那么什么时候下跌趋势才完结？上涨信号出现的鉴别方法有很多种，在本节中，我们只用最简明的趋势的定义来解答。当股价反弹的高点超过前期反弹的高点时，是下跌趋势完结的必要条件，但这并非充分条件。

谷比谷高、峰比峰高是上涨趋势出现的必要条件。同样这并非充分条件。即当出现上述条件时，股价有可能完结下跌趋势，有可能开启上涨趋势，如图 3-5。但我们需要强调的是，给出信号的位置，并不一定等于进场交易的位置。

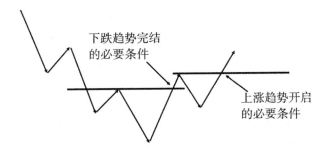

图 3 - 5 下跌趋势完结与上涨趋势开启的必要条件

不论你用什么方法，或者是非择时的价值投资，或者是成长股的 PEG 模式，或者是择时的纯技术分析模式，你都要知道自己在干什么和为什么要这么干。这么干的数学期望值是否大于零。

本书第一、二章是从投资的角度说明为什么要如此投资可转债。本章则从择时技术的角度来说明为什么要如此交易可转债。

3.2.4 寻找可复制的方法滚雪球

我相信在这个市场上，谁都曾有过高光时刻，单日盈利 10%、20%、30%，甚至有些"地天板"能拿 40% 以上的收益。我也相信很多人也拿过单边连板上涨行情，七天翻倍，甚至翻数倍、十数倍。但最终结果如何？市场不缺神话，缺的是常青树。拿到手的利润，最终还是会被市场拿走。创造财富是一种能力，保住财富是另一种能力。

在不确定的市场中，以确定性方式保住利润，是我们的终极追求。但这个世界本来就是不确定的，在资本市场中，也永远如逆水行舟，不进则退。也就需要我们具有相对确定的持续盈利的能力。

2006 年，我赚过大钱。考虑通胀的情况，那时的百万千万，对于现在来说有相当大的区别。那时的几百万在珠江新城可以买 3 套房，现在连半套也买不到。

我也亏过钱，2011 年前后。与其他人不同的是，我的每一笔交易都有记录，包括当时的走势图、所采取的策略方法、仓位、成交记录和盈亏总结。对于我自己来说，2012 年至 2013 年是对我最有帮助的一年，一年间我做到了 74.2% 的收益。

听过我课的人都知道，我不会在全部课程中只说一个经典标的走势，拿过往的经典走势图来放马后炮。我每天都会在课程中给出新的标的，或者解答学员在当下所交易的标的。有一位学员称："元哥课程无老仓。"

拿经典走势来讲课不是更方便吗？但问题也出在这里。经典走势图会再次重复出现吗？虽然技术分析三大假设之一：历史会不断重演。但重演不是简单重复。在我的课堂上，我们仅仅是拿经典走势图讲道理，但在每天的授课中，要不停地拿出新标的来讲。

走势是未知的，讲新标的是有风险的。我说它涨，它有可能跌；我说它跌，它有可能涨。打脸可能就在下一秒。但我为什么还要做这样风险极大的事呢？

我不会去羡慕那些在 2020 年买了三一重工、贵州茅台的人，我对标的是可以在经常切换标的情况下，还能盈利的人。因为我担心我在长时间内只选择了有限的几个标的而获得丰厚的盈利，不是依赖能力，而是依赖运气。一个人永远不可能赚到他认知能力之外的钱，来自运气的钱，肯定会靠"实力"再亏回去。

当你看一个人的交易能力、持续盈利能力时，不仅仅是看最终盈利，更重要的是看回撤幅度和回撤时间。另外则要看在不同的行情下盈利与回撤的情况，2007 年和 2015 年，很多人都把自己当股神了，却不知道他把水涨船高和自身能力混淆了。索罗斯说：观点对错不要紧，重点在于看对的时候能赚多少，全看错的时候能亏多少。好牌都会打，抓了一手烂牌少输、不输才是高手。特别是在股票市场的熊市中，才能真正看清楚一个人靠的是运气还是能力。

也正是因为我长期稳定盈利靠的是能力，或者称它为手法、技巧、策略、套路、交易系统，我才敢在直播课程中每次都讲新标的。看似风险很高的事情，在我们掌握了所谓的手法、技巧、策略、套路、交易系统之后，反倒变成了低风险的事情。而靠运气在过往的交易中抓到过一只好股票，想再复制一次成功，却是高风险事件。

所以我提醒大家注意这里的关键词：复制。我所讲的任何方法都是可复制的，也必须是可复制的。什么是成功？成功 = 方法 × 大量重复工作^2。方法重要，大量重复却是重中之重。不可复制又何谈长期稳定盈利呢？

3.3 用择时的方式交易可转债

科创板、创业板已经将涨跌幅放大到 20%。北交所上市的股票涨跌停板幅度达到 30%。并且 2022 年两会明确全面放开注册制。那么涨跌停板完全打开是大势所趋。打开涨跌停板，个股日内波动幅度将会大大提升，极端情况下，当天最大亏损幅度达到90%以上也并不是不可能。波动率提高，风险程度提高，那么T+1的交易制度显然跟不上证券市场改革的脚步，T+1也必然升级为T+0。

涨跌不受限、买卖不受限，听起来很遥远是吗？其实并不是。当前市场上就有类似的交易标的，就是本书所讲的可转债。

可转债实行T+0的交易制度，理论上没有涨跌幅限制，但上交所规定：若可转债价格上涨幅度达到20%时，停牌30分钟；涨跌幅度达到30%时，停牌至14:57；若停牌时间不足30分钟，在14:57时自动复牌。深交所规定：可转债价格涨跌幅度达到20%和30%时各停牌半小时。

但需要注意的是，以上涨跌幅限制于2022年6月18日出现变化。新规规定：

1. 上市首日统一采取57.3%和-43.3%的涨跌幅机制。

2. 上市次日起，设置20%涨跌幅价格限制。

3. 新参与投资者增加2年交易经和10万元资产量的准入要求。

4. 可转债最后交易日的证券简称前增加"Z"标识。

新规之前，可转债除了仅有的一点限制外，与无涨跌停板和T+0制度基本一致。新规之后，提高了准入门槛并增加了涨跌幅限制。不过若要使我们证券市场国际化，T+0与无涨跌幅度限制势在必行，只是时机是否成熟的问题。虽然新规增加了涨跌幅限制，但对于我们接下来将要介绍的交易方法没有任何影响。通过可转债事先练习、适应这一制度，无疑会产生巨大的先发优势。特别适合做超短和日内交易，能使T+0的优势发挥到极致。

当然你也可以说，我并不做超短，T+0的优势对我来说没有任何意义。但当前情况是正股有涨跌停板的限制，而可转债涨跌停限制较一般正股宽松。当正股当日涨停时，可转债价格极有可能会继续上涨。即正股上涨10%时，相应的可转债可能上涨20%。为什么会这样？因为当大家认为正股一个涨停板封不住，还会继续上涨时，可转债的价格自然水涨船高。由于股票主板有限制，最高只有10%，可转债就会提前上涨。这种情况会使我们用更短的时间获取与正股最终上涨幅度相当的收益。资本永不眠，获取同样收益的时间越短，资金周转的速度越快，同样时间、同等机会下，获取的总收益就更高。

所以不论是从T+0的角度，还是从较宽的涨跌幅度限制的角度来看，都有必要学习，或者专门练习可转债交易。而能把转债这两个优势发挥到极致的方法又必然是短线或日内交易。所以除了我的系列丛书中的第一本主讲技术分析基本框架的内容外，其他书更加侧重于短线分析。

总结一下：

1. 之所以不能长期稳定盈利，是因为不知道自己在干什么。

2. 方法没有对错，检验它的标准是数学期望值。

3. 经过检验的方法会给我们锚点，有了锚点，我们就知道自己在干什么。

4. 在有涨跌停板限制和实行 T＋1 交易制度的当下，最贴近开放制度的标的是可转债。

第四章

早盘正股涨停开仓

我们在前三章介绍可转债套利方法中，简略地叙述过正股涨停转而寻找可转债机会的套利方法，本章详细讨论这种套利方法。

4.1　寻找当日最强

当日最强有没有界定的方法？涨得最高为当日最强。我国股市有涨停板限制，所以每天都有一批当日最强的个股出现。不过需要注意的是，由于主板与创业板等涨停板限制的幅度不同，并不表示上涨10%的股票弱于上涨14%的股票，因为封板是一种势。

4.1.1　昨日连板指数

首先看一张图，图4－1为通达信昨日连板指数日线图，时间是2018年6月至2022年3月。起始点位为1000点，当前点位（2022年3月25日）4221.39点。图中四个缺口为扩股所致，四次扩股分别为扩股410.849倍、扩股441.643倍、扩股115.918倍和扩股21.556倍。图中显示最高点位为454434点。

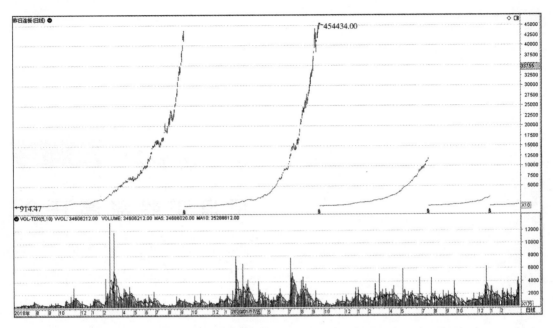

图4-1　通达信昨日连板指数2018年6月至2022年3月日线走势图

　　为了看起来更直观，我们将它前复权（图4-2）。为什么要先展示除权图再展示前复权图？因为前复权图显示走势大部分时间都是一条直线，似乎一直没有变化，这容易产生误导。

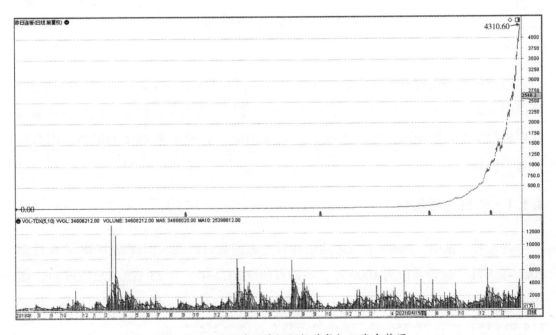

图4-2　通达信昨日连板指数前复权日线走势图

　　昨日连板指数的计算基础是先要有一个涨停板。昨日连板指数为什么能一直上涨呢？因为它只把连板作为它的成分股，它永远计算的是最强势的个股走势，所以才能一直向上。那么它的作用是什么？显示当前的赚钱效应有多强。虽然指数整体走势是一路向上，但其间也有向下的回调，在回调时即显示当前的赚钱效应并不强。

　　但只要不是市场普跌，即使综合指数出现横盘走势，个股出现结构性牛市，赚钱效应一样显得较强，那么此时相对应的连板指数也会继续上涨。我们对比一下上证指数 2018 年 6 月至 2022 年 3 月的日线走势图，见图 4－3，就会发现赚钱效应强的时间远比我们想象的要多。

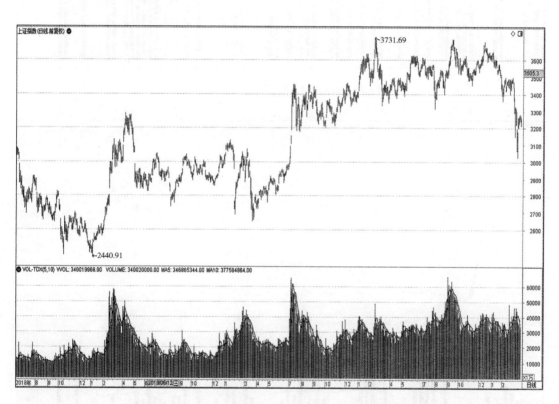

图 4－3　上证指数 2018 年 6 月至 2022 年 3 月日线走势图

　　我们再对比一下细节，上证指数本轮下跌是从 2021 年 12 月 13 日开始的，如图 4－4。再看图 4－5 同期昨日连板指数的走势。

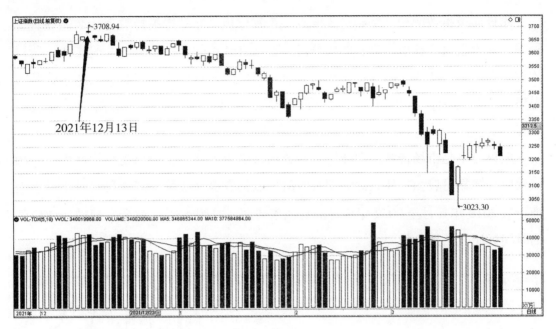

图 4-4　2021 年 12 月 13 日，本轮下跌开始

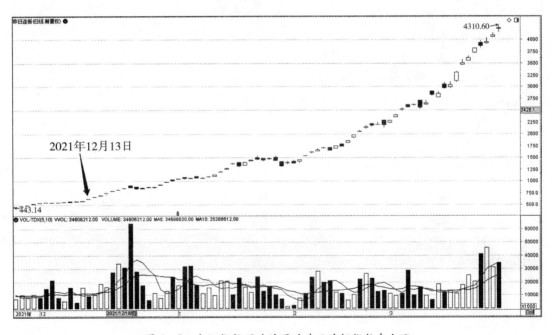

图 4-5　上证指数下跌的同时昨日连板指数在上涨

4.1.2　乘势就要寻找最强

为什么涨停板大概率会延续强势走势呢？从技术角度认为，趋势的方向不会轻易改变。利弗莫尔也曾说过，价格永远向阻力最小的方向运行。在上涨趋势中哪个

方向的阻力最小？当然是继续上涨。上涨趋势只要维持正常量能，就可以延续上涨方向不变。而上涨趋势转为下跌趋势，就需要更大的量能。我们是预期正常量能就可维持的行情，还是预期小概率出现的更大的扭转力量？

为什么会涨停？因为买方比卖方多（钱多，不是人多）。买方买不到货，就要以更高的价格来抢货。我国股票市场有涨停幅限制，当天最高上涨 10%、20% 或 30%。如果没有涨停幅限制，抢不到筹的人，会以更高更高的价格去抢筹，没有人能阻拦住他们的热情，这种情况下，一只股票可能当天就会上涨 100% 以上，甚至更多。

既然趋势方向不会轻易改变，既然股票供不应求，那么一个涨停板后，再来一个或若干个涨停板的概率就较大。

一只股票想要搭上连板指数的强势快车，必须先有一个涨停板作为基础，才有资格进入强势的连板指数。只要不是市场普跌，只要市场还处于结构性牛市，或虽然市场处于下跌中但还有结构性牛市，那么打板追板行为就不会谢幕。

可是打板并不容易。我们或许在一只股票封板的情况下去追板，或者在涨停板的第二天没有封板的情况下追着买。由于我国股市有 T + 1 制度，当天买进的股票并不能当天卖出，因此就有了冲高、冲板然后回落甚至跌停、当天套死的可能性。所以可以说打板抢板是刀尖舔血火中取栗，风险与机遇共存，但毕竟还是很凶险。

可转债的优势在于 T + 0 和某种意义上较宽的涨跌停板限制的交易制度，恰好可以完美地弥补在个股上打板抢板的弊端。

既然我们在强势中选择强势交易，那么涨停板股票就是最好的选择，因为涨停即显示最强势的力量。但由于涨停板的限制，强势的力量无法在当天宣泄。而对应的可转债由于较宽的涨停板限制，它可以接过强势接力棒继续上涨。

我们再复习一遍，正股价格越上涨，它越接近或正向距离转股价越远，可转债的价值越大，可转债的价格也会越高。再类比看涨期权，标的价格上涨，看涨期权的价格也会越来越高。所以正股涨停，预示着有一股强大的力量要推着股价继续快速上涨，但由于某种原因当天只能到这里了，只要上涨的预期存在，可转债的价格就会预先透支正股的上涨而继续上涨。这就是我们在前面章节讲到的正股与可转债套利方法之一，即正股涨停就可买进可转债。

4.2　早盘正股涨停开仓法

本章我们的主题是早盘正股涨停开仓法，我们要设置三重滤网来筛选操作的标的。第一重滤网是大盘走势，第二重滤网是个股走势，第三重滤网是对应的可转债走势。

早盘有两个狙击时间，9：41 和 10：00。我们会在这两个时间节点分别观察一次大盘、个股和对应的可转债走势。

4.2.1　大盘、正股、可转债三重滤网

第一重滤网：如果大盘走势在 9：41 时走出上涨的形态，即高开高走、低开高走、大幅上涨后的小幅回调等形态且涨幅在 1% 以上时，我们认为大盘显强势。我们会在 9：41 时寻找正处于涨停板中的个股，并且查看所对应的可转债是否也出现了高开高走、低开高走、大幅上涨后的小幅回调等形态。如果是，则尽快买进建仓。

第二重滤网：如果大盘走势在 9：41 时并未出现上涨的形态，那么我们把狙击时间定为 10：00。至 10 点时，我们再次观察处于涨停板中的个股，并且查看所对应的可转债是否也出现了高开高走、低开高走、大幅上涨后的小幅回调等形态。如果是，则尽快买进建仓。

第三重滤网：10：00 时个股即使是涨停板，但相对应的可转债并未出现上涨的形态，则放弃当日的早盘涨停开仓法的交易机会。

4.2.2　案例分析

图 4-6 为文科园林（002775）2021 年 10 月至 2022 年 3 月日线走势图，图中最后一个交易日为 2022 年 3 月 22 日，当日涨停。

通常情况下，越早封板越强势，特别是一字封板最为强势。文科园林开盘不到 3 分钟的时间便封板，如果我们想买进文科园林的话，需要排队买，还不一定能买到。即便买得到，它盘中开板转而下跌，我们就买在当天最高位置被套，且不能平仓。所以我们不排队买文科园林，而是去寻找它的可转债文科转债的投资机会。

图4-6　文科园林2021年10月至2022年3月日线走势图

图4-7为文科园林2022年3月22日分时走势图，当日9:32强势封板。

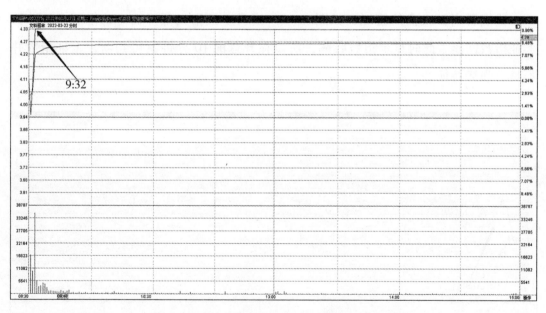

图4-7　文科园林2022年3月22日分时走势图

你可能会问，我们只看涨停板吗？不需要再看一下它一段时间的走势图吗？不需要分析一下它的基本面吗？基本不需要。因为强势涨停，原因可能是突发消息、政策引导等，不论它是概念、成长还是价值，都会刺激人气高涨。我们利用强势涨停板的做法，就是赚一波情绪溢价，并且我们利用可转债的优势做日内，它到底因为什么涨停、在什么位置涨停、是否会持续等问题不必考虑。

我们在介入文科园林的可转债文科转债之前，需要问几个问题。只要文科园林涨停我们就买进文科转债吗？如果不是，我们要在什么时间买进呢？

当然不是看到涨停就去找它的转债去买，我们要观察它有没有可能盘中开板。观察要有个时间，观察到收盘确实可以得到最确切的答案，但也失去了意义。我们的原则是，开盘后10分钟决定是否买进、开盘后30分钟决定是否买进。

为什么是这两个时间？因为我们要看当日大盘是否配合，如果当日大盘强势，我们便尽早买进。当日大盘弱势，我们至少要等开盘30分钟后再动手。

我在《赢家的秘诀》一书中就介绍过这种方法，不过在那本书中是以股指期货为主要案例，当时我们给的数据是：上证指数开盘前30分钟上涨，那么当日上涨的概率接近70%。这种方法我们也可以用到个股中来。有一种叫作"空中花园"的短线交易方法，与本方法类似。日本的交易冠军菲阿里在《1000%的男人：期货冠军奇迹的买卖方法》一书中也介绍过这种方法。

我们看当日大盘的情况，如图4-8。当日上证指数低开盘走，但至9:41时，上证指数回落，此时显示指数收阴，所以在开盘前10分钟就可判断，上证指数并不具有强势特征。

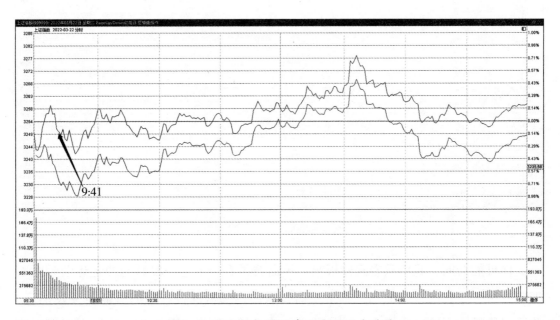

图4-8 上证指数2022年3月22日分时图

所以我们把买进文科转债的时间推后至 10：00，我们可以从图 4 - 7 中看到至 10：00 时文科园林还处于强势封板中，也可以从图 4 - 8 中看到上证指数在 10：00 虽然并未显示出强势特征，但也未显示出弱势特征。我们可以在 10：00 买进文科转债，如图 4 - 9。

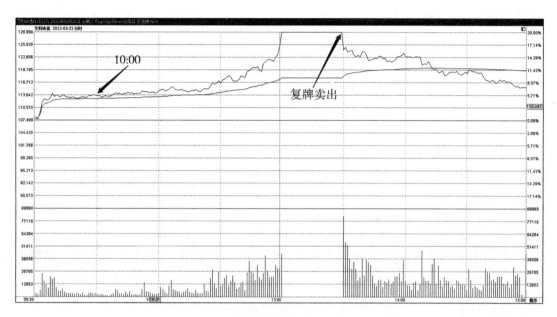

图 4 - 9　文科转债 2022 年 3 月 22 日分时图

买进是进攻，卖出是防守。进攻需要确定时间节点、进攻兵力，防守需要确定可承受的损失、收缴战利品。

通常情况下我们会以总资金 1/3 建立仓位，如果大盘强势并且个股也出现强势封板的机会，那么我们会以总资金的 2/3 建立仓位。

对于风险承受能力较强的人来说，可以在买点之前当日最低点下方设置止损。对于风险承受能力较弱的人来说，可以在买点之前涨幅的一半下方设置止损。

止盈也相应有两种考虑，我们可以在盈亏比（盈亏幅度/亏损幅度）达到 2：1 的时候先平掉一部分或一半的仓位，另一部分或另一半的仓位搏杀到底。先平掉的一部分有据可循，只要计算盈亏比达到 2：1 左右时即可动手，但搏杀到最后的那部分仓位的操作就比较困难，因为平仓的方法非常多，需要具体情况具体分析。

买点条件可以归类，卖点条件也可以归类。但同样的买点和卖点出现在同一张图中的概率并不高。所以我们只能做到先归类买点条件，然后在每个买点案例中穿插着讲解卖点条件。

在本例中的卖点条件即为：复牌后拐头卖出。2022年6月18日新规出台之前，可转债没有涨跌幅限制，但是有停牌机制，两个交易所有不同的停牌规定。深交所规定，可转债价格涨跌幅度达到20%时停牌半小时。当可转债涨跌幅度达到30%时，停牌至14:57，之后方可复牌。图4-9中可以看到文科园林上涨至20%后停牌了30分钟，再对比图4-7，文科转债复牌后转头下跌的同时，正股文科园林还处于强势封板中，正股与可转债的走势出现了分化。

如果正股没有下跌，而可转债下跌，说明大家认为可转债的上涨幅度已经超过对应正股上涨幅度的预期，在本例中即大家认为文科园林后续的上涨可能并没有我们想象的那么大，正股只上涨了10%，而可转债却上涨了20%，这是不是将正股上涨预期透支得过分了呢？有一个人这么想，就会有第二个人这么想，就会有很多人这么想，于是抛单，价格下跌。复牌给了大家冷静的时间，头脑冷静就不会那么狂热，情绪溢价也就不会大幅下降。所以我们可以在复牌后拐头向下时卖出，也可以复牌后立刻卖出。

本例中10:00买进价位为113.456元，复牌卖出位置约为128.999元，盈利率约为13.7%。即使正股涨停，我们一样可以从中获取情绪溢价收益。新规出台后，涨跌幅限制为20%，只是幅度不同，交易的方法不变。

4.2.3　强中选优

一天中强势涨停的个股非常多，我们选哪一个呢？这就需要对比了，哪个更强我们选哪个。我们还以2022年3月22日这一天的涨停为例，通过问财搜索含可转债涨停的个股共5只：湖北广电、创维数字、文科园林、宁波建工、全筑股份，如图4-10。

序号		股票代码	股票简称	涨跌幅(%)	现价(元)	a股流通市值(元) 2022.03.22	上市天数(天) 2022.03.25	涨停 2022.03.22
1	☐	000665	湖北广电	9.95	7.96	73.23亿	9,237	涨停
2	☐	000810	创维数字	6.58	14.90	154.99亿	8,698	涨停
3	☐	002775	文科园林	3.17	4.23	19.32亿	2,462	涨停
4	☐	601789	宁波建工	-9.87	7.49	84.87亿	3,875	涨停
5	☐	603030	全筑股份	1.05	3.84	23.78亿	2,563	涨停

选出 股票数：5　　＋加自选　　＋加板块　　⬇导数据　　添加指标到表格：☑涨跌幅(%)　☑现价(元)　＋

图4-10　2022年3月22日5只含可转债涨停个股

　　图4-11为湖北广电2022年3月22日分时图，10:00时，冲高回落，并未显出强势特征。

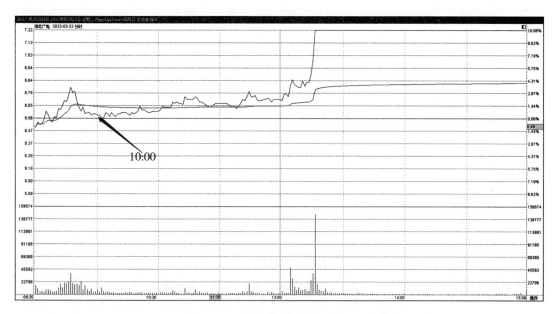

图4-11　湖北广电2022年3月22日分时图

　　图4-12为创维数字2022年3月22日分时图，10:00时，冲高回落，并未显出强势特征。

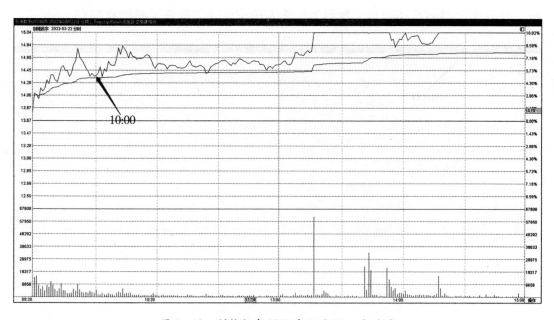

图4-12　创维数字2022年3月22日分时图

图4-13为全筑股份2022年3月22日分时图，全筑股份小幅冲高后跌破开盘价，未显示出强势特征。

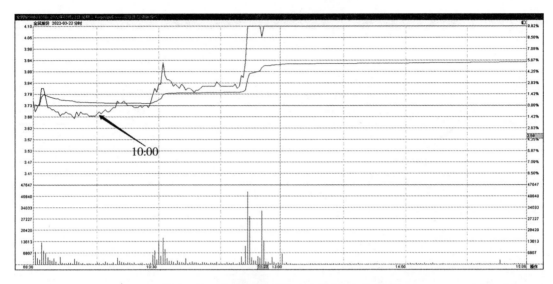

图4-13　全筑股份2022年3月22日分时图

需要注意的是，除了全筑股份在10:00之前略显离谱外，创维数字和湖北广电虽然冲高回落，虽然不是最强的持续上涨强势状态，但并不代表不能买。只是因为有了文科园林做对比，文科园林的走势明显好于这三只，有优不选劣。

再看宁波建工2022年3月22日分时图走势，如图4-14。它在9:31时便已封板，时间比文科园林还要早，我们为什么不选宁波建工而选文科园林呢？

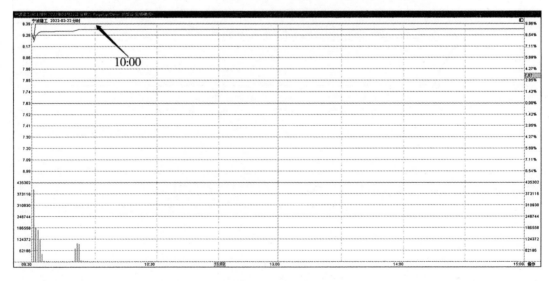

图4-14　宁波建工2022年3月22日分时图

图4-15为宁建转债2022年3月22日分时图，宁建转债的走势相对于文科转债比较波折。走势上涨、回调后再向上，但没有突破前期上涨的最高点。再对比图4-9文科转债走势，文科转债走势相对比较平静，上涨、盘整。并且10:00时，文科转债价格还几乎处于前30分钟走势的最高价附近。

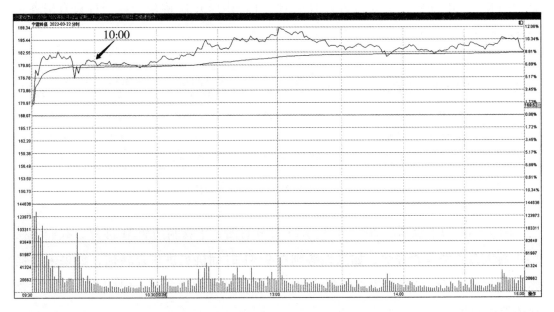

图4-15 宁建转债2022年3月22日分时图

总之，我们先看当日9:41、10:00之前含可转债个股的涨停股有哪些，再从个股的走势中筛选出两只：文科园林和宁波建工。再从可转债的走势中选出一只：文科园林。这是一步一步对比出来的结果，只选当日最优。

我们再来看2022年3月23日的案例，为了验证结果可以在问财中搜索2022年3月23日含可转债涨停个股，如图4-16。但遗憾的是，这一天涨停的6只股票都

序号		股票代码	股票简称	涨跌幅(%)	现价(元)	a股流通市值(元) 2022.03.23	上市天数(天) 2022.03.25	涨停 2022.03.23
1	☐	002370	亚太药业	9.99	8.26	34.54亿	4,393	涨停
2	☐	002907	华森制药	9.33	19.34	45.72亿	1,618	涨停
3	☐	600498	烽火通信	-1.79	15.34	185.46亿	7,520	涨停
4	☐	601789	宁波建工	-9.87	7.49	93.37亿	3,875	涨停
5	☐	603108	润达医疗	2.51	13.06	74.70亿	2,495	涨停
6	☐	603660	苏州科达	-5.02	7.00	38.40亿	1,941	涨停

图4-16 2022年3月23日6只含可转债涨停个股

没在我们的狙击时间内涨停。亚太药业 10:26 涨停，华森制药 10:15 涨停，烽火通信 14:48 涨停，宁波建工 14:19 涨停，润达医疗 10:40 涨停，苏州科达 11:22 涨停。所以这一天，我们的早盘正股涨停开仓法没有用武之地。

以同样的方法看 2022 年 3 月 24 日案例，如图 4-17，有三只个股涨停，其中亚太药业 10:36 涨停，华森制药 9:31 涨停，佳力图 13:33 涨停。在当日只有华森制药在我们狙击时间点之前，可以进入我们的视野。

序号		股票代码	股票简称	涨跌幅(%)	现价(元)	a股流通市值(元) 2022.03.24	上市天数(天) 2022.03.25	涨停 2022.03.24
1	▦	002370	亚太药业	9.99	8.26	37.98亿	4,393	涨停
2	▦	002907	华森制药	9.33	19.34	50.29亿	1,618	涨停
3	▦	603912	佳力图	-1.67	21.75	47.98亿	1,606	涨停

图 4-17　2022 年 3 月 24 日 3 只含可转债涨停个股

图 4-18 为华森制药 2022 年 3 月 24 日分时图，华森制药 9:31 涨停，我们要在 9:41 看大盘走势是否强势，如果强势则在 9:41 时伺机买进华森转债，如果未显强势，就在 10:00 伺机买进华森转债，当然这一切的基础是这两个时间节点上，华森制药保持封板。

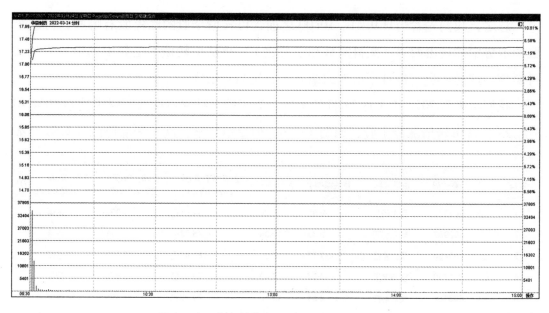

图 4-18　华森制药 2022 年 3 月 24 日分时图

图 4-19 为上证指数 2022 年 3 月 24 日分时图，9:41 时上证指数收跌，走势特征为震荡下跌后的反抽，未显出强势。所以我们把狙击时间调整到 10:00。

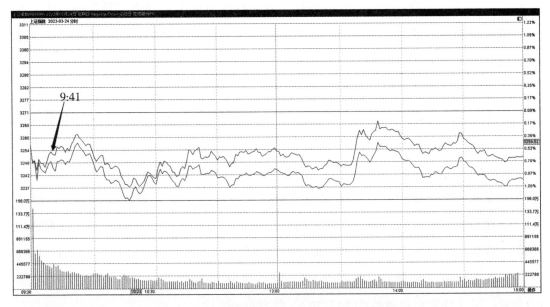

图 4-19　上证指数 2022 年 3 月 24 日分时图

图 4-20 为华森转债 2022 年 3 月 24 日分时图，10:00 时华森转债处于上涨后的小幅回调中，基本接近之前涨势的最高价，买进。止损位可以设在 10:00 之前最高价与最低价之间稍向下的位置，本例中我们要介绍两种卖出情况。

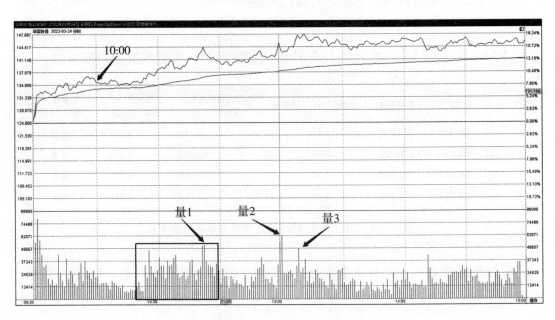

图 4-20　华森转债 2022 年 3 月 24 日分时图

首先我们要提出一个概念：脉冲量。即成交量放量，但它监控的左侧与右侧的成交量并没有明显放大，在该脉冲量出现时，通常会伴随着股价的快速上涨或快速下跌，图中量2即为一次明显的脉冲量。脉冲量的出现代表着成交量急剧放大，如果行情正在快速上涨中，则遭遇了来自上方的抛单；反过来如果行情正在快速下跌中，则有大量买单从下方涌出。

本例华森转债在上涨过程中出现脉冲量，预示着大量抛单出现，应尽快离场。你可能会问量1处是不是也是脉冲量？图中标出的方框中的量处于放出堆量的状态，也就是量1本身并不显得特别突兀，所以量1不算脉冲量。

量3明显低于量2，但相对于华森转债的价格却后浪比前浪高，这是有关教科书中的经典案例：量价背离，如果量2处没走，那么在量3处也要回避了。事实上，华森转债后半段的走势一直处于高位震荡中，对于日内短线来说，并没有创出更高的收益。所以量2和量3处是最好的离场位置。

本例中，买点位置约为135.2元，量2处卖点位置约为143.44元，收益率6.09%；量3处卖点位置约为147.362，收益率9%。

再看2022年3月25日的案例，为了事后验证，可在问财中搜索2022年3月25日含可转债涨停个股，如图4-21。共有4只股票涨停，其中湖北广电11:02涨停，正邦科技10:33涨停，奇正藏药9:37涨停，亚太药业9:31涨停。奇正藏药和亚太药业可以在我们狙击时间点之前进入我们的视野。

序号		股票代码	股票简称	涨跌幅(%)	现价(元)	a股流通市值(元) 2022.03.25	上市天数(天) 2022.03.25	涨停 2022.03.25
1	☐	000665	湖北广电	9.95	7.96	80.74亿	9,237	涨停
2	☐	002157	正邦科技	10.06	7.22	167.89亿	5,335	涨停
3	☐	002287	奇正藏药	10.00	29.27	154.64亿	4,593	涨停
4	☐	002370	亚太药业	9.99	8.26	41.77亿	4,393	涨停

选出股票数：**4** ＋加自选 ＋加板块 ⭳导数据 添加指标到表格：☑涨跌幅(%) ☑现价(元) ＋

图4-21 2022年3月25日4只含可转债涨停个股

9:41时要先看一下当日大盘走势，如图4-22。指数低开高走，并且在这个时间点几乎处于开盘前10分钟的最高位，当时的指数涨幅只有0.13%，上涨4.28点。虽然指数分时图在走势的形态上表现为强势，但上涨幅度实在太小了。我们很难说 4.28 点的涨幅是强势走势，所以我们狙击可转债还要等到 10：00。

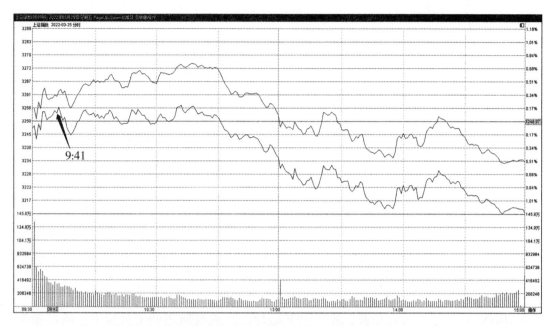

图 4-22 上证指数 2022 年 3 月 25 日分时图

图 4-23 与图 4-24 分别为奇正藏药和亚太药业分时图。

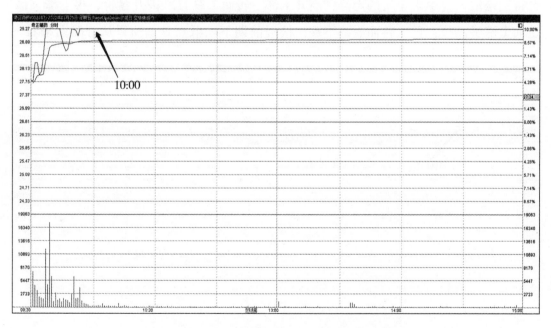

图 4-23 奇正藏药 2022 年 3 月 25 日分时图

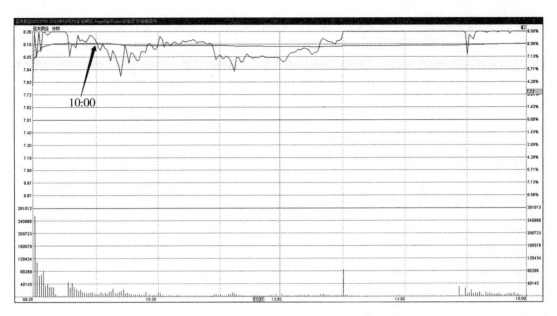

图 4 - 24　亚太药业 2022 年 3 月 25 日分时图

10:00 时，亚太药业开板，并且向下运行，奇正藏药还处于封板中，所以根据正股走势，我们选择奇正藏药，排除亚太药业。

再看奇正转债的分时图，如图 4 - 25。10:00 时，奇正转债从形态上看已经变得特别松散，前半个小时的走势：高开上涨、转而下跌且跌破开盘价，再上涨突破之前上涨最高位，再次转而震荡下跌，接近前期下跌低点处。所以从分时图来看，

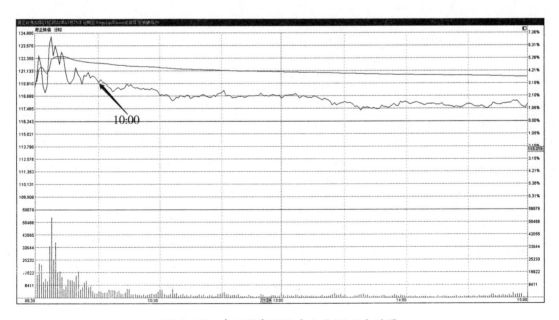

图 4 - 25　奇正转债 2022 年 3 月 25 日分时图

奇正转债也不符合我们的狙击条件。

2022年3月25日，据大盘走势，定狙击时间为10:00，据正股走势选出奇正藏药，再据可转债走势将其排除，全天无交易。当天的走势证明，我们的三重滤网最终使我们避免陷入亏损的陷阱。

再看2022年3月28日案例。我们在问财中搜索2022年3月28日含可转债涨停个股，如图4-26，共5只，其中纵横通信11:10涨停，美诺华9:30涨停，重庆建工11:17涨停，湖北广电9:35涨停，贵广网络10:07涨停。纵横通信、重庆建工、贵广网络在我们最晚狙击时间10:00之后涨停，故此我们今天只关注美诺华与湖北广电。

| 选出股票数: 5 | ＋加自选 | ＋加板块 | ⬇导数据 | 添加指标到表格: | ☑涨跌幅(%) | ☑现价(元) | ＋ |

序号	☐	股票代码	股票简称	涨跌幅(%)	现价(元)	a股流通市值(元) 2022.03.28	上市天数(天) 2022.03.28	未清偿可转债简称 2022.03.25
1	☐	603602	纵横通信	9.98	12.34	25.15亿	1,692	纵横转债
2	☐	603538	美诺华	10.01	73.56	110.03亿	1,817	美诺转债
3	☐	600939	重庆建工	9.92	5.21	94.54亿	1,862	建工转债
4	☐	000665	湖北广电	10.05	8.76	88.85亿	9,240	湖广转债
5	☐	600996	贵广网络	10.03	8.78	92.34亿	1,919	贵广转债

图4-26　2022年3月28日5只含可转债涨停个股

先看当日上证指数在9:41时的情况，如图4-27。上证指数开盘前10分钟跌出新低，并未显出强势，所以狙击时间定在10:00。

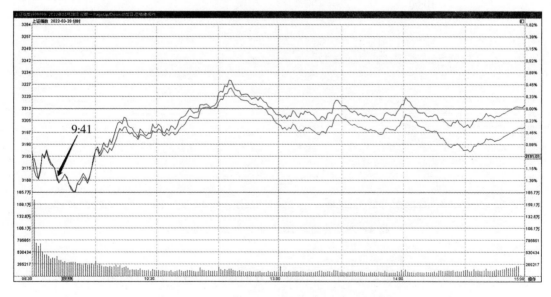

图4-27　上证指数2022年3月28日分时图

图4-28与图4-29分别为湖北广电与美诺华当日分时图，10:00时，两只股票都处于封板状态中，可以继续观察相对应的湖广转债与美诺转债。

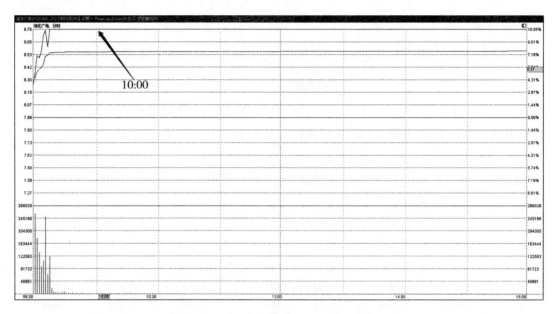

图4-28　湖北广电2022年3月28日分时图

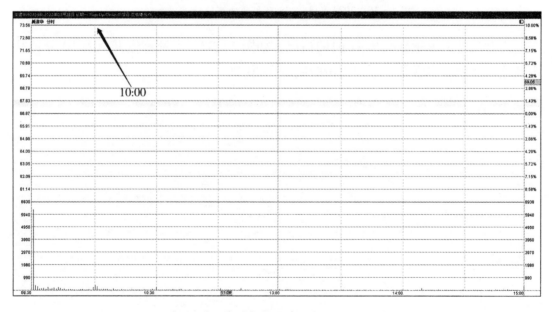

图4-29　美诺华2022年3月28日分时图

图4-30为湖广转债2022年3月28日分时图，图4-31为美诺转债2022年3月28日分时图。两张分时图对比来看，10:00时，湖广转债冲高回落，涨幅

9.69%；美诺转债开盘没两分钟就因涨幅达到 20.08% 停牌，10：00 复牌后涨幅达到 23.8%。不论从形态还是强度来看，我们都应该选美诺转债，但是这其中隐藏的风险却使我们大概率会放弃美诺转债。

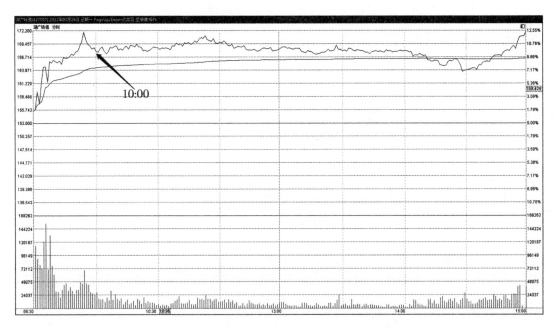

图 4－30　湖广转债 2022 年 3 月 28 日分时图

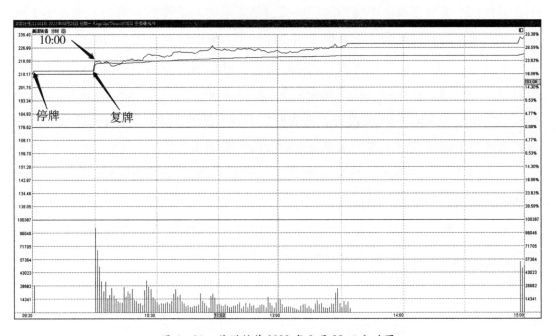

图 4－31　美诺转债 2022 年 3 月 28 日分时图

正股湖北广电与美诺华涨停板都为10%，10：00时湖广转债涨幅9.69%、美诺转债涨幅23.8%。美诺转债的涨幅已经严重透支了当天正股美诺华的涨停，如果我们在涨幅23.8%的位置追进去，极有可能被套在高位。并且在10：00时，美诺转债已经出现过一次停牌，为了规避可转债透支正股涨幅的风险，复牌后我们通常会选择平仓，而不是建仓。

在大盘走势并不好的情况下，防守显得比进攻还要重要，即选择湖广转债更加有利于我们长期稳定盈利。

来看湖广转债卖出的情况。我们在买进时，如果其可转债涨幅不高，可以把止损设在买进点之前全天最低价的下方，如果买进时其可转债涨幅略高，可以把止损点设在买进点之前涨幅的中间位置的下方。

我们买进湖广转债时涨幅9.69%，那么可以把止损位放在涨幅为4%或4.5%的位置。当然买进后全天未触发止损位，但全天大部分时间处于微亏的状态。在走势中，未出现量价背离或脉冲量的情况，也就没有触发卖出条件。所以它既没有发出止盈信号，也没有发出止损信号，并且正股湖广转债全天封板的情况下，我们可以持有到最后再平仓，即这一笔交易大约盈利2.74%。

2.74%的盈利，不论相对于美诺转债来说，还是从绝对值来看，都显得比较小。但我们不能只进攻而不懂得防守，机会是无限的，子弹是有限的。永远不下牌桌，就有大把的盈利机会，不要像袁绍一样，干大事而惜身、贪小利而忘义。

来看2022年3月29日案例。为事后验证，可在问财搜索2022年3月29日含可转债涨停个股，共6只，其中龙净环保13：25涨停，金轮股份9：30涨停，ST华钰13：29涨停，美诺华9：30涨停，浙农股份14：41涨停，傲农生物10：32涨停。在我们最晚狙击时间范围出现的涨停为金轮股份和美诺华。

先看当日上证指数在9：41的走势情况，如图4-32。上证指数涨幅0.26%，强度不够，狙击时间定在10：00。

图4-33与图4-34为美诺华与金轮股份当日分时图。美诺华尾盘炸板，金轮股份盘中开板，但在10：00时两只股票都在强势封板中。

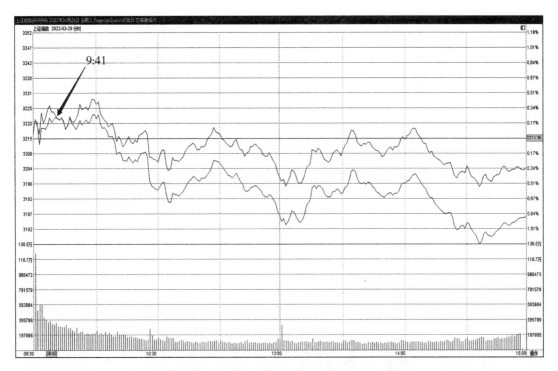

图 4-32　上证指数 2022 年 3 月 29 日分时图

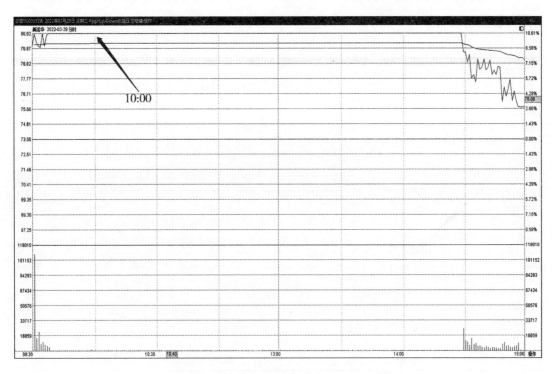

图 4-33　美诺华 2022 年 3 月 29 日分时图

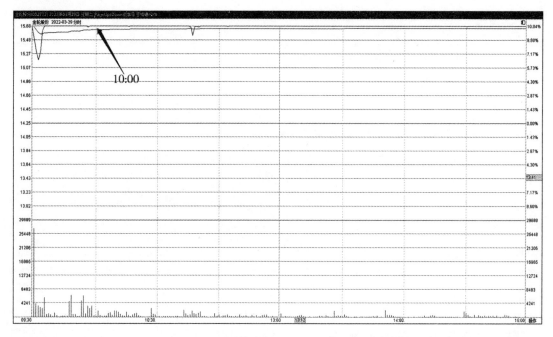

图 4-34　金轮股份 2022 年 3 月 29 日分时图

再对比两只股票的可转债，图 4-35 与图 4-36 分别为美诺转债与金轮转债当日分时图。

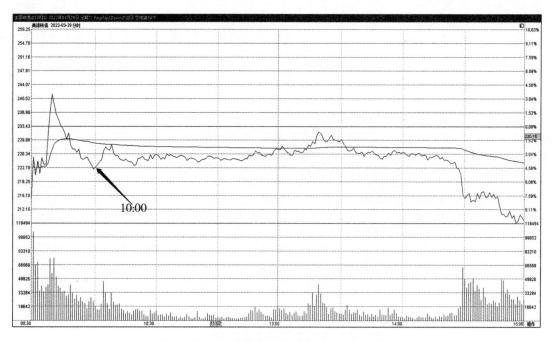

图 4-35　美诺转债 2022 年 3 月 29 日分时图

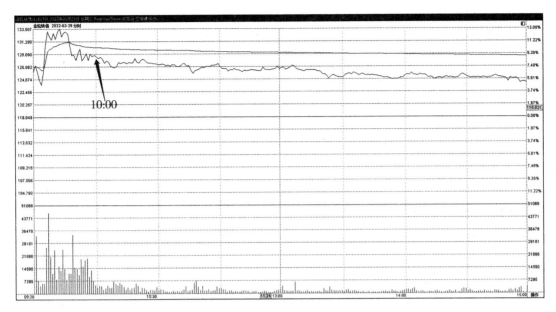

图 4 - 36　金轮转债 2022 年 3 月 29 日分时图

　　美诺转债我们曾在 3 月 28 日的复盘中提到过，当日正股美诺华上涨 10%，美诺转债开盘直奔 20%，引发停牌，复牌后继续上涨，3 月 28 日涨幅达 32.24%。那一天过度地透支了正股的涨幅。所以 3 月 29 日美诺华虽然涨停封板，但美诺转债却短暂冲高后回落，3 月 29 日当日跌幅 10.37%。

　　正股美诺华两天累计上涨 13.31%，两天涨幅分别为 10% 和 3%（累计涨幅分母相同，分别计算上涨分母不同）。美诺转债两天累计上涨 18.52%，两天涨幅分别为 32.24%、－10.37%。正股与可转债两天内的累计涨幅差不多，只不过正股是连续上涨（收盘价），可转债是先涨后跌，这就是透支后的回吐。由此可见，当我们在 3 月 29 日看到美诺转债的走势后，由于在 3 月 28 日已经跟踪了美诺华的走势，所以可以直接得出结论：不能交易。

　　再看金轮转债，同样是冲高回落的行情，但它并没有美诺转债的透支问题，不过我们还是不能选择金轮转债。大家把书往前翻，所有我们给出买进条件的案例中，10:00 处的买点都位于当日均线之上，而金轮转债却在当日均线之下。均线的特点是滞后，这既是优点也是缺点，如果连滞后的均线都无法战胜，我们很难承认金轮转债的走势强劲。而我们要做的恰恰是强中选强、强中选优的行情，所以金轮股份我们也不会选择。3 月 29 日按此法无操作。

📈 **总结一下：**

1. 早盘正股涨停开仓法的本质，是利用正股的势，完成正股在当日没有完成的涨幅，转而寻找相对应的可转债的交易机会。

2. 正股的涨势，有些还在酝酿中，有些正在进行中，有些已经喷薄而出直顶天花板。既然我们要寻找强势股，就要强中选强，早盘早早涨停无疑是对强势的最好确认。但也要防备某些个股烈火烹油盛极而衰的情况，所以可以利用可转债 T＋0 的特性，做好止损防护。

3. 可转债交易 T＋0 的特征，也化解了我们不敢在个股中追板的难题，成为实现追板盈利的途径。

第五章

乘势是交易的最高智慧

早盘正股涨停介入法，我们博取的是情绪溢价。正股上涨 10% 后，我们预期后势继续上涨，那么相对应的可转债由于涨跌停板较宽的机制，可转债通常会继续上涨，我们要的是当日透支正股上涨的情绪溢价。

符合早盘正股涨停的条件虽然不少，但从日内短线的角度看，并不是每天都有机会，有时会连续几天都没有机会。那有没有其他的方法介入可转债的交易呢？日内分别为早盘、盘中、尾盘，日内做法当日了结，所以剩下的方法就是在盘中寻找介入机会。

5.1　寻找趋势

可转债的上涨，不能脱离正股的上涨。所以如何判断正股的上涨，是做日内可转债交易的重中之重。

5.1.1　上涨阶段阳线最多

既然是在日内做交易，想在日内获取利润，必然要求正股当日收阳线，不论这根阳线的收盘价相对于前一天的收盘是高或是低。那么，在什么样的情况下，正股走势收出阳线的概率大呢？或者说，上涨趋势、下跌趋势中，哪种趋势收出阳线的概率更大？

图5-1为上证指数2021年7月至2022年3月日线走势图。图中显示了六段清晰的上涨和下跌走势。第一段上涨走势共35根K线，其中26根阳线，阳线占比74.29%；第二段下跌走势共35根K线，其中16根阳线，阳线占比45.71%；第三段上涨走势共24根K线，其中14根阳线，阳线占比41.78%；第四段下跌走势共34根K线，14根阳线，阳线占比41.78%；第五段上涨走势共20根K线，其中14根阳线，阳线占比70%；第六段下跌走势共10根K线，其中2根阳线，阳线占比20%。

图5-1　上证指数2021年7月至2022年3月日线走势图

由图5-1可见，上述六段走势中，上涨时阳线多，下跌时阳线少。不仅仅本例中近一年的走势如此，任何一段走势中皆是如此。所以我们可以认为，想在日内获取利润，就要寻找大概率出现阳线的走势，上涨趋势时出现阳线的概率最大。所以我们的任务是：哪里阳线最多，就把目标锁定在哪里。

5.1.2　趋势的基本定义

趋势分上涨趋势和下跌趋势。依次抬高的峰与依次抬高的谷为上涨趋势；依次降低的峰与依次降低的谷为下跌趋势。基本特征如图5-2与图5-3。

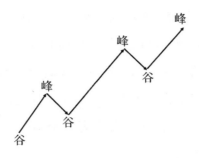

图 5-2　上涨趋势的特征

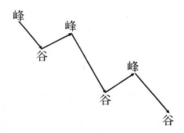

图 5-3　下跌趋势的特征

　　我们可以拿它到市场中去验证，1994 年我国股市正常化以后，图 5-2、图 5-3 所描述的趋势特征表现得更加明显。如图 5-4 为上证指数 1994 年 3 月至 2005 年 8 月月线图。

图 5-4　上证指数 1994 年 3 月至 2005 年 8 月月线走势图

以 2001 年 6 月最高点 2245.43 点为分界点，左侧为上涨趋势，右侧为下跌趋势。你可能会说，历史图表当然可以进行马后炮的划分，但若处于走势中又如何区分呢？试着把上图中右侧的任何一部分挡住，我们能看到至少存在两个不断抬高的峰和两个不断抬高的谷，即走势处于上涨趋势中。反之，则处于下跌趋势中。

如果你问，在 2245 点之后，并没有出现两个不断下降的峰和谷之前，怎样判断趋势的方向性呢？如图 5-5。

图 5-5　上证指数 1994 年 3 月至 2002 年 1 月月线走势图

提出这样的问题一定是经过思考的，这涉及技术分析的后验性。采用任何右侧交易，或者说比较完备的必要条件反推的情况下，我们永远无法 100% 预判拐点的出现，也就是在上图中最右侧的时间 2002 年 1 月时，我们无法感知到当前已处于下跌趋势中。

什么时候才能判断上证指数处于下跌趋势之中呢？当出现两个不断向下的峰和谷时，形成下跌趋势必要条件，如图 5-6。

图 5-6　上证指数 1994 年 3 月至 2005 年 8 月月线走势图

　　你还会问，这是不是太晚了？即便前期所建多单有盈利，这回吐的也太多了。确实如此，但没必要担心，因为在实际交易中，我们并不会等月线级别给出信号后才行动，而是当周线甚至日线给出信号时，便已经采取了行动。

　　图 5-7 为上证指数在 2001 年高点处周线走势图，在高点 2245.43 点右侧，出

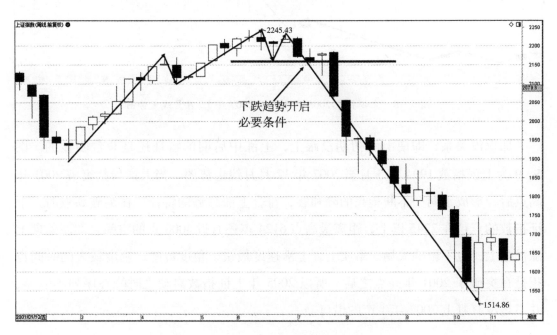

图 5-7　上证指数 2001 年高点处周线走势图

现了两个不断下降的峰和谷，下跌趋势开启的必要条件出现，此时平掉所有多单，距离高点距离非常近，利润回吐非常少，可以说是卖在了高位。

当然方法并不止这一种，技术分析工具箱里工具非常多，我们现在讲趋势的定义，则主要以趋势定义的方法来解惑。

再回头重新看上证指数。图5-8为上证指数2005年4月至2007年12月月线走势图，这是符合上涨趋势特征的一波牛市。但你可能会说，启动时峰谷序列的特征并不明显，极有可能跟不上。

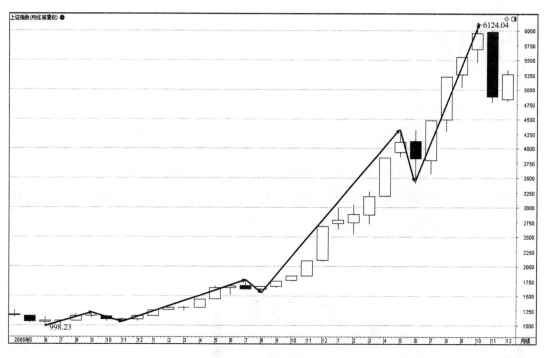

图5-8　上证指数2005年4月至2007年12月月线走势图

那也没关系，即使上涨初期没跟上，上涨中后期的特征还是非常明显的。图5-9为上证指数1994年5月至2007年12月月线走势图。当上证指数突破2001年高点后，形成了两个不断抬高的峰和谷，符合上涨趋势的特征。在突破高点时，上证指数的点位在2245以上，距离最高点6124点还有近4000点的空间。即便前期上涨没赶上，也不影响大局。事实上，上涨速度最快、角度最陡、幅度最大的时间也正是在突破了2001年高点之后。所以2005年上证指数启动之时峰谷序列不明显，并不是没有赶上2007年牛市的借口。

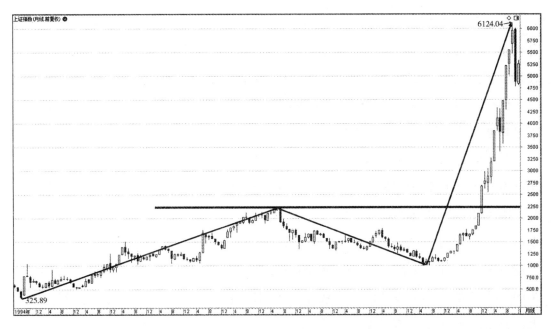

图 5-9　上证指数 1994 年 5 月至 2007 年 12 月月线走势图

图 5-10 为上证指数 2007 年 5 月至 2022 年 3 月的月线走势图。在 2007 年大牛市之后的十余年中，只出现过一次较小的 2013 年年中开启至 2015 年结束的小牛市和 2019 年初开启的算不上是牛市的波段上涨行情。

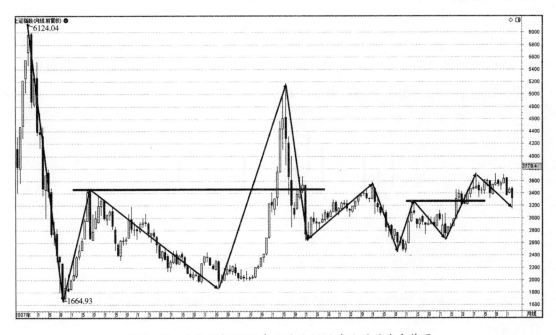

图 5-10　上证指数 2007 年 5 月至 2022 年 3 月月线走势图

在实际交易中，我们不必在月线级别上寻找信号。如图 5 - 10 所示，如果等待月线出现上涨趋势特征，则没有多少利润可获取，实际操作中，从周线或日线入手较好。我们展示月线是为了以最快速度了解上证指数的历史。

为什么说 2013 年至 2015 年的上涨是小牛市？为什么又说 2019 年初后的上涨只不过是波段式上涨，并不能称为牛市？

从大的方面说，2001 年和 2007 年牛市处于康德拉季耶夫周期的繁荣期，而 2015 年的小牛市处于康德拉季耶夫周期的衰退期，衰退期的牛市毕竟无法与繁荣期的牛市相比。2007 年牛市从 998 点上涨至 6124 点，上涨幅度为 513.63%；2015 年牛市从 1664 点上涨至 5178 点，上涨幅度为 211.18%。从小的方面说，2007 年牛市大盘月平均市盈率达到近 70 倍，而 2015 年牛市月平均市盈率只达到了 22 倍左右。2019 年开启的小幅上涨，以目前来看，至 2021 年高点 3731 点，上涨幅度 52.91%，大盘月市盈率只有 17 倍左右。

按 3.52% 的无风险收益率计算，大盘理论标准市盈率为 28.4 倍左右，2019 年至 2021 年的上涨，大盘月平均市盈率还没触及理论标准市盈率，说明上证指数一直处于被低估的状态。

5.1.3 峰谷序列

接下来的问题是，如何在 K 线图中准确地画出峰谷序列，以及为什么要这么划分。我的系列丛书第一本《赢家的秘诀》中详细讲过这个问题。价格走势只有四种形式，底分形、顶分形、上涨分形和下跌分形。见图 5 - 11。

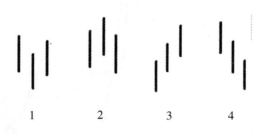

图 5 - 11　价格走势的四种分形

图中 1：两侧 K 线的最高点和最低点皆比中间 K 线的最高点和最低点高，为底分形或峰。

图中 2：两侧 K 线的最高点和最低点皆比中间 K 线的最高点和最低点低，为顶分形或谷。

图中3：后一根K线最高点和最低点皆比前一根K线的最高点和最低点高，为上涨分形。

图中4：后一根K线最高点和最低点皆比前一根K线的最高点和最低点低，为下跌分形。

当然走势图还有因有抱线和孕线等而不清晰，解决办法是，忽略抱线在前方所抱住的所有K线（反孕线），忽略一根长K线其后的所有孕线。见图5-12和图5-13。

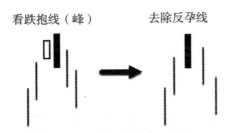

看跌抱线（峰）　　　　去除反孕线

图5-12　清除反孕线后形成顶分形

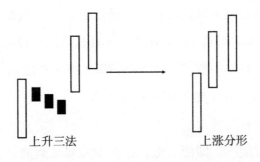

上升三法　　　　　　上涨分形

图5-13　清除孕线后形成上涨分形

当把K线图中所有孕线与反孕线清除后，图中只剩下四种分形：顶分形、底分形、上涨分形和下跌分形。只要连接每一个顶分形和底分形，便可以画出峰谷序列。这是一种比拉里·威廉姆斯和比尔·威廉姆斯的分形方法更加简单的方法。当然你也可以直接下载一个可以画出缠论分笔的软件，借此直接在K线图中画出峰谷序列。只要能画出峰谷序列，便可以找到上涨趋势或下跌趋势的特征。

当然这并不是让你严格按照量化来画峰谷序列，一是没必要，二是太过精准会陷入过度分析的陷阱中。当对峰谷序列非常熟悉的时候，完全可以目测，大概、差不多即可，只要不过分偏离趋势的基本定义。子夏所谓：大德不逾闲，小德出入，可也。

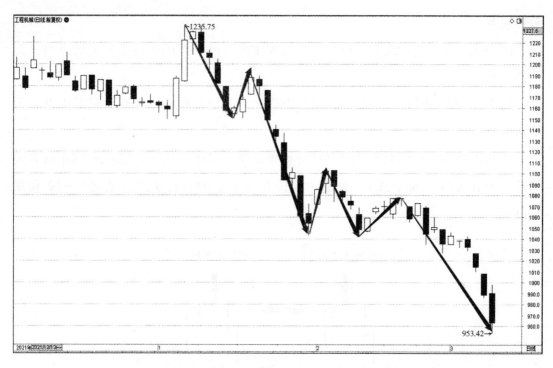

图 5-14　通达信工程机械指数 2021 年 12 月至 2022 年 3 月日线图

那么不符合上涨趋势或下跌趋势特征的情况怎么办？直接忽略掉。图 5-14 为通达信工程机械指数 2021 年 12 月至 2022 年 3 月日线图。该指数的峰谷序列是向下的，一峰比一峰低、一谷比一谷低，不要说 2022 年 3 月之前不能买工程机械概念股了，2022 年 3 月之后上涨了也不能买。为什么？

因为即便上涨，也有几种可能。可能一，这是针对之前下跌趋势的反弹；可能二，底部横盘筑底；可能三，即便上涨，也至少需要见到两个不断抬高的谷和峰。

抛开可能一，乐观地看待可能二和三，不论是低位横盘还是再次形成新的上涨趋势，在没有上破前高之前，都是对之前下跌趋势的修复，都需要时间。时间就是成本，时间就是金钱。我们没有必要冒着风险去抄这样的底，如果我们操作已经形成上涨趋势的标的，获取收益的效率将会大大提高。

图 5-15 为通达信煤炭指数 2021 年 11 月至 2022 年 3 月日线走势图。中间一段时间较长、幅度较深的调整的两侧，分别是两段小级别的上涨趋势。三段合起来构成一段大级别上涨趋势。当煤炭指数不论在哪个位置形成上涨趋势的特征后买进，都有收益，所谓进场就见红。除最后一个高点之外，即使之前买在了高点附近，由于上涨趋势一直持续，解套也非常容易。

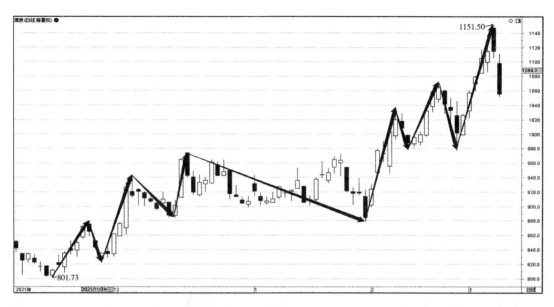

图 5 - 15　通达信煤炭指数 2021 年 11 月至 2022 年 3 月日线走势图

总之，操作形成上涨趋势的标的才能提高胜率。记住这个时间节点 2022 年 3 月 14 日，读者朋友拿到这本书可以找到这个时间对照一下通达信行业指数的走势。

5.1.4　2022 年初的下跌解构

如图 5 - 16 所示，上证指数最近一轮下跌信号是从 2022 年 1 月 6 日开始，一路下跌至 2022 年 3 月 14 日。

图 5 - 16　上证指数 2021 年 9 月至 2022 年 3 月日线走势图

通达信 56 个行业指数中，我们逐一翻看 56 个行业日线走势图，看哪些行业处于上涨趋势中，后来走势又如何。

图 5-17 为航空指数 2021 年 9 月 9 日日线走势图，航空业处于下跌趋势，不参与。其后也没有出现上涨趋势的特征。

图 5-17　航空指数 2021 年 9 月 9 日日线走势图

图 5-18 为医药指数 2021 年 7 月至 2022 年 3 月日线走势图，此时医药指数正处于震荡走势，没有明确的上涨趋势特征。需要注意的是，谷 3 比谷 1 低，所以谷 3 处医药指数还处于下跌趋势之中。虽然峰 4 高于峰 2，但如前文所述，这只是这一阶段下跌趋势完结的信号，并不是新的上涨趋势的信号，除非峰 6 高于峰 4，但现实走势是峰 6 低于峰 4，指数转而向下，其间 2022 年 1 月 6 日指数正处于由峰 6 向下的过程中，此时既没有上涨趋势的特征，也没有下跌趋势的特征，所以此时属于震荡走势。当指数下破谷 3，形成了新的下跌趋势，不参与，且其后也没有出现上涨趋势的特征。

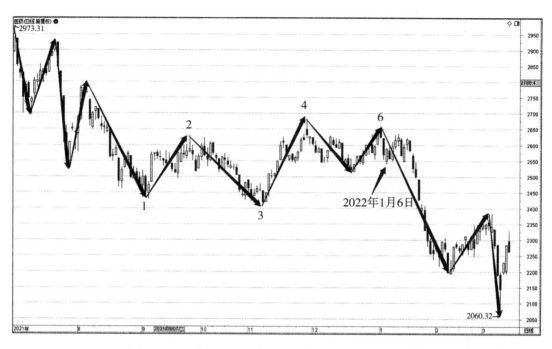

图 5-18　医药指数 2021 年 7 月至 2022 年 3 月日线走势图

图 5-19 为商业连锁指数 2021 年 4 月至 2022 年 3 月日线走势图。第一波下跌的低点是峰 1 和峰 2 之间的谷，且峰 1 是第一波下跌之前最近的峰，只有上涨突破

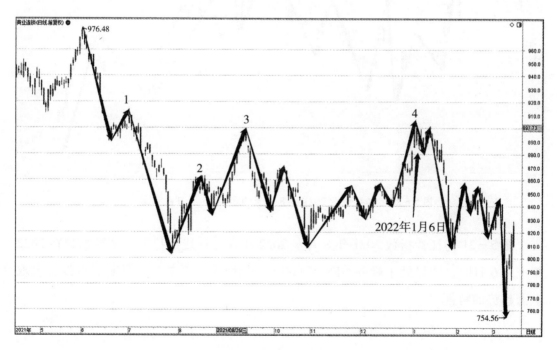

图 5-19　商业连锁指数 2021 年 4 月至 2022 年 3 月日线走势图

了它，才能判断下跌趋势结束。其后指数反弹，虽然峰3超过了峰2，但始终没有向上突破峰1，所以即使指数达到了峰3的高点，这也只不过是一波反弹而已。在震荡了很长时间之后，指数达到峰4，虽然峰4超过了峰3，但还是没有超过峰1，所以峰4位置还是反弹。2022年1月6日在峰4之后，指数出现新一轮下跌，不参与，且其后也没有出现上涨趋势的特征。

图5-20为船舶指数2021年8月至2022年3月日线走势图。峰2超过了峰1，给出本轮下跌趋势结束的必要条件，峰3超过峰2，给出新一轮上涨的信号。峰4的出现意味着上涨趋势可能要发生变化。这个位置很关键。然而峰4明显比峰3要低，所以当峰4出现后，上涨趋势已呈弱势，2022年1月6日时已能观测到峰4低于峰3，不参与，且其后也没有出现上涨趋势的特征。

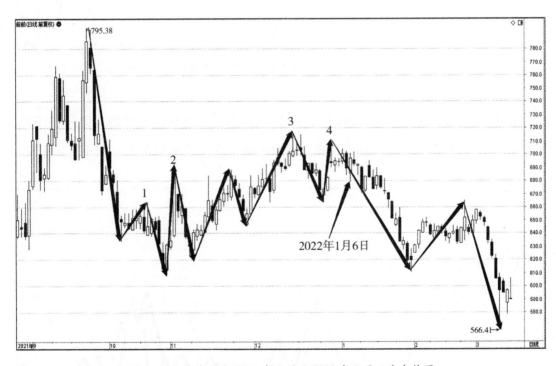

图5-20　船舶指数2021年8月至2022年3月日线走势图

图5-21为证券指数2021年8月至2022年6月日线走势图。证券指数在2022年1月6日时，明显处于峰谷不断降低的下跌趋势中，不参与，且其后也没有出现上涨趋势的特征。

图 5-21　证券指数 2021 年 8 月至 2022 年 6 月日线走势图

　　图 5-22 为医疗保健指数 2021 年 9 月至 2022 年 3 月日线走势图。2022 年 1 月 6 日医疗保健指数已明显跌破震荡区间的低点，处于新的下跌趋势中，不参与，且其后也没有出现上涨趋势的特征。

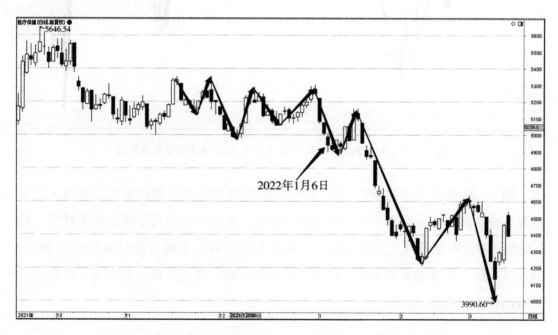

图 5-22　医疗保健指数 2021 年 9 月至 2022 年 3 月日线走势图

图5-23为多元金融指数2021年9月至2022年3月日线走势图。

峰2高于峰1，且后续涨势高于峰2，给出上涨趋势的信号，2022年1月6日时，它还处于上涨趋势中，所以即使是这一天想要买进多元金融成分股，并没有犯原则性错误。不过按照上涨趋势的基本定义，买点应在2021年12月1日。当指数跌破谷3时，本阶段上涨完结的信号给出。

不论是2021年12月1日买进还是2022年1月6日买进，结果都是小亏，没有太大差别。这一波上涨空间没有打开便开始下跌，指数跌破谷3后，再没有给出趋势基本定义的买点。

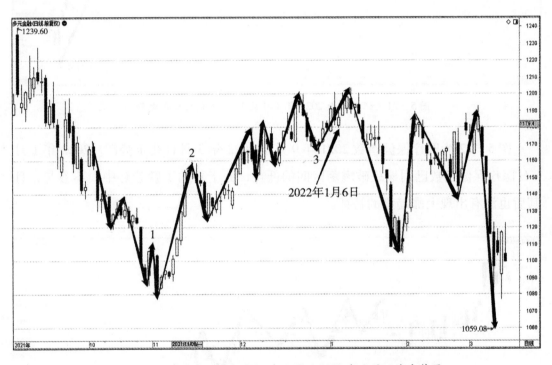

图5-23　多元金融指数2021年9月至2022年3月日线走势图

图5-24为公共交通指数2021年9月至2022年3月日线走势图。在峰1之后出现了连续的小幅下跌和小幅反弹交错的走势，在形态上出现下跌趋势的特征。峰2反弹，并没有超过峰1，虽然给出了从峰1开始震荡下跌可能结束的必要条件，但并没有给出上涨的必要条件。峰2尝试突破失败，转而下跌，不参与，且其后也没有出现上涨趋势的特征。

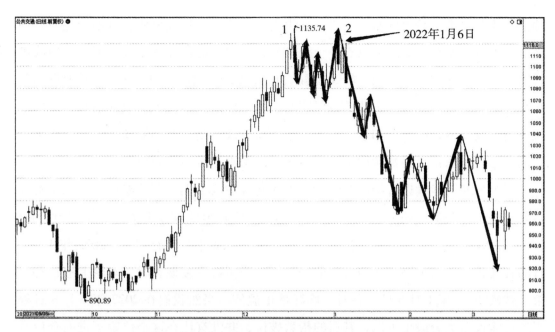

图 5-24 公共交通 2021 年 9 月至 2022 年 3 月日线走势图

图 5-25 为银行指数 2021 年 6 月至 2022 年 3 月日线走势图。峰 2 高于峰 1，本阶段下跌趋势暂时结束。峰 2 与峰 3 之间的走势可谓一团乱麻，2022 年 1 月 6 日的走势正处于其中，这种趋势下，不宜动作。峰 3 突破峰 2，给出新上涨趋势的信号。

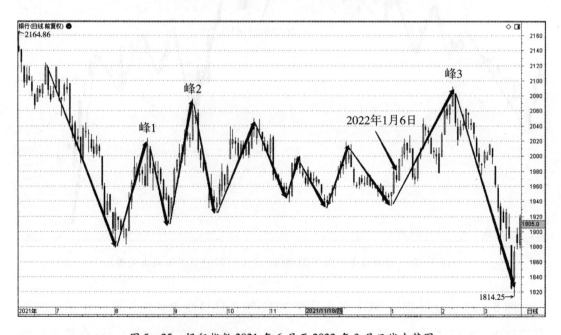

图 5-25 银行指数 2021 年 6 月至 2022 年 3 月日线走势图

理论上这符合上涨趋势的基本定义，如果在此处买进银行成分股，则不会犯原则性错误。但峰3站在峰2之上只有一个交易日，且突破的幅度并不高，第二天便收出长阴线，很明显这是假突破。峰3位置的时间是2022年2月11日，此时上证指数在反弹高位收出一根长上影线的流星阴线。峰3位置的第二天，上证指数收出向下跳空的阴线。两相印证，如果没有买进银行概念股，则没有必要动手了，如果买了立刻出逃。其后银行指数转而下跌，且再没有出现上涨趋势的特征。

图5-26为运输设备指数2021年10月至2022年3月日线走势图。本图走势与多元金融走势类似，趋势基本定义最佳买点并不在2022年1月6日，而是在2021年11月26日，为避免图中箭头过多，所以前期走势图并没有列出。2022年1月6日的谷底正是后来最高点之前最近的一个谷，当指数下破该谷时，本轮上涨趋势结束。跌破2022年1月6日峰谷时，恰好是止盈位。当然我们在2022年1月6日处买进运输设备成分股也可以，其后的指数破位，并没有让在这个位置买进的仓位亏损多少。指数下跌，且再没有出现上涨趋势的特征。

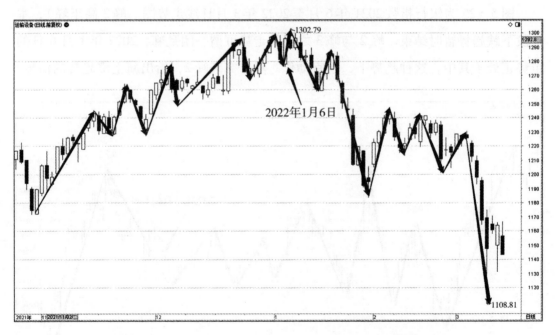

图5-26　运输设备指数2021年10月至2022年3月日线走势图

图5-27为化纤指数2021年9月至2022年3月日线走势图，第一轮下跌的低点是谷1，在它之前离它最近的是峰2，其后的反弹都没有超过峰2，没有符合趋势基本定义的买点，不参与。

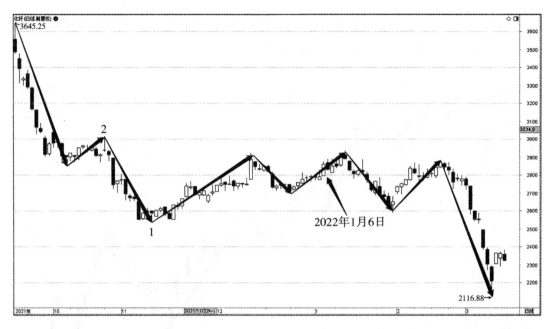

图 5 - 27 化纤指数 2021 年 9 月至 2022 年 3 月日线走势图

图 5 - 28 为房地产指数 2021 年 7 月至 2022 年 3 月日线走势图，2021 年末至 2022 年初，恒大事件被炒得沸沸扬扬，是非曲直不论，至少君子不立危墙之下。不论走势如何，尽力回避。

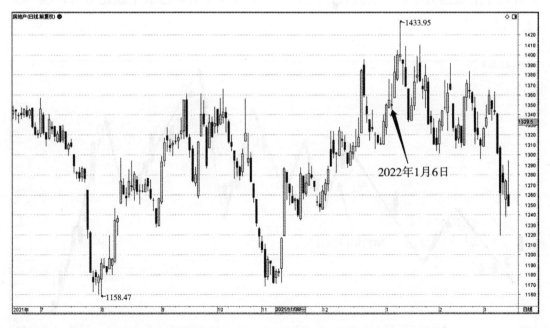

图 5 - 28 房地产指数 2021 年 7 月至 2022 年 3 月日线走势图

图 5-29 为电气设备指数 2021 年 11 月至 2022 年 3 月日线走势图。2022 年 1 月 6 日正处于下跌趋势中,至 3 月底都未给出买进信号。

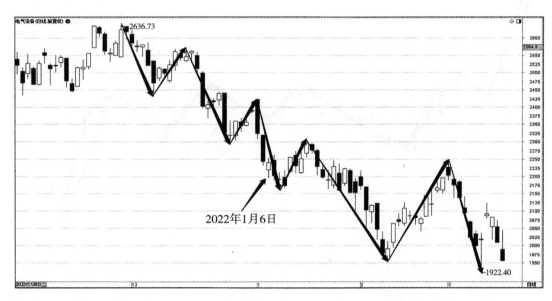

图 5-29　电气设备指数 2021 年 11 月至 2022 年 3 月日线走势图

图 5-30 为酒店餐饮指数 2021 年 11 月至 2022 年 3 月日线走势图。2022 年 1 月 6 日处于上涨趋势中,但买点在这之前,所以当后续走势形成下跌趋势时,也不至于亏损。

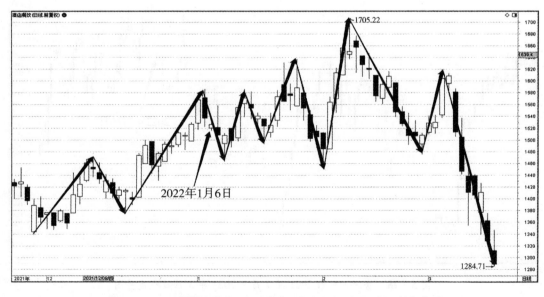

图 5-30　酒店餐饮指数 2021 年 11 月至 2022 年 3 月日线走势图

图5-31为半导体指数2021年11月至2022年3月日线走势图，2022年1月6日的走势正处于下跌趋势中，至3月末尚未给出买进信号。

图5-31　半导体指数2021年11月至2022年3月日线走势图

我们在通达信56个行业中的15个指数走势图中，发现按照趋势基本定义来寻找买点，基本上可以规避这一轮普跌。

5.2　化繁为简

我们再进一步解构趋势的基本定义。一个简单峰谷抬高需要两个峰和两个谷，这两个峰谷组成一个N字形结构，如图5-32，左侧为向上的N字突破，右侧为向下的N字突破。

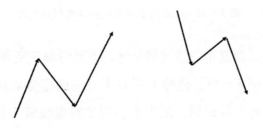

图5-32　向上与向下的N字突破

多个 N 字突破即形成一段上涨趋势或下跌趋势，我们以上涨趋势为例。图 5 - 33，走势 0—1、1—2、2—3 形成一个向上 N 字突破；走势 2—3、3—4、4—5 形成第二个向上 N 字突破；走势 4—5、5—6、6—7 形成第三个 N 字突破。三个彼此重合的 N 字突破，组成了一段上涨趋势。下跌趋势的形成同理。

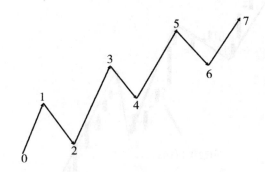

图 5 - 33　　多个 N 字突破彼此重合组成一段上涨趋势

5.2.1　同级别合并

在真实情况中，上图的走势颇为多见，但更多的还是比较复杂的走势，即在正常的峰谷上移过程中，出现峰谷交错的情况，然后再次出现向上的 N 字突破，如图 5 - 34。峰 1 至谷 4 之间的走势即是峰谷交错，且并非峰谷有序抬高。但它也没有转而下跌，反而是继续上行。

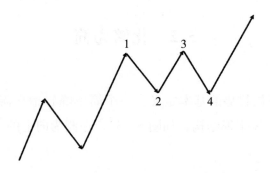

图 5 - 34　　上涨趋势中出现峰谷交错的情况

这种情况怎么办？把复杂的情况简单化，不要纠缠于更细微的走势，要从更大的角度来看待它，如图 5 - 35。把峰 1 到谷 4 之前的走势看成是一段完整的上涨，峰 1 到谷 4 看成完整的一段回调，图中我们用加粗虚线箭头把它们合成一段走势，加粗虚线箭头便成为一组简单 N 字突破。

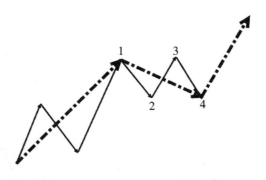

图5-35　将复杂的情况简单化

图5-36为通达信煤炭指数2021年11月至2022年3月日线走势图，图中峰1至谷4便是在一段上涨中出现的"不和谐"的反向N字突破。我们认为指数上涨趋势可能结束了，但只是从低点至峰1的阶段性上涨结束了，谷4开始又开启了一波新的上涨趋势。

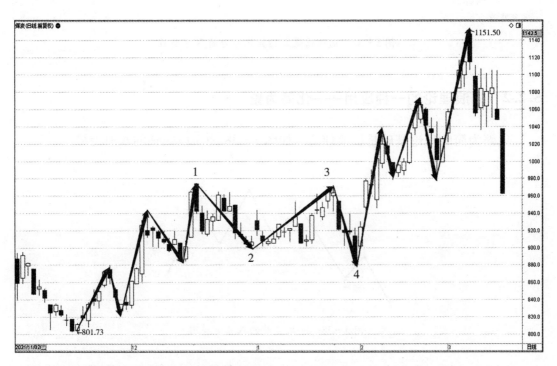

图5-36　通达信煤炭指数2021年11月至2022年3月日线走势图

我们把上图化繁为简，把低点至峰1看成一段走势，峰1至谷4看成一段走势，谷4至高点看成一段走势，又变成了一段简单的N字突破，如图5-37。

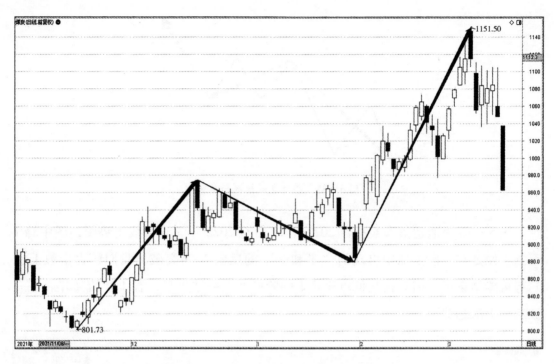

图 5-37　通达信煤炭指数化繁为简 N 字突破

5.2.2　波浪理论的一种应用——化简为繁

化繁为简的理论基础是波浪理论。如图 5-38 为一段完整的八浪走势。

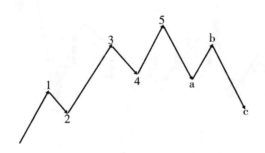

图 5-38　一段完整的八浪走势图

然后怎么走？向上突破 5 浪新高。那么完整八浪走势中的向上推进 5 浪为更大级别的一浪，向下调整的 abc 三浪为更大级别的二浪，向上突破 5 浪出现的上涨为更大级别的大三浪。如图 5-39，大一、二、三浪又组成了一个更大级别的简单的 N 字突破。

图5-39　大级别的一、二、三浪

以上所有方法都可以用在任何走势级别，我们是以四种分形来划分每一段走势，再用每一段走势来寻找峰谷序列。峰谷序列又组合成各种趋势、价格形态、波浪等。

即便级别变大了，把大级别走势还原，也可以变成最小级别的分形。例如著名的头肩顶形态，把它拆成三根大K线，它就变成了一个最小级别的顶分形。

可见走势图中不论大小，都由分形构成，而走势本身也是最基础的分形。比尔·威廉姆斯在《证券混沌操作法》中举过海岸线的例子，比例尺为1：100时画出的海岸线与比例尺为1：10000时画出的海岸线基本一致。有兴趣的朋友可以看看比尔·威廉姆斯的这本书。

任何走势都可拆解为趋势。除了最简单的峰谷有序向上、向下排列外，无外乎各种复杂的峰谷排列，但是我们可以借助化繁为简的手法，把复杂的峰谷排列变为简单的峰谷有序排列，只不过级别更大一些罢了。

除了上文所述的比较简单的复杂峰谷交错外，还有如图5-40与图5-41的形态，分别是旗形与三角形持续形态，它比abc三浪回调多出两浪，但不论形态有多复杂，只要它能走出破高行情，我们就能再次把它变成简单的N字突破。

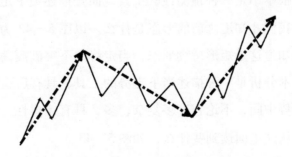

图5-40　旗形简化为简单N字突破

图 5-41 三角形简化为简单 N 字突破

5.2.3 一团乱麻的调整不要参与

我们所宣扬的方法中，并不赞成大家在有明显下跌或不明显上涨趋势中买进。原因如下。

如果把技术分析看成是预测性的工具，那它就变成了魔法。技术分析是出了名的善变，例如你把图 5-42 的走势看成是矩形持续形态，后续走势继续向上。但它转眼便可以变成三重顶形态，后续走势则转而向下。

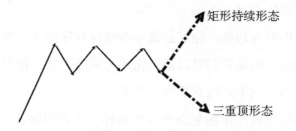

图 5-42 技术分析的善变，随时可化为两种截然不同的形态

所以技术分析根本不是一种预测性的工具，而是描述当下走势形态的工具。当走势走出来之后，我们才知道之前的形态是什么。以图 5-42 为例，当走势向上突破震荡区间，我们知道这是矩形持续形态；当走势向下突破震荡区间，我们知道这是三重顶形态。技术分析是一种描述当下走势的工具，具有后验性。

在两段上涨走势中间，不论它有多复杂，多么具有迷惑性，它都没有任何预测性，我们也不指望从这里面读到些什么，如图 5-43。

图 5 - 43　两段上涨走势之间犹如乱麻一样的调整走势

在一团乱麻的调整走势中，如果这段调整走势的回调幅度较大、速度较快，那么从小级别的视角来看，就是明显的下跌行情，尽量不要参与。另一种情况是回调幅度较小，速度较慢，但是时间较长，没有明显的上涨特征，我们也尽量不要参与。在这种一团乱麻的回调走势中交易，会使我们增加机会成本。

如图 5 - 44，是形式简单的峰谷序列的买点；如图 5 - 45 为形式复杂的峰谷序列的买点。在复杂调整之后，又会嵌套形式简单的峰谷序列买点。市场走势不外乎就是各种简单复杂、复杂简单的峰谷序列的组合。

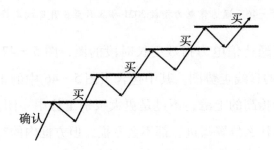

图 5 - 44　形式简单的峰谷序列的买点

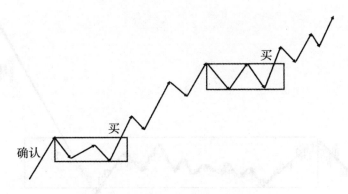

图 5 - 45　形式复杂的峰谷序列的买点

如图 5 - 46 为通达信电力指数 2021 年 3 月至 8 月日线走势图。图中间部分是一路不断抬高的峰和谷，这种行情我们做不做呢？最好不要做。因为在这之前是一段明显的下跌行情，后来中间一路上涨，不过是在部分地修复前期的下跌，虽然进场后不会亏损，但是效率不高。

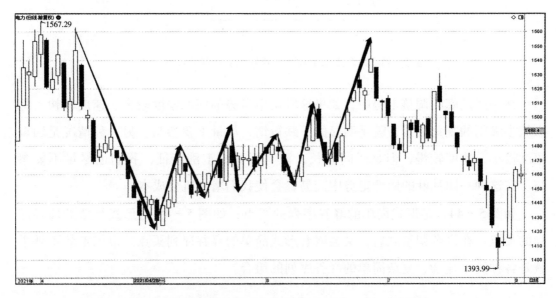

图 5−46　通达信电力指数 2021 年 3 月至 8 月日线走势图

我们再来看一下通达信电力指数更长时段的图，图 5−47 为通达信电力指数 2021 年 1 月至 10 月的日线走势图。其中包含了图 5−46 中的走势，这段明显的下跌与明显的峰谷不断抬高的上涨，不过是更大级别走势中一团乱麻似的回调走势。虽然在图中方框里的什么位置买进，都不会亏损，但方框内的时间跨度为 4 个月，

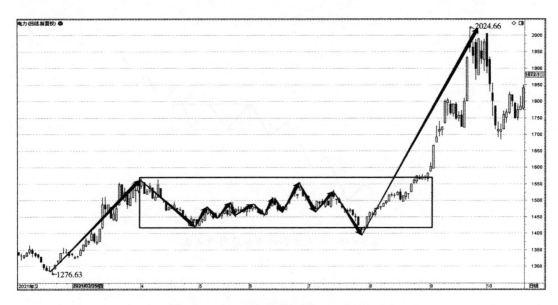

图 5−47　通达信电力指数 2021 年 1 月至 10 月日线走势图

即有4个月的机会成本。当指数走势突破了震荡区间后，上涨的角度、幅度、速度，都有了质的飞跃。时间短，见效快，进场就见红，这才是我们交易的宗旨。

图5-48为通达信供气供热指数2021年3月至7月日线走势图，图中同样出现了明显快速下跌后曲折上涨走势，做不做呢？有经验就不做，因为并未创出新高。

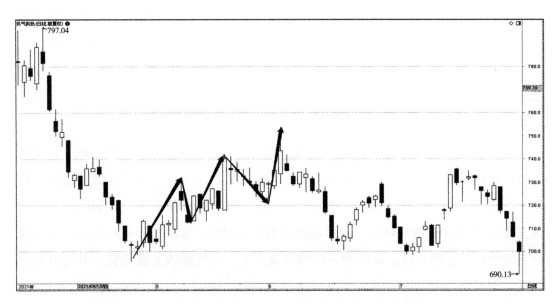

图5-48 通达信供气供热指数2021年3月至7月日线走势图

图5-49为通达信供气供热指数2021年2月至9月日线走势图，经过一段时间的震荡，将调整初期的下跌走势修复后，形成N字突破后再进场，效率更高。

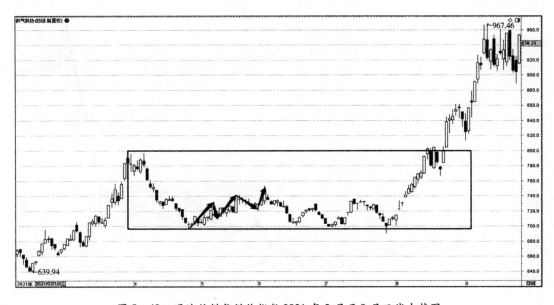

图5-49 通达信供气供热指数2021年2月至9月日线走势图

5.3 结合均线系统判断趋势

我们通常使用 MA28 与 MA99 日均线对是否进行交易作判断。当然均线的参数并不一定非要固定在 28 与 99、25 与 95、27 与 98，这样微小的差距并不影响判断。

当股价由下跌的底部不断连续形成 N 字突破，此时虽然 MA99 的斜率依然小于零向下，但 MA25 的斜率由小于零逐渐走平继而向上拐头时，N 字突破或是均线的支撑位，成为我们的买点。

图 5-50 为中集集团 2020 年 1 月至 2020 年 11 月日线走势图。图中标注均线拐头时，MA28 斜率大于零，并且股价踩在这根均线上，均线对股价提供了支撑。这是一种比较激进的买点。如果在这里不想买进，那么形成简单 N 字突破时，根据均线支撑与 N 字突破两重判断，也可将此作为买入时机。如果这里还不想买，那么股价上涨至第 4 个箭头处，此时两条均线形成金叉，均线确认上涨趋势，并且股价再次踩在 MA28 之上，均线提供支撑，这里就应是一个买点。如果在这里还不想买，经过几次简单的 N 字突破形成上涨之后，股价进入复杂的调整走势，如图 5-50 方框所示。当股价摆脱震荡区间，向上突破时，这里是 2020 年 10 月最后一处买点，

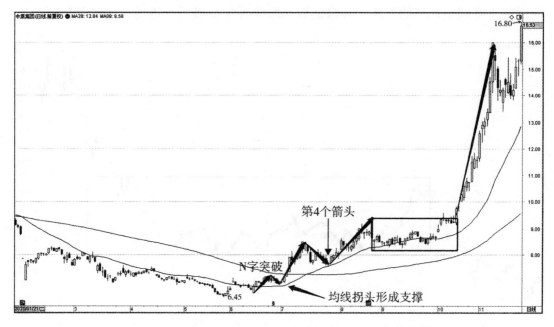

图 5-50 中集集团 2020 年 1 月至 2020 年 11 月日线走势图

此时两条已经金叉的均线，开始快速向上发散。

有些妖股，给出一处买点之后，一骑绝尘。图5-51为中洲控股2021年7月至2022年3月日线走势图。图中MA28已经开始拐头，并且股价踩在均线，均线提供支撑。随后N字突破，再次回踩MA28，再次N字突破，展开利率暴陡峭的上涨行情。

图5-51　中洲控股2021年7月至2022年3月日线走势图

图5-52为金发拉比2020年12月至2021年6月日线走势图，操作思路同上例。

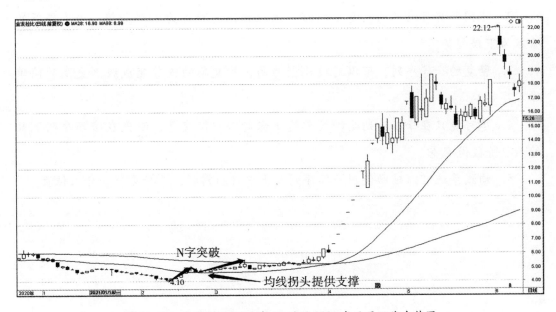

图5-52　金发拉比2020年12月至2021年6月日线走势图

《孟子·公孙丑上》曰："虽有智慧，不如乘势；虽然镃基，不如待时。"我们讲趋势，就是为乘势，乘势是最高智慧。不论我们是做长波段、短波段，还是日内、分时图，如果能乘上至少为日线级别的趋势，则能大幅提高效率、准确率、资金周转率。

我们讲可转债的优势是日内交易，虽然日内交易更快、更短，但也不能脱离趋势。在一波下跌趋势中寻找阳线的概率大，还是在一波上涨趋势中寻找阳线的概率大？这是不言自明的。可见，即便是做小，也要看大。只有看懂了大，才能更好做小。

乘势看大做小，但即使在上涨趋势中，也并不是每天都会上涨。那么在一段既定的上涨趋势中，怎样寻找更好的介入点呢？我们将在后面的章节中做更深入的解构。

其实，本书所给的技术方法来操作，也不一定是百分之百准确，错了怎么办？错了可以止损，止损有很多种方案。更关键的问题是，如何提高判断的准确率。是从技术本身，还是从其他维度。

📈 总结一下：

1. 上涨趋势中阳线最多，即便是做短线甚至是日内短线，最好也要在上涨趋势中操作。

2. 不同趋势具有不同的基本特征。依次抬高的峰谷为上涨趋势、依次降低的峰谷为下跌趋势。

3. 繁复的峰谷序列，可以通过化繁为简，把复杂的走势变成级别更高的简单峰谷序列。

4. 尽可能只在峰谷序列明晰的单边上涨趋势中做交易，避免在峰谷序列混乱的调整阶段做交易。

5. 均线系统可以辅助使用峰谷序列做出更好的判断，选择更好的介入位置。

第六章

日线转折与情绪共振时交易

所谓上涨趋势，并非一路上涨，因此，并不是上涨趋势中的任何一个点位都是介入点。我们经常提到的一句话"在上涨趋势中，任何回调都是买进的最好时机"。如果考虑择时交易，这句话没有一点问题。但上涨趋势中有超过 38.2% 甚至 50% 以上的回调，而我们在仅仅调整了 10% 时便进入，显然并不是最好的选择。那么问题就来到了，我们应如何判断回调已经结束了？

6.1 回调结束的判断

判断回调是否结束有两个原则：顺大势、逆小势。所谓顺大势，即上一章所讲的，要先确定上涨趋势成立，然后再寻找交易机会。下跌趋势我们肯定不做，甚至是不明显的上涨趋势我们也不参与。逆小势，在上涨趋势中的回调走势方向是向下的，它与上涨趋势的大方向是相反的，我们要在向下回调的过程中买进，由于与大趋势方向相逆，所以叫作逆小势。

6.1.1 顺大逆小

顺大势、逆小势，按道氏理论，即顺着主要趋势的方向但要在方向相反的次要趋势中买进。如果按照波浪理论，即在明确为上涨推进浪时，要在子浪级别的 2 浪或 4 浪结束点买进。

如果势足够大，也可把它改为三个原则：顺大势、逆中势。如何判断中势结束呢？我们需要再把这层意思延伸一下，再加一层，即顺大势，逆中势，顺小势。如图 6-1，确认了整体为上涨趋势，此为顺大势。大势确立之后寻找与大势相反的回调，即为逆中势。回调结束时，它需要再向上拐头，当刚刚拐头时，再次顺大势上涨的苗头刚刚露出，小荷才露尖尖角，此为小势。我们顺着这个星星之火且与大势相同方向的小势，进场交易。

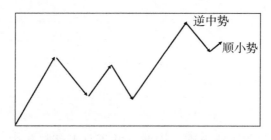

图 6-1   顺大势、逆中势、顺小势

我们是在发现回调后再向上拐头后介入，本质上还是右侧交易。我们并不是主动判断这里是回调低点，而是在低点出现后，已经开始再次上涨了，即这意味着回调结束，此时可介入。

那么怎样才称得上是顺小势，或者说回调结束向上拐头呢？这就要借助我们最初给大家的概念：分形。想要拐头至少需要一个底分形。

6.1.2   不要预测

图 6-2 为上证指数 2021 年 11 月至 2022 年 3 月日线走势图。图中标注位置的时间是 2022 年 3 月 9 日，这是 K 线图中经典的锤子线，它表达的意思是底部反转。但需要注意的是，它仅仅是表达了底部反转的可能，能不能转成功需要继续观察。

那什么情况下锤子线的底部反转才真正出现呢？至少要出现一个以锤子线为中间 K 线的底分形，并且收盘价至少要收在锤子线之上。但很多人认为，既然市场给了一个锤子线的暗示，并且当天放量，说明当天有大量的买单进场，把指数从低位拉了回来，下跌应该结束了。

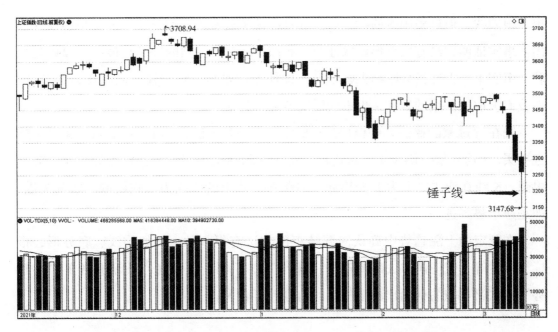

图 6-2　上证指数 2021 年 11 月至 2022 年 3 月日线走势图

这只是人们一厢情愿的想法，一切要以事实为准。没有底分形，没有向上拐头，就只能勉强说这是顺大势、逆中势，但并没有顺小势成立。想要顺小势，先拿一个底分形来看看。

图 6-3 为上证指数 2022 年 3 月的后续走势，锤子线后的第二个交易日虽然收

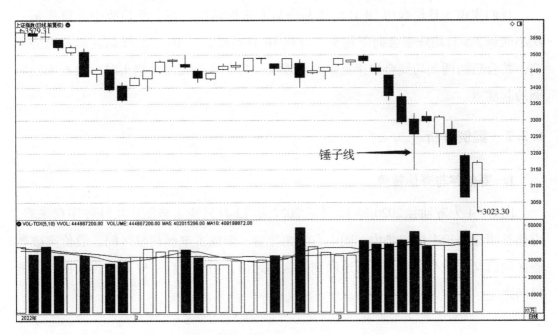

图 6-3　上证指数 2022 年 3 月后续走势

出一根阳线，但这根阳线的收盘价没有收在锤子线实体 K 线之上，成交量也没有放出。事实证明，没有底分形做保证的、底部反转意味强烈的锤子线最终也没成功反转，事实上，上证指数继续大幅下跌。即使图中最后一根阳线有底部反转的意味，但我们吸取锤子线的教训，也不能说反转一定到来。

我在《赢家的秘诀》中也提到过殷宝华的一种方法：（均）线上阴线买，买错也要买；（均）线下阳线卖，卖错也要卖。这句话也表明了一种顺大势、逆小势的思想。K 线在均线之上为上涨趋势，回踩在均线上的阴线为下跌回调，回调买进，即是逆小势买进。

在既定的上涨趋势中确认回调结束的方法有很多种，例如均线、底分形、指标、幅度等，但任何方法都要遵循"顺小"的原则。不猜底，只等价格在"小趋势"的底部拐点右侧给出向上拐头的信号后再介入。

6.2　5 日与 10 日均线黏合后发散及案例分析

6.2.1　5 日与 10 日均线黏合后发散

我们先说 5 日均线与 10 日均线黏合后发散的情况。在上涨趋势中，通常每一次小回调，5 日均线都会向下拐头，寻找 10 日均线，与 10 日均线黏合。若趋势不变，黏合后的两条均线会快速重新向上发展，当 5 日均线向上拐头时，大概率是回调的起涨点。

6.2.2　案例分析

1. 寿仙谷与寿仙转债

图 6-4 为寿仙谷 2020 年 12 月至 2022 年 12 月日线走势图。从峰谷序列来看，寿仙谷明显处于上涨趋势中。图中右上角位置，形成了窄幅调整区间，股价突破调整区间后又有两个交易日短暂地回到了区间之内，图中最后一根 K 线再次回到调整区间之上。

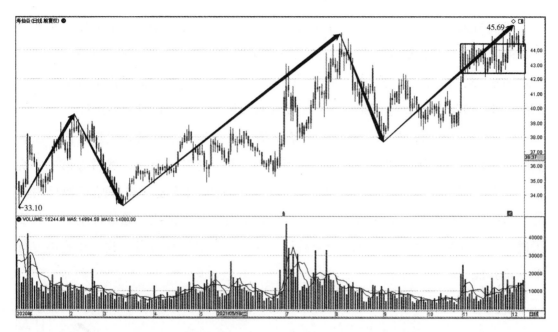

图 6-4 寿仙谷 2020 年 12 月至 2022 年 12 月日线走势图

我们加入均线后，再把右上角位置放大，如图 6-5。图中最后右起第 2 根均线处，5 日均线向下拐头，10 日均线继续向上，形成了黏合后的发散。你可能会问在此之前两根均线一直处于黏合缠绕状态，为什么不是买进信号，而只有图中最后两根 K 线处才是买进信号呢?

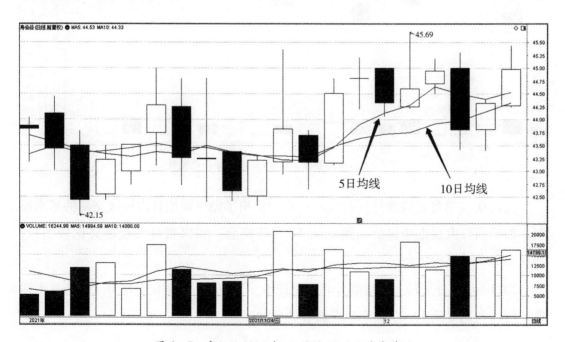

图 6-5 寿仙谷 2021 年 11 月至 12 月日线走势图

我们再来看图6-5，图中显示的双均线黏合的位置，在图6-4中显示正处于窄幅调区间，所以此时虽然处于大、中的上涨趋势中，但小的上涨趋势并未形成。再看图6-5，在给出信号之前，5日、10日均线经过了一段时间的向上发散，与之前的缠绕并不相同，即这两条均线必须要经过发散—黏合—再发散的过程。

图6-6为寿仙谷5日、10日均线给出信号后的第一个交易日强势涨停。那我们应该在什么位置买进呢？是不是在这两条均线黏合之日就买进，然后等第二个交易日的大涨呢？并不是。不建议大家在可转债中做隔日交易，最好是只做日内交易。当我们对趋势有了更深的理解后，可以尝试着做一些波段、趋势性交易。若要买进，还要等给出信号后的第二个交易日，即对本图中的K线盘，我们还要再进行下一轮验证。

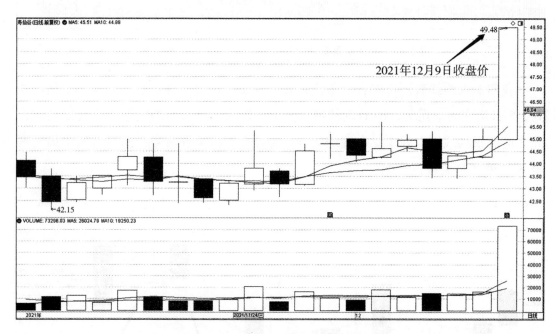

图6-6　寿仙谷5日、10日均线黏合后发散

我们在《早盘正股涨停开仓法》一章中给出了做可转债日内短线交易的基本原则，如果当日大盘走势极好，则在9:41寻找机会；如果当日大盘走势比较消极，则在10:00时寻找机会。

2021年12月9日上证指数分时图见图6-7，9:41上证仅上涨0.1%，并不强势，所以我们等到10:00来观察寿仙谷的分时图。

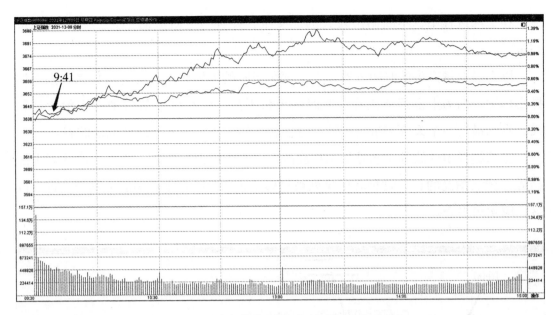

图 6-7　上证指数 2021 年 12 月 9 日分时图

图 6-8 为寿仙谷 2021 年 12 月 9 日分时图，寿仙谷在开盘后半个小时一直处于上涨状态中，并且 10:00 时的价格为阶段性高价，强势可见一斑。

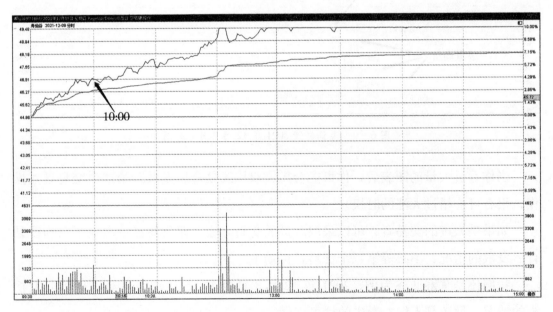

图 6-8　寿仙谷 2021 年 12 月 9 日分时图

图 6-9 为寿仙转债 2021 年 12 月 9 日分时走势图。10:00 之前的走势与正股走势基本相同，所以我们可以选择在这个时点买进寿仙转债。随后寿仙转债强势上

涨，在上涨过程中，不断刷出较大的成交量，并且与之对应的都是当前阶段的最高价。

以当时放量高价的时间来看，它们都是当时的天价天量，此时为什么我们不选择卖出呢？因为上涨趋势尚在，此时的天价天量，极有可能被后来的天价天量替代，直到最后一个天价天量出现后，寿仙转债转而下跌，并且跌破前期波谷。

上涨趋势中，波谷应该是依次抬高的。但本图中价格跌破了前谷，意味着上涨趋势"依次抬高的谷"这种有序排列被打破了，也意味着本级别的上涨趋势告一段落，应卖出平仓。

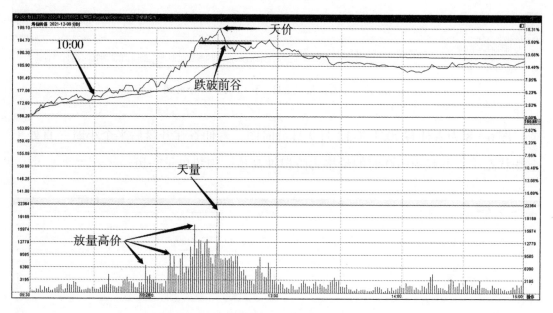

图 6-9　寿仙转债 2021 年 12 月 9 日分时图

当你看过大量的图表后，你可能会想：双均线黏合后发散，第二个交易日才操作，很有可能错过大涨的时机。

如果是激进的交易者，可以采取激进的交易方法，即只要盘中出现了双均线黏合后发散的情况，不必等第二个交易日再动手。

我们还是拿寿仙谷为例，2021 年 12 月 8 日盘中，5 日均线已经出现了向上拐头的情况，做还是不做？激进的话可以做。

先看 2021 年 12 月 8 日上证指数走势，如图 6-10。9∶41 左右指数仅上涨 0.1%，且前 10 分钟走势倾向于向下，所以我们等到 10∶00 再观察寿仙谷的走势。

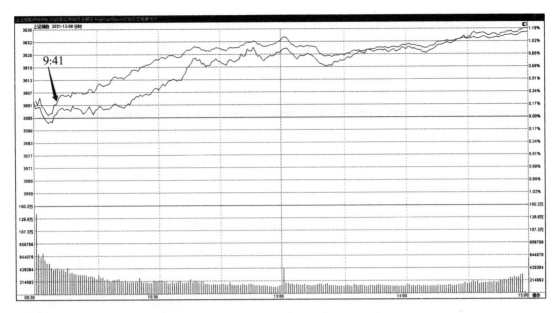

图 6-10　上证指数 2021 年 12 月 8 日分时走势图

图 6-11 为寿仙谷 2021 年 12 月 8 日分时走势图，开盘后前 30 分钟寿仙谷走势向上，可以继续观察寿仙转债。

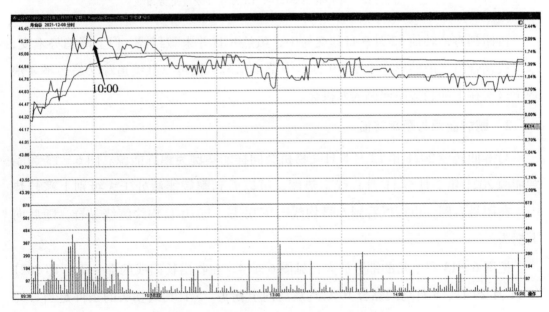

图 6-11　寿仙谷 2021 年 12 月 8 日分时走势图

图 6-12 为寿仙转债 2021 年 12 月 8 日分时走势图，开盘后前 30 分钟走势与正股基本相同，可以买进。当寿仙转债经过一小波快速上涨后达到当日高点，与之对

应的是一波脉冲放量。随后跌穿前谷，破坏了峰谷有序的排列，意味着本波上涨的完结，卖出平仓。整体来看剔除手续费后并未盈利，但重要的是当日并未出现亏损。

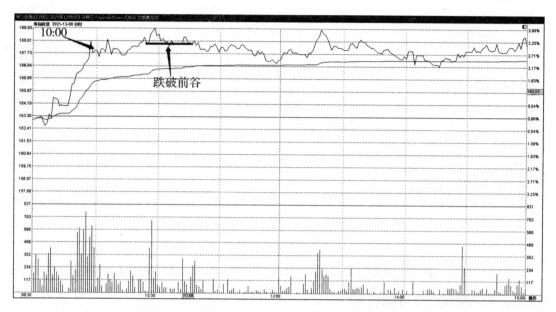

图 6-12　寿仙转债 2021 年 12 月 8 日分时走势图

再回到寿仙转债 12 月 9 日的交易中，虽然 8 日并未赚到钱，但上涨趋势未变，双均线黏合后发散的形态未变，9 日盘中给出信号，便可以继续追踪交易，不要浪费了这次在上涨趋势中回调的好机会。

2. 鹏辉能源与鹏辉转债

与寿仙转债 2021 年 12 月 8 日交易机会同样的案例为鹏辉能源。图 6-13 为鹏辉能源 2021 年 2 月至 11 月日线走势图，可以看到鹏辉能源处于大级别上涨趋势中。在图最右侧，也可以看到 5 日均线向下拐头，与 10 日均线缠绕黏合，随后向上拐头。

把图 6-13 右上角的部分放大，见图 6-14。在收出长阳线的那一天，即 2021 年 11 月 29 日，5 日均线黏合 10 日均线后向上拐头。5 日均线拐头的条件是当日即时的价格要高于 5 个交易日前的收盘价，那么鹏辉能源在盘中，即已出现了 5 日均线向上拐头的情况。

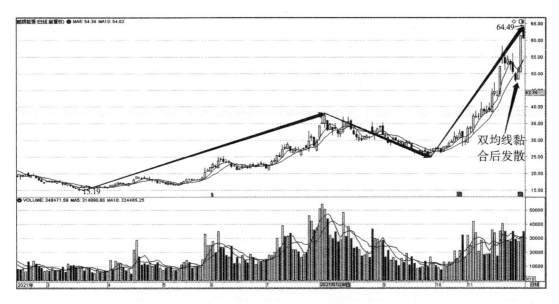

图 6-13　鹏辉能源 2021 年 2 月至 11 月日线走势图

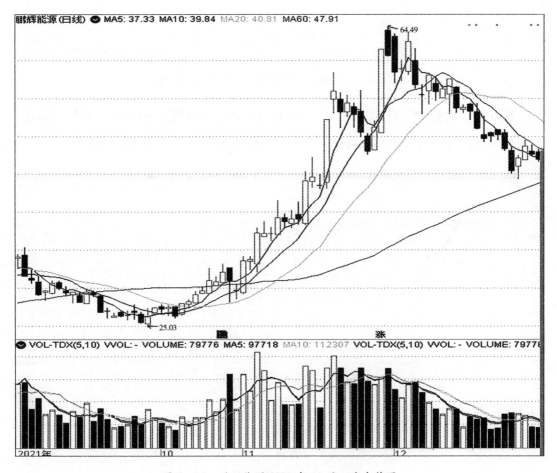

图 6-14　鹏辉能源 2021 年 11 月日线走势图

图 6-15 为上证指数 2021 年 11 月 29 日分时图，虽然前 10 分钟的走势呈现开盘即高走的上涨态势，但整体来看还处于下跌中，所以在 10:00 时我们再观察鹏辉能源分时图。

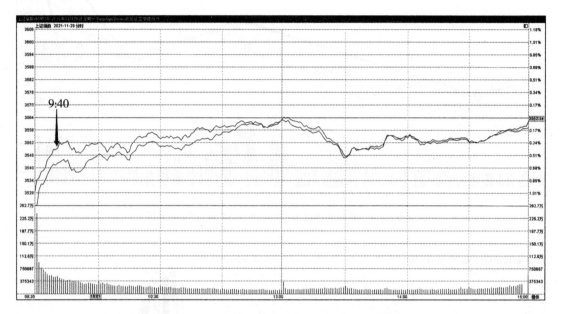

图 6-15　上证指数 2021 年 11 月 29 日分时图

图 6-16 为鹏辉能源 2021 年 11 月 29 日分时图，开盘后前 30 分钟走势低开高走，冲高后回落，受当日分时均线支撑，并未破坏整体上涨形态，可以观察鹏辉转债。

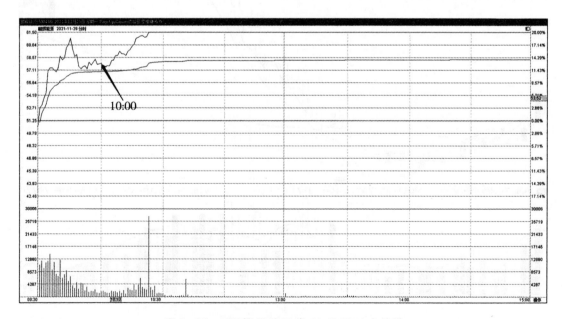

图 6-16　鹏辉能源 2021 年 11 月 29 日分时图

图 6 - 17 为鹏辉转债 2021 年 11 月 29 日分时图，开盘后前 30 分钟走势与正股几乎相同，同样是冲高后回落受分时均线支撑，可以买进。由于涨势过猛达到一定程度，停牌 30 分钟后复牌，通常情况下复牌后我们会选择卖出，当然也可以选择卖出一半，剩下的一半继续持有，直到上涨走势的形态破坏，或在未破坏上涨形态的情况下持有到临收盘卖出。

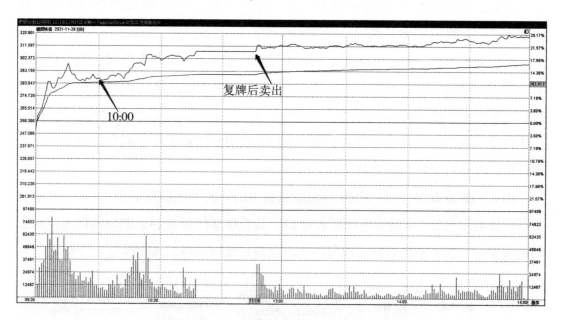

图 6 - 17　鹏辉转债 2021 年 11 月 29 日分时图

6.3　情绪共振案例分析

在既定的上涨趋势下，遵循顺大势、逆中势、顺小势的原则，寻找 5 日均线与 10 日均线黏合后向上发散的个股，再根据做可转债日内短线的条件，就能做到万无一失吗？

当然不会，因为全市场含可转债的股票约 400 只，同一时间给出同一信号的情况非常多。在这些信号中，必然有真信号，有伪信号，有高效率信号，也有低效率信号。我们必须尽可能寻找真信号中的高效率信号，所以我们需要引入板块共振法。

为了提高准确率，解决效率不高的问题，我们应该求助于更高的维度。马化腾说："能战胜微博的，一定不是另一个微博。"朋友圈就是从更高的维度来解决这个问题。那么个股解决不了的问题，我们可以通过所属板块指数来解决。这就是所谓板块情绪共振。

6.3.1 鹏辉能源与鹏辉转债

我们再回到鹏辉能源的案例中，鹏辉能源 5 日、10 日均线黏合后发散，在2021 年 11 月 29 日给出买点。

鹏辉能源主营业务：镍氢电池、二次锂离子电池、一次锂电电池、电子相关产品，属于锂电池、储能概念。2020 年 6 月 11 日，鹏辉能源投资者关系管理档案披露：公司一季度电子烟电池销售约 2000 万只，二季度需要看 6 月份的具体情况，总体保持乐观。公司有较多的电子烟厂客户，且份额比较平均。客户提前一个月确定订单，当月可交付。属于新型烟草概念。

图 6-18 为 2021 年 11 月 29 日概念指数 10:00 时的涨幅排名前 15 名，其中烟草指数涨幅排名第 1、储能涨幅排名第 11、新型烟草排名第 14。鹏辉能源所涉概念与板块发生共振，所以鹏辉能源与鹏辉转债当日涨幅较高，属于高效率信号。

序号	☑	指数代码	指数简称	收盘价(点) 2022.05.20	涨跌幅(%) 2022.05.20	同花顺概念指数	分时涨跌幅：前复权(%) 2021.11.29 10:00
1	☑	885851	烟草	1,111.07	2.15	同花顺概念指数	2.92
2	☐	885917	新冠检测	940.38	1.56	同花顺概念指数	2.41
3	☐	885922	盐湖提锂	1,440.16	1.61	同花顺概念指数	1.44
4	☐	885928	钠离子电池	1,009.80	1.24	同花顺概念指数	1.31
5	☐	885845	生物疫苗	1,772.90	2.21	同花顺概念指数	1.29
6	☐	885831	超级真菌	1,146.64	1.98	同花顺概念指数	1.23
7	☐	885879	流感	1,322.18	1.17	同花顺概念指数	1.16
8	☐	885931	PVDF概念	763.76	1.16	同花顺概念指数	1.14
9	☐	885769	细胞免疫治疗	928.40	1.24	同花顺概念指数	1.09
10	☐	885406	食品安全	3,273.52	1.34	同花顺概念指数	0.87
11	☑	885921	储能	1,375.81	1.74	同花顺概念指数	0.85
12	☐	885539	医疗器械概念	2,106.51	1.45	同花顺概念指数	0.82
13	☐	885650	碳纤维	1,108.52	1.91	同花顺概念指数	0.82
14	☑	885899	新型烟草	978.70	3.67	同花顺概念指数	0.79
15	☐	885789	宁德时代概念	1,322.96	1.30	同花顺概念指数	0.77

图 6-18　2021 年 11 月 29 日概念指数 10:00 时的涨幅排名前 15 名

6.3.2　泉峰汽车与泉峰转债

我们根据板块情绪共振的方法，还可以找到更多高效率真信号。图 6 – 19 为泉峰汽车 2021 年 7 月至 12 月日线走势图。泉峰汽车在上涨趋势中，2021 年 11 月 25 日 5 日均线开始向上拐头，但 25 日并未出现大幅度的上涨。同样 26 日虽然向上跳空高开，也并未出现大幅度上涨，29 日出现涨停。显然在这三个交易日中选择在 29 日买进效率最高，我们能选到吗？

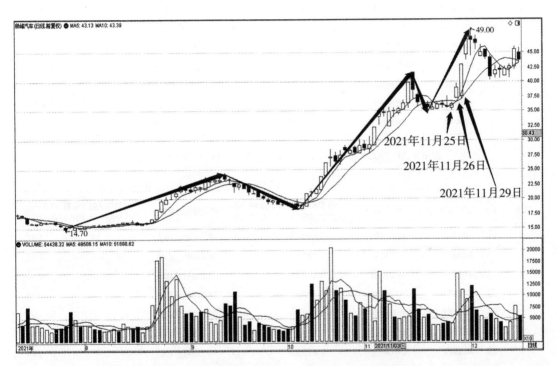

图 6 – 19　泉峰汽车 2021 年 7 月至 12 月日线走势图

泉峰汽车主营业务：汽车传动零部件、汽车引擎零部件、汽车热交换零部件、新能源汽车零部件、汽车转向与刹车零部件、其他汽车零部件、家用电器零部件、其他零部件。涉及新能源车概念。

图 6 – 20 与图 6 – 21 分别为 2021 年 11 月 25 日和 26 日概念指数 10:00 涨幅排名前 15 名列表。25 日前 15 名中并未出现与新能源车相关的概念指数上榜，虽然排在第 9 位的是盐湖提锂，但它是新能源车产业的上游产业，远非整车行业。

序号	☐	指数代码	指数简称	收盘价(点) 2022.05.20	涨跌幅(%) 2022.05.20	同花顺概念指数	分时涨跌幅：前复权(%) 2021.11.25 10:00
1	☐	885900	NMN概念	1,131.21	-0.17	同花顺概念指数	3.27
2	☐	885926	牙科医疗	785.54	2.03	同花顺概念指数	2.73
3	☐	885909	辅助生殖	1,172.00	0.64	同花顺概念指数	1.55
4	☐	885931	PVDF概念	763.76	1.16	同花顺概念指数	1.49
5	☐	885819	电力物联网	1,042.40	2.08	同花顺概念指数	1.48
6	☐	885852	青蒿素	1,546.13	1.84	同花顺概念指数	1.41
7	☐	885490	民营医院	1,294.30	0.95	同花顺概念指数	1.38
8	☐	885522	养老概念	1,623.41	0.55	同花顺概念指数	1.27
9	☐	885922	盐湖提锂	1,440.16	1.61	同花顺概念指数	1.15
10	☐	885856	仿制药一致性评价	1,342.54	0.43	同花顺概念指数	1.12
11	☐	885703	健康中国	723.98	1.46	同花顺概念指数	1.11
12	☐	885897	中芯国际概念	1,123.50	0.54	同花顺概念指数	1.01
13	☐	885838	眼科医疗	1,302.97	1.41	同花顺概念指数	0.99
14	☐	885936	绿色电力	864.27	1.09	同花顺概念指数	0.99
15	☐	885913	医美概念	1,167.39	1.00	同花顺概念指数	0.94

图 6-20　2021 年 11 月 25 日概念指数 10:00 涨幅排名前 15 名

序号	☐	指数代码	指数简称	收盘价(点) 2022.05.20	涨跌幅(%) 2022.05.20	同花顺概念指数	分时涨跌幅：前复权(%) 2021.11.26 10:00
1	☐	885922	盐湖提锂	1,440.16	1.61	同花顺概念指数	3.27
2	☐	885937	培育钻石	857.41	1.52	同花顺概念指数	2.33
3	☐	885343	稀土永磁	1,800.70	2.70	同花顺概念指数	2.10
4	☐	885931	PVDF概念	763.76	1.16	同花顺概念指数	2.04
5	☐	885883	医疗废物处理	1,164.58	0.96	同花顺概念指数	1.93
6	☐	885798	燃料乙醇	1,199.26	1.32	同花顺概念指数	1.58
7	☐	885927	CRO概念	845.97	1.33	同花顺概念指数	1.55
8	☑	885878	HJT电池	2,342.35	2.19	同花顺概念指数	1.55
9	☐	885640	草甘膦	1,526.00	0.53	同花顺概念指数	1.37
10	☑	885928	钠离子电池	1,009.80	1.24	同花顺概念指数	1.31
11	☐	885410	固废处理	1,544.54	1.32	同花顺概念指数	1.28
12	☐	885412	污水处理	1,337.54	1.05	同花顺概念指数	1.20
13	☐	885863	磷化工	2,112.13	2.08	同花顺概念指数	1.17
14	☐	885652	钛白粉概念	1,599.22	1.71	同花顺概念指数	1.15
15	☐	885551	氟化工概念	3,332.90	2.01	同花顺概念指数	1.07

图 6-21　2021 年 11 月 26 日概念指数 10:00 涨幅排名前 15 名

26 日涨幅前 15 名中出现了 HJT 电池与钠离子电池两个概念板块的共振，所以我们能看到当日泉峰汽车向上跳空开盘，且当日上涨 7.91%。那么我们能不能在

26 日买进泉峰转债呢?

图 6-22 为泉峰汽车 2021 年 11 月 26 日分时图,开盘后前 30 分钟泉峰汽车股价呈现一路上涨趋势,至 10:00 时股价达到阶段最高价,可以观察泉峰转债。

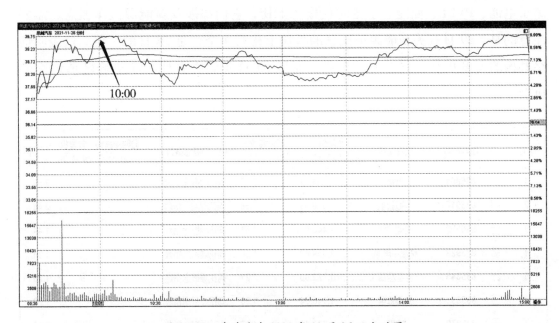

图 6-22 泉峰汽车 2021 年 11 月 26 日分时图

图 6-23 为泉峰转债 2021 年 11 月 26 日分时图,开盘后前 30 分钟泉峰转债走

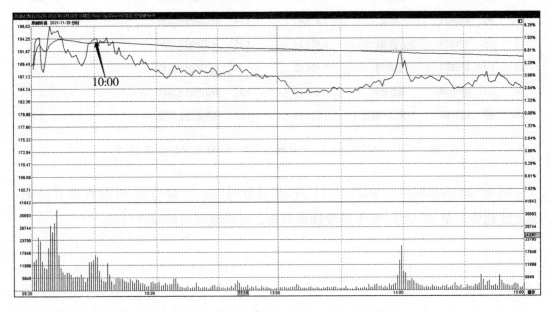

图 6-23 泉峰转债 2021 年 11 月 26 日分时图

势为横盘震荡，转债走势与正股走势不相符，所以 26 日我们不能参与泉峰转债的交易。

图 6-24 为 2021 年 11 月 29 日概念指数 10:00 涨幅排名前 15 名列表，其中钠离子电池、PVDF、储能、宁德时代概念上榜，它们都涉及新能源汽车概念。需要注意的是，29 日有关新能源车概念的板块上榜有 4 个，是 26 日的一倍。这表明情绪共振的力度更强，概念行情延续。所以 29 日我们要更加关注泉峰转债的交易机会。

序号	☐	指数代码	指数简称	收盘价(点) 2022.05.20	涨跌幅(%) 2022.05.20	同花顺概念指数	分时涨跌幅：前复权(%) ②↓ 2021.11.29 10:00
1	☐	885851	烟草	1,111.07	2.15	同花顺概念指数	2.92
2	☐	885917	新冠检测	940.38	1.56	同花顺概念指数	2.41
3	☐	885922	盐湖提锂	1,440.16	1.61	同花顺概念指数	1.44
4	☑	885928	钠离子电池	1,009.80	1.24	同花顺概念指数	1.31
5	☐	885845	生物疫苗	1,772.90	2.21	同花顺概念指数	1.29
6	☐	885831	超级真菌	1,146.64	1.98	同花顺概念指数	1.23
7	☐	885879	流感	1,322.18	1.17	同花顺概念指数	1.16
8	☑	885931	PVDF概念	763.76	1.16	同花顺概念指数	1.14
9	☐	885769	细胞免疫治疗	928.40	1.24	同花顺概念指数	1.09
10	☐	885406	食品安全	3,273.52	1.34	同花顺概念指数	0.87
11	☑	885921	储能	1,375.81	1.74	同花顺概念指数	0.85
12	☐	885539	医疗器械概念	2,106.51	1.45	同花顺概念指数	0.82
13	☐	885650	碳纤维	1,108.52	1.91	同花顺概念指数	0.82
14	☐	885899	新型烟草	978.70	3.67	同花顺概念指数	0.79
15	☑	885789	宁德时代概念	1,322.96	1.30	同花顺概念指数	0.77

图 6-24　2021 年 11 月 29 日概念指数 10:00 涨幅排名前 15 名

图 6-25 为泉峰汽车 2021 年 11 月 29 日分时图，开盘后前 30 分钟低开高走，呈上涨趋势，至 10:00 时处于阶段性最高价，可以继续观察泉峰转债。

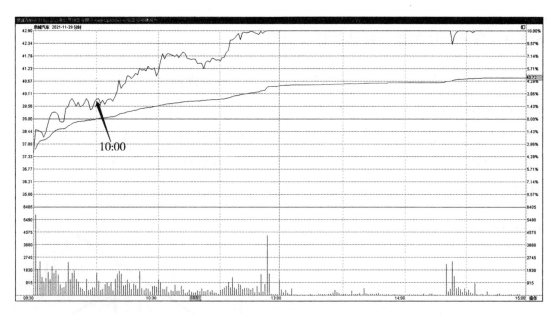

图 6-25 泉峰汽车 2021 年 11 月 29 日分时图

图 6-26 为泉峰转债 2021 年 11 月 29 日分时图，开盘后前 30 分钟泉峰转债低开高走呈上涨趋势，10:00 时虽然有所下跌，但分时均线提供支撑，走势与正股基本吻合，可以买进。在一波清晰快速的上涨后，开始转而下跌，且跌穿了前方波谷，应卖出平仓。平仓位置与最终收盘价位置相差无几。

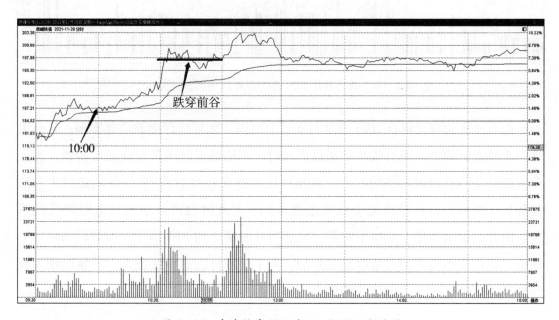

图 6-26 泉峰转债 2021 年 11 月 29 日分时图

6.3.3 嘉元科技与嘉元转债的四次信号

嘉元科技主营业务：锂离子电池极薄铜箔、超薄铜箔及少量的 PCB 用电解铜箔。所涉板块为：锂电池、新能源汽车、工业金属、有色等。

图 6-27 为嘉元科技 2021 年 5 月至 11 月日线走势图，在形成 N 字突破后，确立上涨趋势。在上涨的过程中，出现了 2021 年 9 月 6 日、22 日、30 日和 10 月 18 日四次均线黏合后向上拐头的情况。

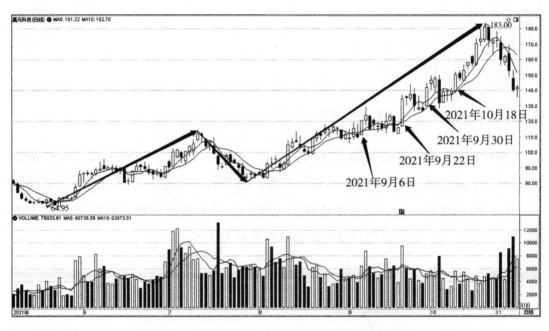

图 6-27 嘉元科技 2021 年 5 月至 11 月日线走势图

图 6-28 为嘉元科技 2021 年 9 月 6 日分时图。如果你仔细看前述案例，就会发现一个特点，即当真正有效率的买点出现时，不论是正股还是对应的可转债，买点位置都处于当日分时均线的上方。嘉元科技虽然在开盘后前 30 分钟的走势为上涨趋势后又回调，而且没有完全破坏上涨形态，但此时股价处于当日分时均线的下方。因此，慎重起见，此次不交易。虽然当日涨幅达到 10% 以上，但我们当时并不知道，我们也不能因为它最终是上涨的，为了显示自己的方法强大，不顾原则寻找各种理由来佐证这是一次成功的机会。

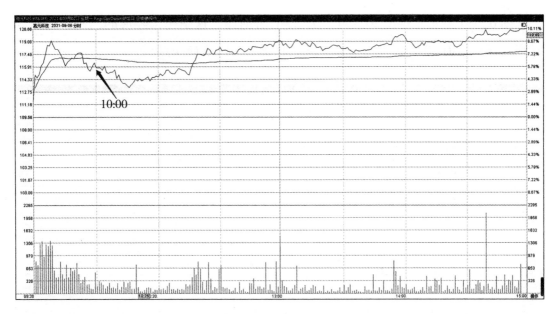

图6-28 嘉元科技2021年9月6日分时图

图6-29为2021年9月6日概念指数在10:00时的涨幅前15的排名，都没有与嘉元科技相关的概念指数上榜。可以说本次上涨是没有情绪共振的孤立事件，不应当激进地去做交易。

序号		指数代码	指数简称	收盘价(点) 2022.05.30	涨跌幅(%) 2022.05.30	同花顺概念指数	分时涨跌幅：前复权(%) 2021.09.06 10:00
1		885932	北交所概念	844.30	-0.08	同花顺概念指数	4.79
2		885748	可燃冰	944.88	-0.37	同花顺概念指数	3.56
3		885805	芬太尼	1,485.88	-0.57	同花顺概念指数	2.55
4		885525	白酒概念	8,047.97	1.28	同花顺概念指数	2.38
5		885904	代糖概念	777.60	0.02	同花顺概念指数	2.29
6		885927	CRO概念	823.01	-0.84	同花顺概念指数	2.21
7		885838	眼科医疗	1,275.62	-0.35	同花顺概念指数	1.60
8		885570	期货概念	1,286.97	0.13	同花顺概念指数	1.56
9		885761	超级品牌	1,518.00	0.79	同花顺概念指数	1.36
10		885925	MCU芯片	910.05	0.50	同花顺概念指数	1.24
11		885578	基因测序	1,786.16	-0.04	同花顺概念指数	1.24
12		885769	细胞免疫治疗	911.94	-0.24	同花顺概念指数	1.23
13		885772	语音技术	981.12	-0.36	同花顺概念指数	1.20
14		885403	生物医药	2,163.73	-0.48	同花顺概念指数	1.09
15		885916	同花顺漂亮100	764.99	0.38	同花顺概念指数	1.06

图6-29 2021年9月6日概念指数在10:00时的涨幅前15排名

　　图 6-30 为嘉元科技 2021 年 9 月 22 日分时图，这是一张经典的高效率买点分时图，开盘后前 30 分钟走势匀速上涨，且价格为阶段最高点。

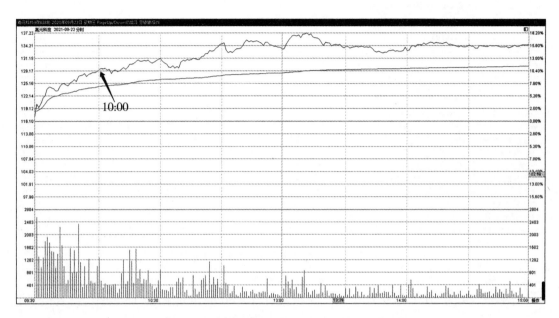

图 6-30　嘉元科技 2021 年 9 月 22 日分时图

序号	☐	指数代码	指数简称	收盘价(点) 2022.05.30	涨跌幅(%) 2022.05.30	同花顺概念指数	分时涨跌幅：前复权(%) 2021.09.22 10:00
1	☐	885935	抽水蓄能	966.44	0.10	同花顺概念指数	4.69
2	☐	885641	风电	744.52	0.31	同花顺概念指数	3.20
3	☐	885927	CRO概念	830.48	0.06	同花顺概念指数	2.35
4	☐	885914	煤炭概念	1,786.78	-1.34	同花顺概念指数	1.87
5	☐	885571	核电	1,954.38	0.44	同花顺概念指数	1.77
6	☐	885633	染料	875.94	-0.10	同花顺概念指数	1.59
7	☐	885782	水泥概念	1,196.16	-0.05	同花顺概念指数	1.50
8	☐	885903	环氧丙烷	1,357.71	0.52	同花顺概念指数	1.44
9	☐	885733	航运概念	1,173.59	-0.75	同花顺概念指数	1.42
10	☐	885487	天津自贸区	925.10	-0.92	同花顺概念指数	1.37
11	☐	885860	中船系	973.92	2.20	同花顺概念指数	1.14
12	☑	885531	光伏概念	2,654.83	0.27	同花顺概念指数	1.10
13	☐	885640	草甘膦	1,524.60	-0.19	同花顺概念指数	1.09
14	☐	885931	PVDF概念	753.65	0.63	同花顺概念指数	0.90
15	☐	885591	中韩自贸区	1,835.99	0.63	同花顺概念指数	0.88

图 6-31　2021 年 9 月 22 日概念指数在 10：00 时的涨幅前 15 排名

图6-31为2021年9月22日概念指数在10：00时的涨幅前15排名，位列第12名的光伏概念与嘉元科技相关，并且排名第1与第2的抽水蓄能、风电，都与新能源、储能相关。所以本次机会难得。

图6-32为嘉元转债2021年9月22日分时图，嘉元转债开盘后前30分钟走势与正股基本相同，可买进。但在其后的30分钟走势中，嘉元转债向下跌穿了窄幅震荡区间，这时要止损吗？当发生情绪共振时，最好不要把止损设得太窄，至少设在买点与买点之前的最低点之间的一半处，如果买点与最低点之间距离也很小，那就把止损设在买点之前的最低点之下。

图6-32中"止损吗"所指位置未达到买点与买点之前的最低点之间的一半，所以不必止损。当然止损的设置除了量化以外，还要考虑其他情况。来看图6-30，即嘉元转债的正股嘉元科技的走势，嘉元科技一路向上，当日股价一直处于分时均线之上。可转债的走势要以正股为马首，所以正股不动，可转债也不要轻举妄动。直到正股和可转债都出现了量价背离后，才是平仓的最好机会。

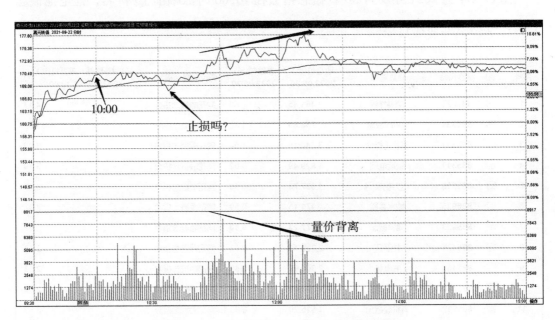

图6-32　嘉元转债2021年9月22日分时图

图6-33为嘉元科技2021年9月30日分时图，符合分时买入条件，继续观察其他条件。

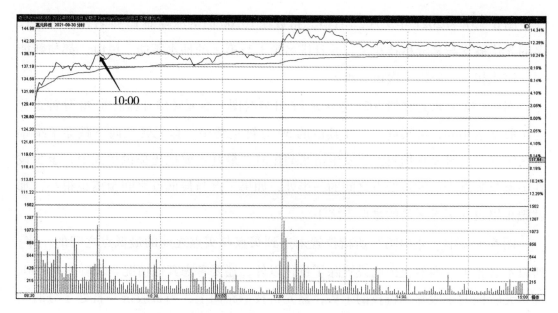

图 6-33　嘉元科技 2021 年 9 月 30 日分时图

图 6-34 为 2021 年 9 月 30 日概念指数在 10:00 时涨幅前 15 排名，锂电池概念上榜，可以买进嘉元转债。

序号		指数代码	指数简称	收盘价(点) 2022.05.30	涨跌幅(%) 2022.05.30	同花顺概念指数	分时涨跌幅：前复权(%) 2021.09.30 10:00
1		885922	盐湖提锂	1,461.45	0.60	同花顺概念指数	4.17
2		885931	PVDF概念	758.85	1.32	同花顺概念指数	3.55
3		885551	氟化工概念	3,340.19	1.04	同花顺概念指数	3.22
4		885311	智能电网	1,829.49	0.52	同花顺概念指数	3.19
5		885819	电力物联网	1,037.73	0.60	同花顺概念指数	3.06
6		885935	抽水蓄能	971.15	0.59	同花顺概念指数	2.97
7		885923	鸿蒙概念	877.22	0.60	同花顺概念指数	2.87
8		885425	特高压	2,225.19	0.63	同花顺概念指数	2.73
9		885461	充电桩	3,300.97	0.69	同花顺概念指数	2.63
10	✓	885710	锂电池	1,275.89	0.40	同花顺概念指数	2.59
11		885912	有机硅概念	1,515.20	0.83	同花顺概念指数	2.59
12		885936	绿色电力	872.20	0.73	同花顺概念指数	2.58
13		885789	宁德时代概念	1,310.12	0.73	同花顺概念指数	2.57
14		885874	云游戏	826.43	-0.32	同花顺概念指数	2.53
15		885733	航运概念	1,175.26	-0.61	同花顺概念指数	2.50

图 6-34　2021 年 9 月 30 日概念指数在 10:00 时涨幅前 15 排名

　　图6-35为嘉元转债2021年9月30日分时图，在10：00时买进，一路持有至午盘后，当价格跌穿震荡区间后平仓。你可能会问，分时图在午盘之前也有跌穿前谷等情况出现，为什么不在那里平仓？在午盘前，还未出现盈利，那么以事前所设止损位为准；当有盈利出现时，要以保证利润不回吐为准。

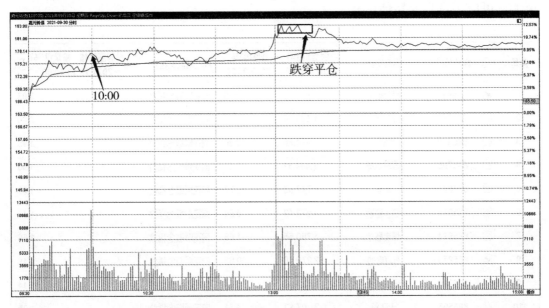

图6-35　嘉元转债2021年9月30日分时图

　　图6-36为嘉元科技2021年10月18日分时图，开盘后前30分钟走势特点为

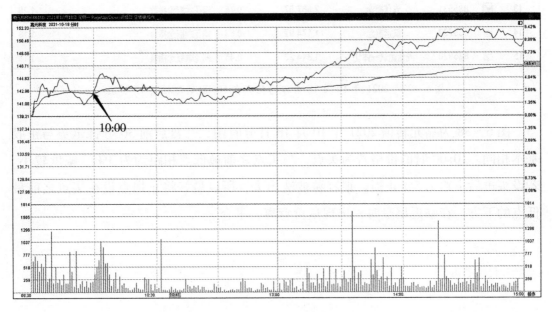

图6-36　嘉元科技2021年10月18日分时图

上涨回调，在 10:00 时，股价又回到当日分时线之上。当然整体来看前 30 分钟的走势并不理想，但又没有完全违背规则，处于可做可不做之间。

图 6-37 为 2021 年 10 月 18 日概念指数在 10:00 时涨幅前 15 排名，第 1 名绿色电力，第 8 名 HJT 电池，第 13 名光伏概念，都与嘉元科技有关，情绪共振力度很大，可以买进嘉元转债。

序号	☑	指数代码	指数简称	收盘价(点) 2022.05.30	涨跌幅(%) 2022.05.30	同花顺概念指数	分时涨跌幅：前复权(%) 2021.10.18 10:00
1	☑	885936	绿色电力	872.59	0.78	同花顺概念指数	2.03
2	☐	885650	碳纤维	1,103.64	1.27	同花顺概念指数	2.00
3	☐	885860	中船系	974.86	2.30	同花顺概念指数	1.95
4	☐	885795	国产航母	1,444.11	1.21	同花顺概念指数	1.93
5	☐	885641	风电	747.93	0.77	同花顺概念指数	1.83
6	☐	885935	抽水蓄能	972.13	0.69	同花顺概念指数	1.77
7	☐	885914	煤炭概念	1,780.55	-1.68	同花顺概念指数	1.66
8	☑	885878	HJT电池	2,270.40	0.03	同花顺概念指数	1.48
9	☐	885284	稀缺资源	1,197.33	0.11	同花顺概念指数	1.44
10	☐	885566	大飞机	2,207.83	1.11	同花顺概念指数	1.35
11	☐	885884	航空发动机	1,470.67	0.79	同花顺概念指数	1.34
12	☐	885922	盐湖提锂	1,462.68	0.68	同花顺概念指数	1.31
13	☑	885531	光伏概念	2,667.57	0.75	同花顺概念指数	1.20
14	☐	885733	航运概念	1,174.97	-0.63	同花顺概念指数	1.18
15	☐	885920	光伏建筑一体化	1,314.23	0.45	同花顺概念指数	1.13

图 6-37　2021 年 10 月 18 日概念指数在 10:00 时涨幅前 15 排名

图 6-38 为嘉元转债 2021 年 10 月 18 日分时图，开盘后前 30 分钟走势与正股基本相同。10:00 时的价格若为买点，与买点之前最低点相距约为 3%，幅度较小。若设买进后下跌 1.5% 止损，很容易被洗出去，所以最好将止损点设在买点之前最低点的下方。在临近尾盘时，出现量价背离，平仓。

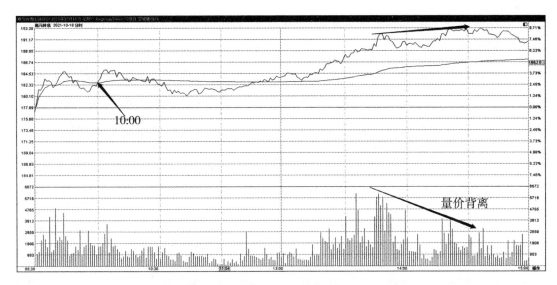

图 6-38　嘉元转债 2021 年 10 月 18 日分时图

6.4　正股与可转债走势不吻合

我们刚刚提到了泉峰转债在 2021 年 11 月 26 日出现了可转债与正股走势并不吻合的情况，这种情况下最好不要进行操作。我们来看一个案例，图 6-39 为鼎胜新材 2021 年 5 月至 8 月日线走势图。

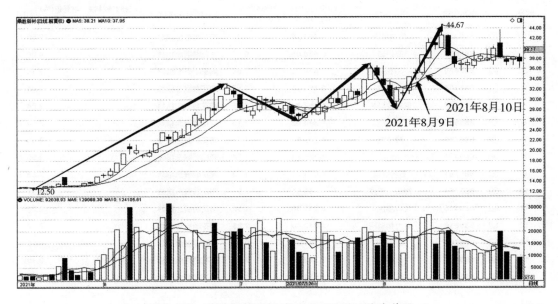

图 6-39　鼎胜新材 2021 年 5 月至 8 月日线走势图

鼎胜新材处于上涨趋势中，2021年8月9日和10日的5日均线在黏合10日均线后，开始拐头向上。

鼎胜新材主营业务：空调箔、单零箔、双零箔、普板带、电池箔，涉及工业金属、锂电池、宁德时代概念。图6-40为2021年8月9日概念指数10:00涨幅前15名列表，并没与鼎胜新材相关的指数上榜，所以虽然鼎胜新材给出了观察信号，但由于没有板块情绪共振的加持，故应放弃本次机会。

1		885639	高送转	9,558.05	0.95	同花顺概念指数	7.02
2		885573	猪肉	2,911.57	0.96	同花顺概念指数	3.91
3		885808	养鸡	1,229.47	0.84	同花顺概念指数	3.88
4		885780	啤酒概念	1,277.64	2.32	同花顺概念指数	2.20
5		885754	微信小程序	640.55	0.91	同花顺概念指数	2.11
6		885525	白酒概念	8,062.93	2.95	同花顺概念指数	1.74
7		885860	中船系	926.64	0.58	同花顺概念指数	1.63
8		885881	云办公	1,002.54	1.73	同花顺概念指数	1.42
9		885839	人造肉	1,243.09	2.09	同花顺概念指数	1.38
10		885912	有机硅概念	1,479.08	1.21	同花顺概念指数	1.20
11		885782	水泥概念	1,196.05	1.57	同花顺概念指数	1.19
12		885706	农机	643.06	1.23	同花顺概念指数	1.15
13		885915	物业管理	1,119.83	-1.09	同花顺概念指数	1.10
14		885462	乳业	1,892.49	1.45	同花顺概念指数	1.06
15		885497	在线旅游	1,816.57	3.08	同花顺概念指数	1.01

图6-40　2021年8月9日概念指数10:00涨幅前15名

序号		指数代码	指数简称	收盘价(点) 2022.05.20	涨跌幅(%) 2022.05.20	同花顺概念指数	分时涨跌幅：前复权(%) 2021.08.10 10:00
1		885922	盐湖提锂	1,440.16	1.61	同花顺概念指数	15.50
2		885639	高送转	9,558.05	0.95	同花顺概念指数	4.50
3		885699	ST板块	676.23	2.69	同花顺概念指数	3.18
4		885566	大飞机	2,161.93	0.52	同花顺概念指数	3.05
5		885884	航空发动机	1,457.34	0.36	同花顺概念指数	3.04
6		885500	通用航空	1,344.93	1.16	同花顺概念指数	2.64
7	☑	885710	锂电池	1,285.57	1.45	同花顺概念指数	2.58
8	☑	885921	储能	1,375.81	1.74	同花顺概念指数	2.55
9		885781	石墨电极	1,025.71	1.54	同花顺概念指数	2.33
10		885754	微信小程序	640.55	0.91	同花顺概念指数	2.31
11		885425	特高压	2,211.68	1.59	同花顺概念指数	2.20
12		885819	电力物联网	1,042.40	2.08	同花顺概念指数	2.17
13		885795	国产航母	1,381.54	0.72	同花顺概念指数	2.16
14	☑	885878	HJT电池	2,342.35	2.19	同花顺概念指数	2.10
15		885564	无人机	1,534.59	1.01	同花顺概念指数	2.01

图6-41　2021年8月10日概念指数10:00涨幅前15名

图 6-41 为 2021 年 8 月 10 日概念指数 10:00 涨幅前 15 名列表，锂电池、储能、HJT 电池概念指数上榜，与鼎胜新材所涉及概念板块产生情绪共振，可以继续观察鼎胜新材。

图 6-42 为鼎胜新材 2021 年 8 月 10 日分时图，开盘后前 30 分钟鼎胜新材股价一路冲高，至 10:00 时创出阶段性高点，走势强劲，可以继续观察鼎胜转债。

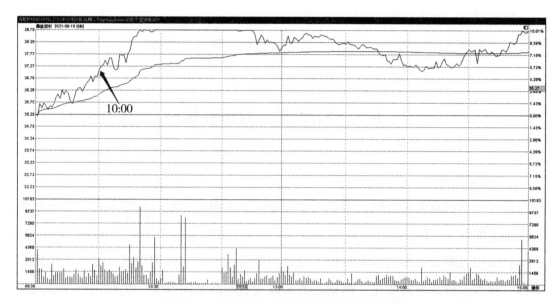

图 6-42　鼎胜新材 2021 年 8 月 10 日分时图

图 6-43 为鼎胜转债 2021 年 8 月 10 日分时图，开盘后前 30 分钟鼎胜转债冲

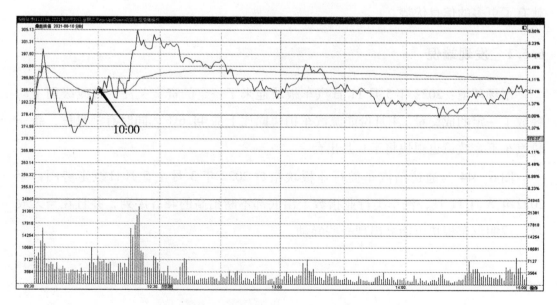

图 6-43　鼎胜转债 2021 年 8 月 10 日分时图

高、回落破低，反弹，呈现宽幅震荡走势，与正股走势不吻合，且走势显弱。遇到正股与可转债走势不吻合的情况，最好不要参与交易。

我们还可以对比一下鼎胜新材和鼎胜转债 2021 年 8 月 9 日与 10 日的涨幅。

9 日，鼎胜新材上涨 2.35%，鼎胜转债上涨 15.42%。

10 日，鼎胜新材上涨 10.01%，鼎胜转债上涨 2.83%。

数据显示，9 日的鼎胜转债已经透支了鼎胜新材第二天的涨幅，所以 10 日，鼎胜新材虽然保持强势涨停至收盘，但鼎胜转债已经没有上涨动力了。

6.5 信息差与情绪共振

《锁定强势股》一书讲基本面动因引发的技术落点，指出基本面动因是重中之重。你可能会说只有做波段、做长线才需要讲基本面动因吧。其实不然，长短都要关注基本面。

我们说过极端涨停行情只有极少量散户参与，必然是机构在拉，那么机构凭什么拉？技术、资金等的变化，都是基本面改变引发的预期改变，从而影响供求关系的改变。

基本面的阵地，你不占领，就会被你的对手占领。对于基本面的理解更透彻，就有了更多的信息优势。

6.5.1 发现端倪

市场环境：2022 年 5 月 11 日汽车板块迎来了一定的资金关注，日线级别主动释放了一定的成交量。4 月份能源汽车销售同比上涨 44.6%，同时有消息称，新一轮汽车下乡政策也很快将于 6 月出台。

图 6-44 为通达信汽车类行业板块指数 2022 年 3 月至 5 月日线走势图，至 2022 年 5 月 11 日，汽车类行业指数走出底部不断抬高的峰谷序列，并且在当天放量，说明汽车板块可能会出现一些异动。

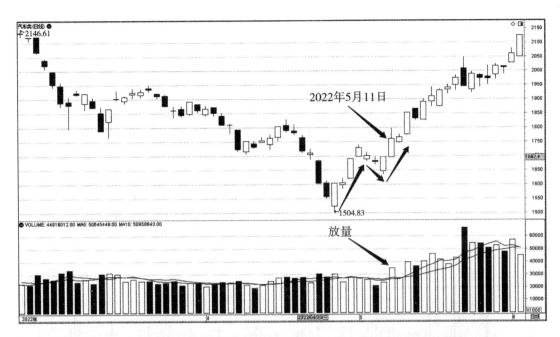

图6-44　通达信汽车类行业板块指数2022年3月至5月日线走势图

　　2022年5月12日汽车类板块蛰伏一天收阴线，5月13日该板块出现涨停潮。但这些个股的日线整体走势形态其实并不好，涨停潮却非常坚决果断。图6-45至图6-52分别是几只汽车板块个股截至2022年5月13日的日线走势图。

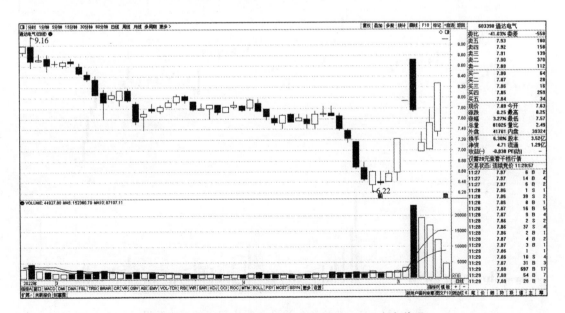

图6-45　通达电气截至2022年5月13日日线走势图

图 6-46 索菱股份截至 2022 年 5 月 13 日日线走势图

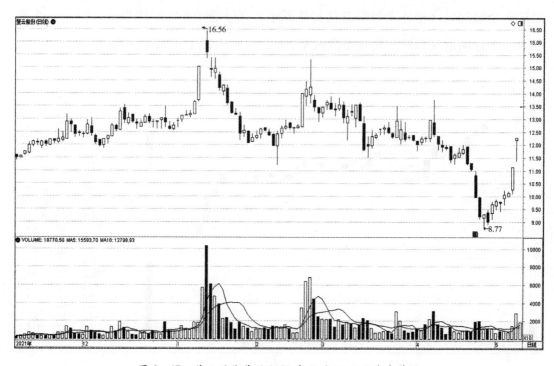

图 6-47 登云股份截至 2022 年 5 月 13 日日线走势图

图 6-48　金龙汽车截至 2022 年 5 月 13 日日线走势图

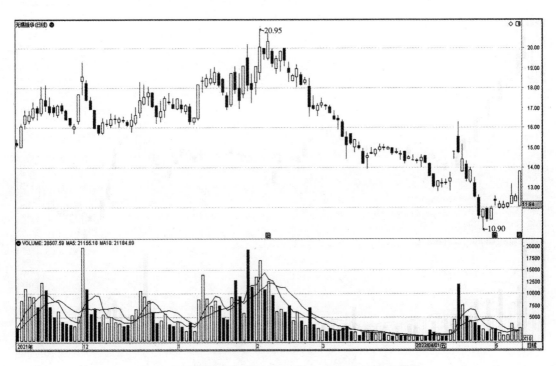

图 6-49　无锡振华截至 2022 年 5 月 13 日日线走势图

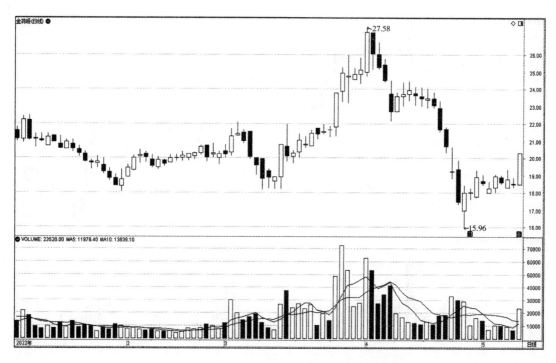

图 6-50　金鸿顺截至 2022 年 5 月 13 日日线走势图

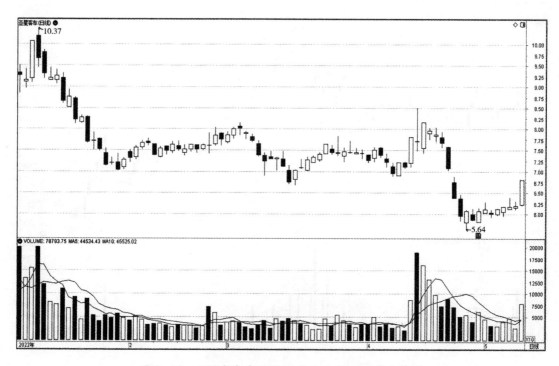

图 6-51　亚星客车截至 2022 年 5 月 13 日日线走势图

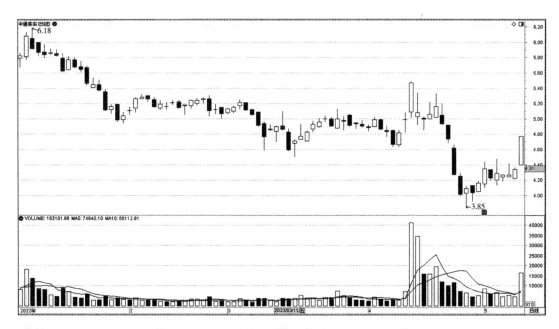

图 6-52 中通客车截至 2022 年 5 月 13 日日线走势图

图 6-53 至图 6-60 的分时图，有 3 个一字板个股，5 个手法相同快速果断拉涨停板的个股。此外，若干汽车板块个股涨幅靠前，推动了整个汽车板块热度。每只涨停板个股资金成交额在几百万到几千万不等，总成交额非常有限，在信息与情绪共振的情况下，主力用少量的资金拉动汽车板块快速上扬。

图 6-53 至图 6-60 为 8 只个股在 2022 年 5 月 13 日分时图。

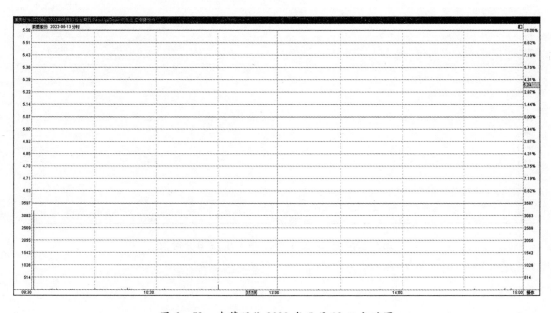

图 6-53 索菱股份 2022 年 5 月 13 日分时图

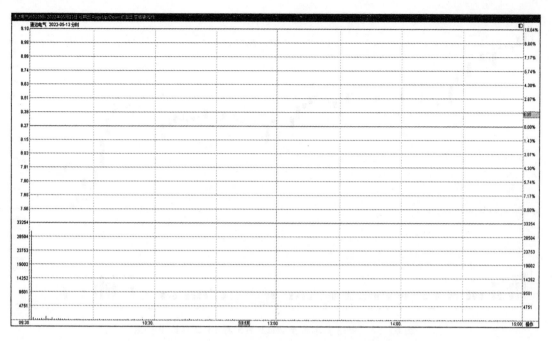

图 6-54 通达电气 2022 年 5 月 13 日分时图

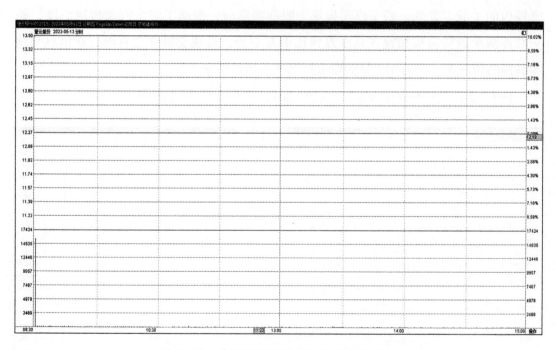

图 6-55 登云股份 2022 年 5 月 13 日分时图

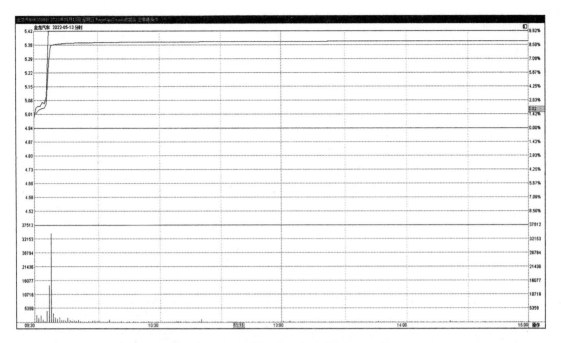

图 6-56 金龙汽车 2022 年 5 月 13 日分时图

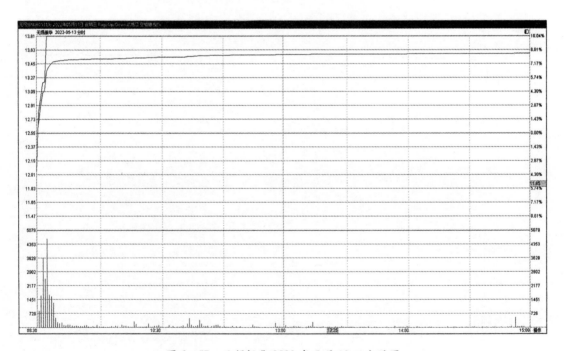

图 6-57 无锡振华 2022 年 5 月 13 日分时图

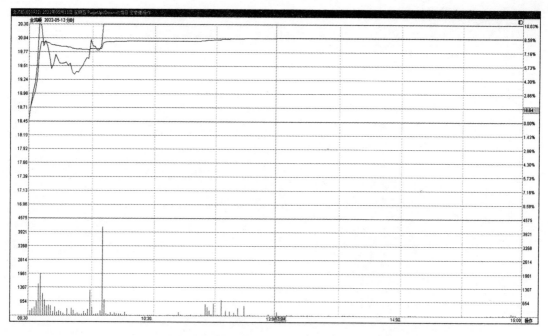

图 6-58　金鸿顺 2022 年 5 月 13 日分时图

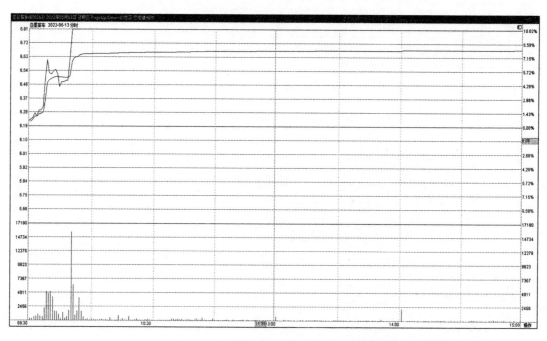

图 6-59　亚星客车 2022 年 5 月 13 日分时图

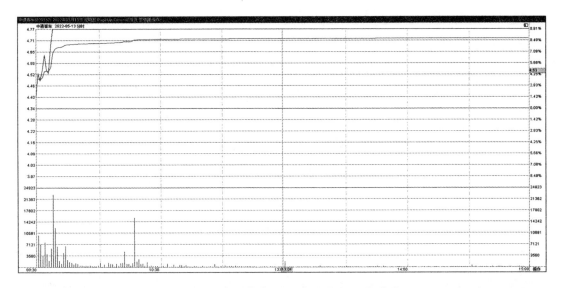

图 6-60　中通客车 2022 年 5 月 13 日分时图

心理情绪行为解读：无论从时间层面还是从走势结构层面，都极其相似。代表先知先觉的游资当天锁定了汽车板块，有一定信息优势的人抓住了封板的利润。从以上 8 只股票的走势来看，技术分析在信息和情绪共振面前，基本没有任何用处。

汽车板块早在 5 月 11 日已经开始启动，已经有了资金深潜，5 月 13 日将信息优势和情绪共振推向了高潮。当天上证指数高开高走如图 6-61，汽车类行业指数高开高走如图 6-62。大盘与板块情绪吻合，板块借力大盘，用极小的资金就将多只个股拉到涨停。

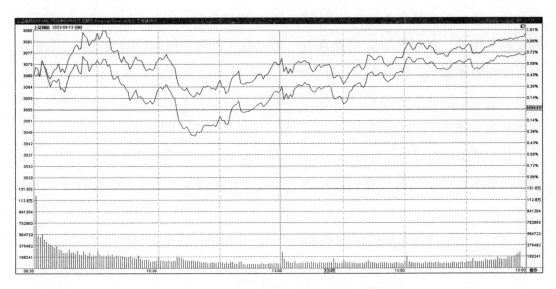

图 6-61　上证指数 2022 年 5 月 13 日分时图

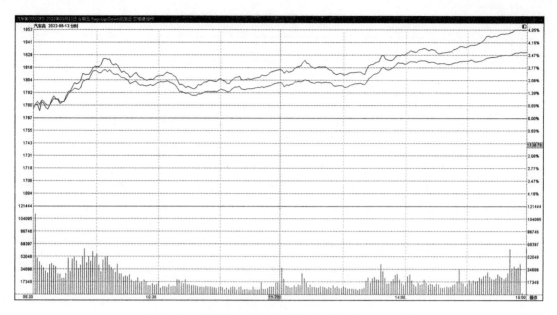

图 6-62　汽车类行业指数 2022 年 5 月 13 日分时图

6.5.2　天时地利人和

从 2022 年 5 月 13 日汽车类板块个股走势情况来看，几百万到两三千万的资金就可以将单个标的拉到涨停，说明市场行为对后期走势的预期得到了极度放大。如此之少的资金就可以大面积封板，说明市场此时即使没有合力资金也可能做到，那么在涨停板上排队买入也大概率无法买到。

能不能退而求其次参与尚未涨停的汽车类板块其他个股呢？没有封板的股票不确定性又很大，因为 5 月 13 日是周五，周末两天时间有极大的不确定性。我们做交易要有极限思维，做最坏的打算。如果 5 月 13 日当天就出现了不及预期的利空消息，小资金拉群板情况下，它们遇到坏消息跑得会非常快，因为船小好掉头。即便是有先手优势涨停的个股，也会在"利好兑现见光死"的诅咒下炸板下跌。

我们既怕踏空这一波行情，又怕在当日相对高位买正股被扣在里面出不来，这种情况下不妨把注意力转移到可转债上。可转债的 T+0 特性，使我们进可攻退可守。

在一个板块出现群板的机会可遇不可求，基本不用等到 10:00 再动手，可以把时间提前至少 10 分钟。

图 6-63 和图 6-64 分别为小康转债和卡倍转债 2022 年 5 月 13 日分时图。为

什么选这两个，因为在当时，这两只汽车类板块可转债涨幅排在最高位，强势中的强势，买就要买强势的。

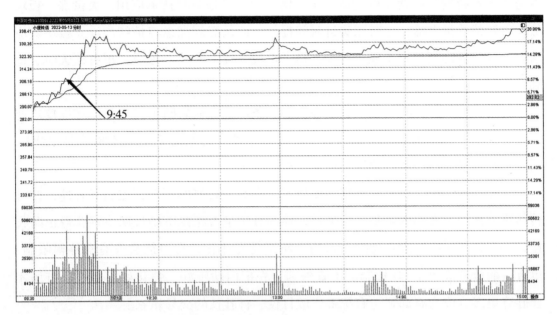

图 6 - 63　小康转债 2022 年 5 月 13 日分时图

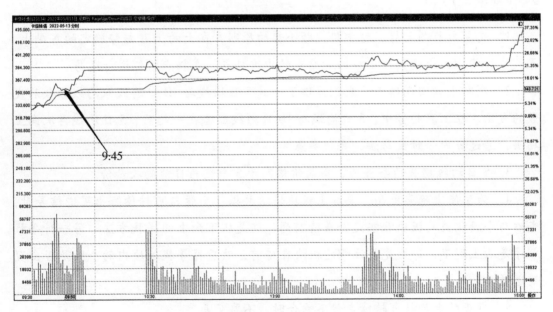

图 6 - 64　卡倍转债 2022 年 5 月 13 日分时图

2022 年 5 月 13 日执行策略的理由：一是高胜算。由于汽车板块在 5 月 11 日已经开始出现放量上涨的异动，并且配合消息面在 5 月 13 日出现群体性涨停，后势形成一段时间的上涨小逻辑的概率非常大。二是盈亏比优势。机会可遇不可求，这种高胜算的情况晚买不如早买，从前面两图可以看到，越早买越能买在最低价，买点与止损点越近，后续涨得越高，盈亏比越大。三是分时技术应用。大盘涨，板块涨，可转债放量上涨，分时图买进时间提前。四是涨停潮盘口情绪高涨。板块效应借力大盘，可转债借力正股。这种大盘、板块、技术的三方呼应，正可谓天时、地利、人和。

任何一项交易，我们都要有敬畏之心。条件符合就果断出击。我们在进攻之前已经将胜率、盈亏比综合考虑进去了。任何一种交易系统胜率都不可能是100%，只有不断重复对的过程，才能长期带来对的结果。

在实战中，用好相关的情绪共振技术，降低不必要的开仓，控制好心性，在可转债路上你会发现你的策略的优劣性，你的方法是否能在市场长期稳定获得正向收益，发现并及时纠正投资理念。市场会越来越专业化，有可能会没有涨停幅限制，也有可能放开股票 T + 0 机制。不管外因，先把内功练好、强化好，在这个市场才会胜算更多，成为有部署、有统筹、敢打仗、打胜仗的交易赢家。

总结一下：

1. 交易本着顺大势、逆中势、顺小势的原则，在大的上涨趋势确定的基础上，寻找中级回调，通过判断中级回调结束的中级拐点，在拐点右侧进行交易。

2. 判断中级回调结束，我们提供了一种 5 日均线与 10 日均线双均线黏合后发散的方法。在上涨趋势中，5 日均线与 10 日均线黏合在一起后，5 日均线再次向上拐头，通过日内分时交易法，寻找买点。

3. 5 日均线拐头的条件为，当前价格高于 5 个交易日前的收盘价。

4. 为了使准确率更高，要加上板块情绪共振。个股与可转债给出买进信号时，查看与个股相关的板块涨幅是否在榜前列，这是从下向上的寻找方法。另一种寻找顺序是从上到下，每天先关注哪些板块在榜前，然后再寻找板块内的个股是否出现买进信号。

5. 当正股走势与可转债走势不吻合时，不要交易。

6. 及时发现板块异动，若有消息面、大盘指数配合，大盘、板块、个股情绪共振将会带给我们较大的获利机会和获利空间。

第七章

SOS、JOC 预示的交易机会

7.1　威科夫的方法

理查德·德米尔·威科夫（1873—1934）是一位著名的股票交易员和投资者，被认为是技术分析的五巨头之一。威科夫通过分析交易者们的操作，得出交易风险和回报最优的结论。他分析了止损的位置以及管理风险的重要性，解释了在大涨和看跌中交易的技术。

威科夫 15 岁时成为股票经纪人，20 岁时成立了自己的经纪公司。1907 年，他创办了当时市场的指南针——《华尔街》杂志，自己既是创办者又是主编，当时这个刊物订阅者超过了 20 万。

在 1930 年他建立了学校（后来称股票市场学院），课程主要是介绍如何识别主力收集筹码的过程和派发筹码的过程。

7.1.1　威科夫方法概述

威科夫方法的五个基本原则：

1. 确定市场当前的位置并预测其未来趋势。

2. 选择符合确定趋势的标的。

3. 选择资产时必须符合或超过你的最低要求。

4. 确定那些准备对结果做出反应的品种。

5. 根据外汇市场指数的变化来把握时机。

威科夫认为，市场上的所有价格波动都应被认为是"一个人"操纵资产的结果。如果你不理解"这个人"的游戏规则，资产就会从你手中流失。如果你理解他的方式，将会从中受益。所以交易者们要和"这个人"玩游戏。当然市场是不是真的由"一个人"来操纵，还是真正的自由交易，这并不重要。我们只需要把市场看成一个虚拟的"人"即可。

威科夫认为，个人资产不会有两次相同的表现。趋势通过各种各样相似的价格模式展开，在大小、细节和扩展方面显示无限的差异。当它们出现时，它们的变化刚好足以让交易者们感到惊讶和迷惑。要分析当前价格，唯一的方法就是从历史的角度来看。前一天、前一个月、前一年，它做了什么？所以不能断章取义地只去分析今天的价格。

7.1.2　威科夫市场循环法

威科夫认为，市场走势分为吸筹、上涨、派发和下跌四个阶段。

吸筹阶段。市场（机构）对于筹码需要的增加，买方力量的强劲，会将价格逐步抬高。虽然吸筹阶段与买方力量有关，但在走势图中我们却经常会看到价格的上涨并不强劲。股价或者出现小角度上涨，或者急涨急跌宽幅震荡。

上涨阶段。买方拿到足够的筹码后，将价格推高至本轮上涨的上限。各种技术指标在这一阶段纷纷给出买入信号。

派发阶段。卖方逐步占领市场。温和地派发，并不会引起股价的单边大幅急速下跌，通常也会出现急涨急跌的宽幅震荡。

下跌阶段。派发筹码后的下跌，长期的下跌后，重新进入吸筹阶段。

大师们用移动平均线来寻找以上四个阶段的特征。例如温斯坦利用 30 周均线的位置与斜率来判断市场处于哪个阶段。《股票魔法师》一书用 50 日、200 日和 250 日均线的排列来判断市场处于哪个阶段。虽然使用的工具不同，但底层逻辑是相通的。

7.1.3 寻找威科夫方法的 SOS 和 JOC

本书的重点并不是全面介绍威科夫方法，所以我们找一些与我们自己方法类似的、有用的方面学习。

在吸筹阶段，威科夫方法中的 SOS 和 JOC 是非常重要的概念。

SOS：Strong of the sign，强劲的信号。

JOC：Jump over the creek，跃过小溪。

我们先自己思考，放量阳线应该如何理解？是大涨信号，还是见顶信号，都有可能。

一买必然对应一卖，不论放出多大的成交量，其中必然一半是买量，一半是卖量，我们不能说某一次放量是买量多还是卖量多，它们永远是一样多。既然一样多，还怎么区分力量的强弱呢？看位置。

如果放量阳线出现在底部，后势看涨的概率高；如果放量阳线出现在相对位置较高的顶部，后势看跌的概率较高。当然我们说的是概率，就是说不是绝对的。出现在相对位置较低的放量阳线，也有继续破低下跌的可能，出现在相对位置较高的放量阳线，也有继续破高上涨的可能。

如果股价经过恐慌下跌、初次见底、二次探底的过程之后，形成一个底部震荡区间，如果在这个震荡区间底部出现一根放量阳线，我们称之为 SOS，是走势强劲信号。

图 7-1 为德赛电池 2017 年 11 月至 2019 年 11 月周线图，德赛电池经历单边恐慌性下跌后，在 20 元处出现一根长阴线。需要注意的是长阴线所对应的成交量竟然极度萎缩，这说明如此深幅的极端下探，也无法诱使更多的筹码卖出了，或者说不坚定的筹码、无法忍受的筹码都已经在前一波下跌中被洗掉了。

随后股价反弹达到了 35 元的高度，上涨幅度 75%。在 20 元附近买进的人获利颇丰，他们想走吗？想走的筹码直接走了，不想走的人主力会想办法让他们走。于是德赛电池来了一次二次探底，这一次打到 23.5 元。若不走，利润会全部归零。此时还没走的筹码非常后悔，50% 以上的利润为什么不走？现在只剩下 10% 左右了，如果继续下跌，不但利润全吐，甚至还会亏本。怎么办？找机会走。

在二次探底一个多月后，股价突然放量上涨。股价上涨使那些本来后悔没走的筹码见到了曙光，趁着股价反弹，快跑。这就导致在这个位置上出现大量的卖单，但机构的意图就是把这些浮筹洗掉，所以你卖我买，对应大量的卖单出现了大量的买单。只是承接前方大量抛盘还不算完，继续买。供不应求，提高价格继续买，于是就出现了阳线，也就是我们看到的 SOS 强劲信号。

一个 SOS 强劲信号是否成功，不在于它是不是底部放量，而是要看它是否经历了恐慌下跌、初次见底、自动反弹、二次探底这几个过程。

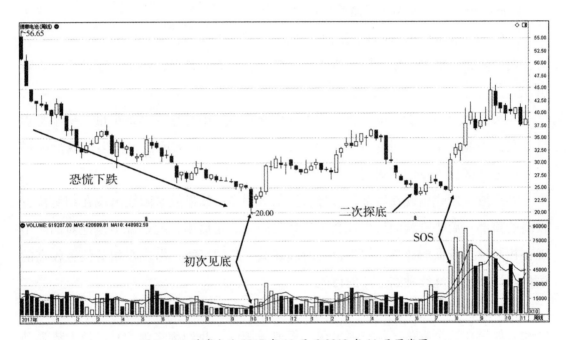

图 7 - 1　德赛电池 2017 年 11 月至 2019 年 11 月周线图

初次见底与二次探底之间的高点，我们称之为"自动反弹"。自动反弹与二次探底的区间，我们称之为"吸筹区间"。

图 7 - 2 为德赛电池 2018 年 7 月至 2020 年 7 月周线图，继 SOS 出现后，出现一根放量阳线突破吸筹区间。威科夫把吸筹区间称为小溪（Creek），那么跳出吸筹区间就称为 JOC，即跃过小溪（Jump over the creek），也标志着上涨趋势初步形成。

图 7 - 3 为德赛电池 2018 年 7 月至 2021 年 7 月周线图。第一个 JOC 出现后，股价在吸筹区间之上继续震荡，并时不时回踩吸筹区间。在吸筹区间上沿处，出现一根放量阳线。区间本身就有支撑力度，所以区间上沿也可以称为新的上涨底部，放量阳线可以视为新一轮的 SOS。同样在一段时间的上涨后，又形成了一新的震荡区间，在区间底部出现放量阳线，它同时击穿了区间上沿，所以它既是 SOS 也是 JOC。

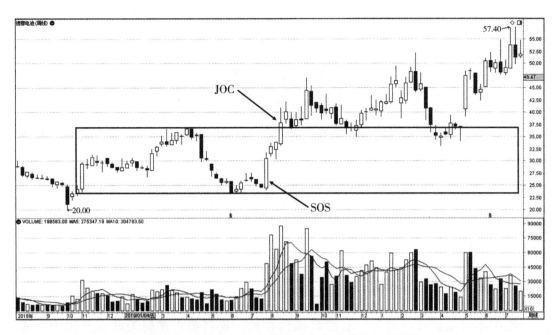

图7-2　德赛电池2018年7月至2020年7月周线图

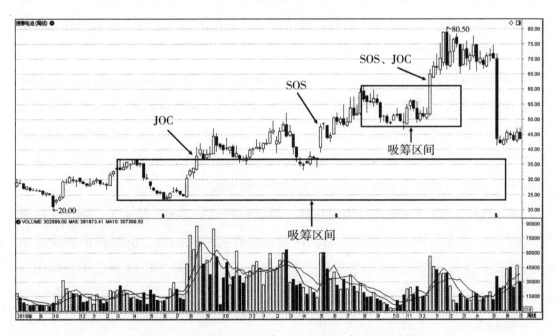

图7-3　德赛电池2018年7月至2021年7月周线图

　　以上就是威科夫方法的基本应用,当然威科夫体系非常广博,我们说得非常简略。我们再思考一个问题,如果相邻的SOS与JOC,都是以涨停状态出现的,是不是看涨的意义更加强烈?

7.2 梅开二度

梅开二度是寻找相邻的两个涨停。第一个涨停可以用我们第六章介绍的早盘涨停法介入，如果个股回调，并且在价格相近的位置上再次出现一个涨停，我们称之为梅开二度法。梅开二度可以用威科夫中的 SOS 和 JOC 来理解，只不过每个 SOS 和 JOC 都以涨停方式出现。等不及用周线，想把这个过程缩短，我们使用日线级别来交易。

7.2.1 梅开二度方法概述

涨停不可能是散户所为，必然是机构在拉，我们把它理解为此股有主力。涨停，也就反映了主力做多的意愿。但主力又不傻，它不可能为散户抬轿。所以在涨停之后通常会洗盘，把意志不坚的筹码洗掉。这一意图与刚才所述初次见底、自动反弹、二次探底的过程基本相同。

短期洗盘的特征是阴跌，但不放量，即缩量下跌。这个时间有短有长，我们通常会选择第 3 天（"天"即交易日，下同）、第 5 天、第 8 天或第 13 天来观察它是否在第一个涨停之后出现第二个涨停。为什么会是这些数字？这是斐波纳契数列中的数字，与黄金分割有着极大的关系。我们并不知道为什么在这些天经常出现第二次涨停，但事实证明在这些天出现二次涨停的概率极大。

所以我们会在回调低点处事先埋伏，即涨停后的第 2 天、第 4 天、第 7 天或第 12 天。由于我们并不能准确判断第二次涨停会在哪一天出现，所以提前埋伏并不一定 100% 获利，所以也可以等着第 3 天、第 5 天、第 8 天或第 13 天盘中分时图出现 N 字突破等信号后买进。

我们来总结一下梅开二度方法论：

（1）出现第一个涨停，一定要放量。要的是带量上涨的主动买进情绪。

（2）关注本次涨停是情绪共振还是孤立事件，只认同有情绪共振的信号。

（3）第一次涨停后缩量下跌，缩量代表主力尚未出货，洗盘意图明显。

（4）回调幅度极度缩小，成交量缩小，说明浮筹基本洗干净。

（5）第一次涨停后第 3 天、第 5 天、第 8 天和第 13 天的早盘分时图有放量主动买进的信号出现。

（6）如果没有事前埋伏，在我们选取的特定天数时，如果有主动买进信号出现，第一波涨幅可以不动，出现分时图 N 字结构走势时买进。

7.2.2　案例分析

1. 泰林生物和泰林转债

图 7－4 为泰林生物 2022 年 3 月至 5 月日线走势图，2022 年 3 月 31 日出现第一次涨停，4 月 1 日一字板涨停，后深幅急速下跌，8 个交易日后即 2022 年 4 月 14 日出现涨停。

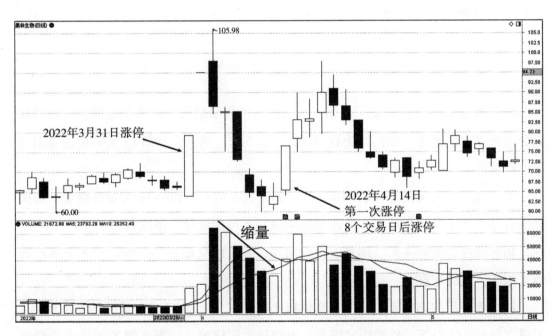

图 7－4　泰林生物 2022 年 3 月至 5 月日线走势图

泰林生物主营业务：集菌仪、培养器、无菌隔离器、无菌传递舱、VHP 灭菌器、TOC 分析仪。所涉概念：新冠检测、细胞免疫治疗、医疗器械、机器人、食品安全、专用设备等。

图 7－5 为 2022 年 3 月 31 日 10:00 时概念指数涨幅前 15 排名，第 4 名为泰林生物所属新冠治疗概念，同时还有相关的几只医疗概念指数上榜。可见泰林生物的涨停并不是孤立事件，本次涨停可以做后续观察。

序号	☐	指数代码	指数简称	收盘价(点) 2022.05.31	涨跌幅(%) 2022.05.31	同花顺概念指数	分时涨跌幅：前复权(%) 2022.03.31 10:00
1	☐	885487	天津自贸区	934.71	0.70	同花顺概念指数	4.06
2	☐	885985	毛发医疗	946.25	0.48	同花顺概念指数	3.52
3	☐	885661	医药电商	884.97	0.65	同花顺概念指数	3.29
4	☑	885954	新冠治疗	836.05	0.59	同花顺概念指数	2.77
5	☐	885879	流感	1,297.16	0.78	同花顺概念指数	2.53
6	☐	885572	水利	1,859.41	-1.05	同花顺概念指数	2.48
7	☐	885856	仿制药—致性评价	1,323.21	0.82	同花顺概念指数	2.45
8	☐	885508	禽流感	2,215.44	1.42	同花顺概念指数	2.08
9	☐	885838	眼科医疗	1,311.01	2.09	同花顺概念指数	2.08
10	☐	885927	CRO概念	845.40	2.08	同花顺概念指数	2.00
11	☐	885639	高送转	9,468.92	1.12	同花顺概念指数	1.93
12	☐	885386	建筑节能	1,054.59	0.18	同花顺概念指数	1.91
13	☐	885913	医美概念	1,165.24	1.43	同花顺概念指数	1.85
14	☐	885915	物业管理	1,097.52	1.11	同花顺概念指数	1.83
15	☐	885403	生物医药	2,207.12	1.33	同花顺概念指数	1.81

图 7-5 2022 年 3 月 31 日 10：00 时概念指数涨幅前 15 排名

再回到图 7-4，我们要关注第一次涨停后的缩量情况，还要关注涨停后的第几天会出现第二次涨停。我们认为在第 3 天、第 5 天、第 8 天和第 13 天有可能会出现第二次涨停。

所以我们首先关注涨停后的第 2 天、第 4 天、第 7 天和第 12 天是否缩量。初次涨停后的第 2 个交易日放出本阶段最长阴量，不可能涨停，继续观察。

初次涨停后的第 4 天，还是一根长阴线，并且成交量不小，所以第 5 天涨停的概率很小，继续观察。

初次涨停后的第 7 天，是一根实体极小的阳 K 线，并且成交量已经缩小到第 2 天成交量的 1/2 以下，K 线幅度缩小，成交量也同样缩小，那么第 8 天涨停的概率极大。所以我们可以在第 7 天临收盘附近时买进，如果第 8 天早盘未出现积极的放量买进信号，快速卖出平仓；如果第 8 天如愿以偿给出带量上涨信号，则继续持有，博它是否出现涨停。

当然我们要买的是可转债，所以我们会在初次涨停后的第 7 天临收盘时，买进泰林转债。

图 7-6 为泰林转债 2022 年 1 月至 5 月日线走势图。值得我们注意的是，泰林转债在正股初次涨停后第 8 个交易日，出现如日线转折法所描述的，5 日均线与 10

日均线黏合后向上拐头，可见，两种方法在此处共振。

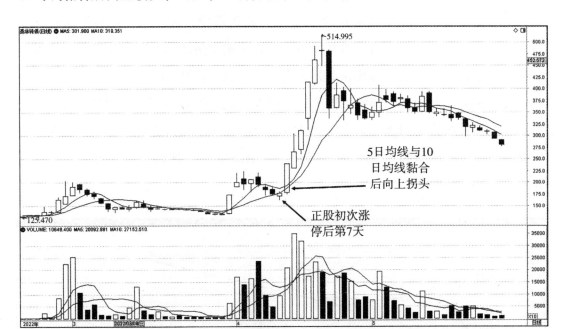

图 7-6　泰林转债 2022 年 1 月至 5 月日线走势图

图 7-7 为泰林生物 2022 年 4 月 14 日，即初次涨停后第 8 个交易日的分时图。我们能看到开盘后前半个小时股价放量上涨，与我们所预期的相吻合。所以在前一个交易日买进的泰林转债不必急着卖出。

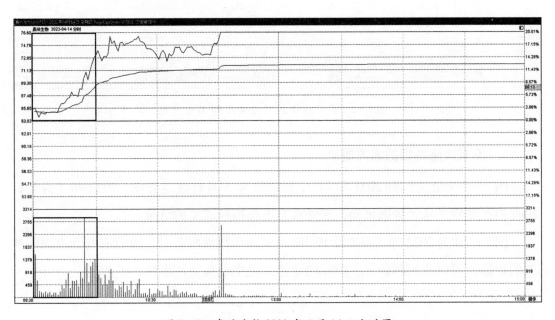

图 7-7　泰林生物 2022 年 4 月 14 日分时图

图 7-8 为泰林转债 2022 年 4 月 14 日分时图，前一交易日买进的转债，可一直持有至收盘平仓，当日获利可达 35% 以上。如果求稳，前一个交易日并未埋伏买进，当日分时图一波拉升后，横向震荡，随后突破震荡区间，形成分时图中的 N 字突破，这是当日的买点，即便在此处买进，当日也可获利 15% 以上。

北方国际主营业务：国际工程承包、国内建筑工程、重型装备出口贸易、物流自动化设备系统集成服务、太阳能产品贸易及新能源项目开发、大宗商品贸易、物流服务、马口铁喷雾罐、化工罐、奶粉罐、杂品罐。所涉概念：风电、"一带一路"、建筑装饰等。

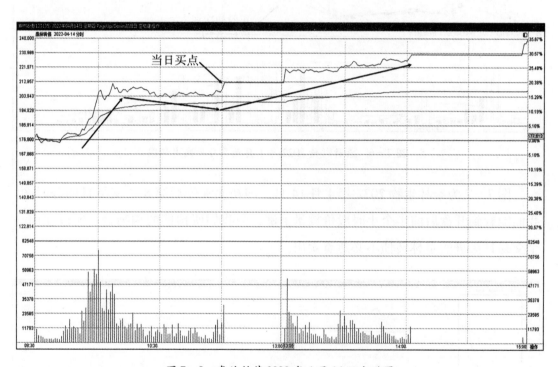

图 7-8　泰林转债 2022 年 4 月 14 日分时图

2.　没有情绪共振的北方国际

图 7-9 为北方国际 2021 年 11 月至 2022 年 5 月日线走势图，2022 年 3 月 8 日出现初次涨停，从走势图可知，它并没有出现梅开二度的情况。

图 7-10 为 2022 年 3 月 8 日 10:00 时概念指数涨幅前 15，并没有与北方国际相关的指数，所以我们判断北方国际的涨停大概率是孤立性事件，不参与。

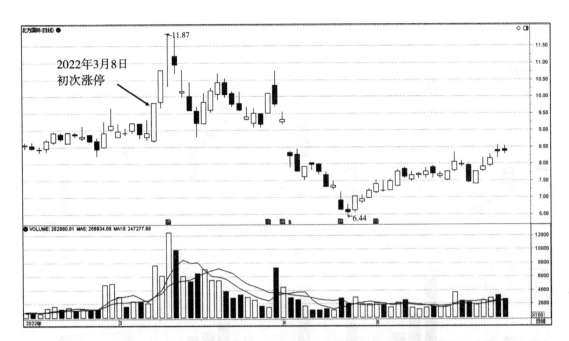

图 7-9 北方国际 2021 年 11 月至 2022 年 5 月日线走势图

序号		指数代码	指数简称	收盘价(点) 2022.05.31	涨跌幅(%) 2022.05.31	同花顺概念指数	分时涨跌幅: 前复权(%) 2022.03.08 10:00
1		885957	东数西算（算力）	854.66	1.33	同花顺概念指数	3.33
2		885956	智慧政务	759.45	0.89	同花顺概念指数	2.29
3		885754	微信小程序	652.79	0.87	同花顺概念指数	1.96
4		885887	数据中心	934.66	0.65	同花顺概念指数	1.21
5		885497	在线旅游	1,834.09	0.36	同花顺概念指数	1.11
6		885942	数据安全	648.85	1.68	同花顺概念指数	1.07
7		885945	汽车芯片	716.23	1.69	同花顺概念指数	1.04
8		885881	云办公	1,017.28	0.90	同花顺概念指数	0.98
9		885897	中芯国际概念	1,120.32	2.46	同花顺概念指数	0.92
10		885362	云计算	2,060.05	1.32	同花顺概念指数	0.89
11		885790	边缘计算	1,130.28	1.37	同花顺概念指数	0.84
12		885878	HJT电池	2,323.18	1.88	同花顺概念指数	0.81
13		885459	网络安全	3,044.37	1.56	同花顺概念指数	0.79
14		885525	白酒概念	8,245.42	1.96	同花顺概念指数	0.56
15		885889	富媒体	942.72	1.00	同花顺概念指数	0.52

图 7-10 2022 年 3 月 8 日 10:00 时概念指数涨幅前 15

3. 久其软件与久其转债

图 7-11 为久其软件 2022 年 2 月至 4 月日线走势图。2022 年 3 月 2 日初次涨停

后，8 个交易日后即 2022 年 3 月 14 日出现第二次涨停。

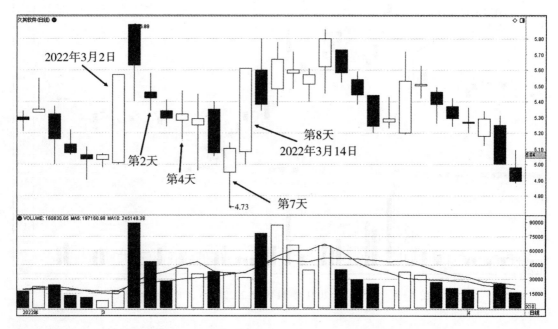

图 7-11　久其软件 2022 年 2 月至 4 月日线走势图

2022 年 3 月 2 日的上涨是不是孤立事件？

久其软件主营业务：软件产品、技术服务、硬件产品、信息服务。所涉概念：快手、网红经济、智慧政务、抖音、云计算、雄安新区、区块链、华为、供应链金融、互联网金融、大数据等。

图 7-12 为 2022 年 3 月 2 日 10：00 时概念指数涨幅前 15，与久其软件相关的上榜概念指数为第 13 名的数字乡村。什么是数字乡村？数字乡村概念的范围非常大，我们只说与久其软件相关的部分。农村电商、移动社交、数字娱乐在农村普及较快，就是因为简单实用。淘宝村、微商村到现在的直播村出现，也是因为好应用推广。着眼农业农村实际，开发更接地气、更简单实用的数字应用是有前景的。

确认久其软件的上涨并不是孤立事件，意味着我们可以着手准备狙击它的第二个涨停。回到图 7-11，图中标出了第 2 天、第 4 天和第 7 天的 K 线，与之对比，有可能在第 3 天、第 5 天和第 8 天涨停。

首先看第 2 天，K 线实体较小，但成交量仍较高，相当于初次涨停后第 1 天成交量的一半左右，这种缩量程度还不足以让我们动心。

序号	☐	指数代码	指数简称	收盘价(点)2022.06.01	涨跌幅(%)2022.06.01	同花顺概念指数	分时涨跌幅：前复权(%)2022.03.02 10:00
1	☐	885965	中俄贸易概念	1,053.86	0.73	同花顺概念指数	5.84
2	☐	885877	转基因	2,060.85	-2.33	同花顺概念指数	4.28
3	☐	885811	玉米	2,806.98	-1.74	同花顺概念指数	3.92
4	☐	885964	俄乌冲突概念	900.09	-0.84	同花顺概念指数	2.80
5	☐	885812	农业种植	2,234.70	-1.03	同花顺概念指数	2.77
6	☐	885748	可燃冰	948.24	-1.08	同花顺概念指数	2.46
7	☐	885372	页岩气	1,547.28	-0.85	同花顺概念指数	2.46
8	☐	885753	网约车	967.37	0.86	同花顺概念指数	2.02
9	☐	885591	中韩自贸区	1,859.60	0.46	同花顺概念指数	1.91
10	☐	885810	大豆	2,198.61	-0.89	同花顺概念指数	1.77
11	☐	885505	生态农业	1,566.76	0.04	同花顺概念指数	1.45
12	☐	885439	土地流转	2,243.70	-0.22	同花顺概念指数	1.43
13	☑	885842	数字乡村	1,234.10	0.62	同花顺概念指数	1.35
14	☐	885914	煤炭概念	1,781.90	-0.50	同花顺概念指数	1.28
15	☐	885733	航运概念	1,215.63	1.73	同花顺概念指数	1.26

图 7-12　2022 年 3 月 2 日 10:00 时概念指数涨幅前 15

再看第 4 天，显然第 3 天的 K 线幅度和成交量都萎缩较多，更符合我们买入潜伏的条件。但经过第 3 天的缩幅缩量后，虽然第 4 天的 K 线幅度和成交量都有所放大，但也勉强算符合条件。

激进的交易者可以在第 4 天临收盘时买进久其转债，博第 5 天的涨停。图 7-13

图 7-13　久其转债在其正股初次涨停后第 5 个交易日的分时图

为久其转债在其正股初次涨停后第 5 个交易日的分时图。10：00 前走势窄幅震荡，并且成交量越来越低，说明当天并没有强劲的主动买量出现，当天正股涨停的概率极小。当转债价格跌穿震荡平台后卖出止损，约亏损 0.5%。

稳健的交易者可以在这一天看情况再决定是否介入。当可转债价格跌穿窄幅震荡平台后，可以判断当天并不适合买进，放弃本次机会。

再回到图 7 - 11 看正股初次涨停后的第 7 天，成交量不大，K 线幅度较大，但有一半是下影线，说明当日的买方力量较强。激进的交易者可以在这一天临收盘时买进久其转债。

图 7 - 14 为久其转债在其正股初次涨停后第 8 个交易日的分时图。10：00 前走势特点是快速上涨后形成窄幅震荡平台，再次出现一波快速上涨。当转债价格向下跌破前谷时，平仓，当日可盈利 5% 左右。

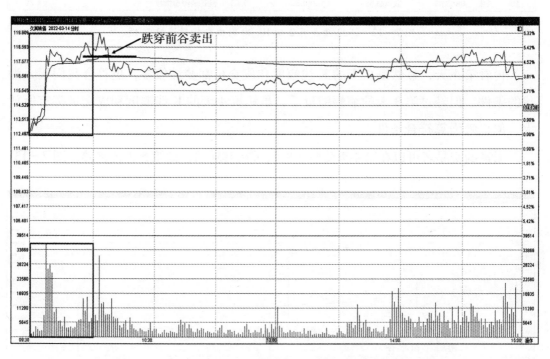

图 7 - 14　久其转债在其正股初次涨停后第 8 个交易日的分时图

我们在久其转债上赚到的利润，不如在正股久其软件上多，为什么？因为可转债的交易者认为正股久其软件后势上涨的动力不足，所以降低了预期。而降低预期是基于正股初次涨停时成交量并不高。

4. 塞力医疗与塞力转债

图 7－15 为塞力医疗 2021 年 12 月至 2022 年 1 月日线走势图。图中出现了连板，两个涨停哪个算初次涨停？两种情况：一是算哪个都可以，那么后面也不要拘泥于必须在斐波纳契数列天数出现梅开二度。二是以放量最大的那一天为初次涨停。本例中第二个涨停成交量高于第一个，所以第二个涨停算作初次涨停。那么出现梅开二度的日期为初次涨停后的第 5 天。

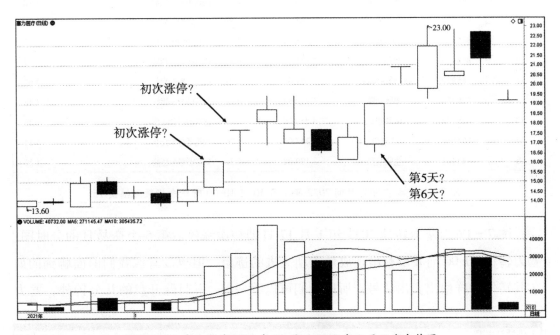

图 7－15　塞力医疗 2021 年 12 月至 2022 年 1 月日线走势图

我们按第二种解释来分析塞力医疗。

塞力医疗主营业务：诊断试剂及耗材、体外诊断仪器设备。所涉概念：新冠检测、区块链、工业大麻、健康中国、互联网医疗、医疗器械、医药商业等。图 7－16 为初次涨停时间 2022 年 1 月 10 日 10：00 时概念指数涨幅前 15，位列第 1 的就是新冠检测概念。

塞力医疗的涨停并不是孤立事件。如图 7－15 所示，2022 年 1 月 10 日初次涨停后的第 4 个交易日，K 线幅度很小，成交量约为前期放量的 1/2。激进的交易者可以在 1 月 10 日临收盘时买进塞力转债。

序号		指数代码	指数简称	收盘价(点) 2022.06.01	涨跌幅(%) 2022.06.01	同花顺概念指数	分时涨跌幅：前复权(%) 2022.01.10 10:00 ⑦↓
1	☑	885917	新冠检测	926.03	0.15	同花顺概念指数	4.73
2	☐	885808	养鸡	1,275.15	-1.69	同花顺概念指数	4.47
3	☐	885573	猪肉	2,974.74	-1.39	同花顺概念指数	2.88
4	☐	885640	草甘膦	1,540.31	-0.66	同花顺概念指数	2.43
5	☐	885805	芬太尼	1,490.52	-0.96	同花顺概念指数	1.85
6	☐	885846	动物疫苗	1,520.01	-1.23	同花顺概念指数	1.75
7	☐	885845	生物疫苗	1,746.68	-0.72	同花顺概念指数	1.72
8	☐	885879	流感	1,286.27	-0.84	同花顺概念指数	1.68
9	☐	885508	禽流感	2,199.11	-0.74	同花顺概念指数	1.65
10	☐	885406	食品安全	3,270.00	0.33	同花顺概念指数	1.62
11	☐	885952	幽门螺杆菌概念	917.69	-0.07	同花顺概念指数	1.61
12	☐	885578	基因测序	1,818.84	-0.07	同花顺概念指数	1.48
13	☐	885900	NMN概念	1,110.09	-1.44	同花顺概念指数	1.36
14	☐	885839	人造肉	1,247.66	-1.29	同花顺概念指数	1.31
15	☐	885403	生物医药	2,199.00	-0.37	同花顺概念指数	1.28

图 7-16　初次涨停时间 2022 年 1 月 10 日 10:00 时概念指数涨幅前 15

图 7-17 为塞力转债 2022 年 1 月 17 日即初次涨停后第 5 个交易日的分时图。塞力转债 10:00 前并没有出现放量主动买进的迹象，但也没有像我们前面聊到的如久其转债一样给出卖出信号。所以我们可以等一等，并且除开盘的几分钟外，塞力

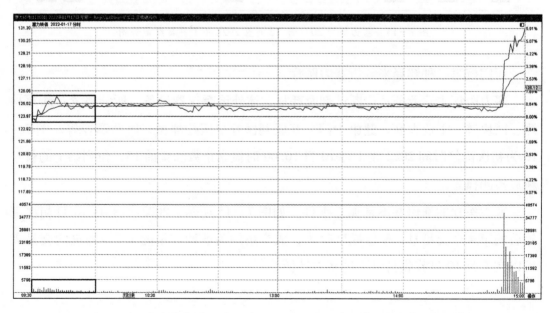

图 7-17　塞力转债 2022 年 1 月 17 日即初次涨停后第 5 个交易日分时图

转债一直位于我们建仓成本之上，并未出现亏损，就更有了继续等待的理由。

稳健的交易者，选择在初次涨停后的第 5 个交易日盘中再寻找买点，在本图中，尾盘拉升时向上突破全天形成的窄幅震荡区间，形成有效 N 字结构，突破买进，持有至尾盘平仓。

塞力转债当天的盈利不足 10%，低于正股涨幅，对这种情况我们来深入考虑一下。

在久其软件第二次涨停的那天，久其转债（图 7-14）早盘冲高，早早便给出了卖出平仓信号，并且全天都未再突破新高，说明久其转债的交易者们通过全天的博弈后，集体认定久其软件后势不会强劲上扬。

再看塞力转债案例，图 7-18 为塞力医疗 2022 年 1 月 17 日分时图，正股也是在临近尾盘时才开始冲击涨停，那么留给塞力转债交易者们的时间就不多了。确实是跟涨了，但跟涨的幅度明显不够。虽然上涨幅度不够，但塞力转债直到收盘还保持着上涨势头。遇到这种情况，大家都意犹未尽，那么是不是可以多持有一天呢？

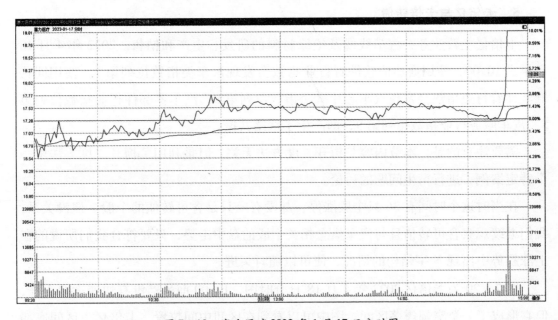

图 7-18　塞力医疗 2022 年 1 月 17 日分时图

图 7-19 为塞力转债初次涨停后第 6 个交易日即 2022 年 1 月 18 日分时图，快速上涨后形成窄幅震荡平台，跌穿平台平仓。这种情况下我们总收益达到 16% 左右。

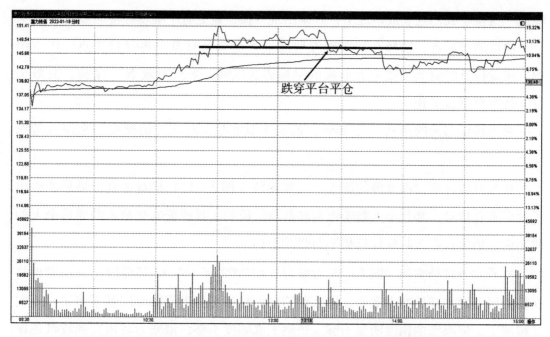

图 7-19　塞力转债 2022 年 1 月 18 日分时图

5. 卡倍亿与卡倍转债

卡倍亿主营业务：汽车线缆及绝缘材料的研发、生产和销售。2022 年 4 月 18 日早盘 10：00，使用通达信软件看行业指数会发现汽车类指数位列第 1，使用同花顺软件看行业指数会发现汽车芯片概念指数位列第 8、汽车零部件行业指数位列第 5、汽车服务行业指数位列第 9，即产生了情绪共振。

需要注意的是，本节内容与梅开二度方法无关，但是利用了梅开二度方法中一个特定案例，进行衍生问题的讨论。

在当时这个时间有 36 只个股涨停，却没有一只是含可转债的个股。但没关系，我们继续观察含可转债且与汽车概念相关个股的盘中走势，只要符合我们所说的在上涨趋势中出现 N 字结构的情况，便可以随时买进。

图 7-20 为卡倍亿 2022 年 4 月 18 日分时图，10：00 前虽然没有快速大幅上涨，但它形成了一个窄幅震荡区间。图中可以看到在区间中间位置，卡倍亿由区间底部经过 30 分钟左右的上涨，突破了震荡区间上沿后在区间上沿处继续震荡，不过在这里震荡的时间非常短，快速上破，形成了一个 N 字突破，在形成 N 字突破的瞬间，就是卡倍亿的买点。

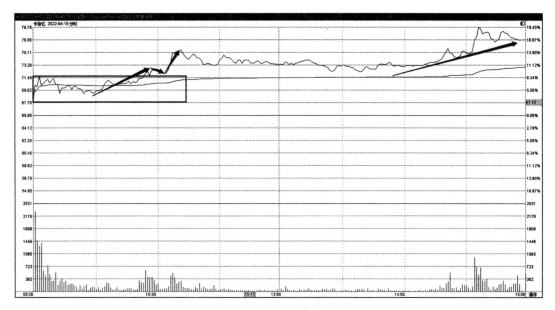

图7-20　卡倍亿2022年4月18日分时图

但我们不买卡倍亿，而是要买卡倍转债。图7-21为卡倍转债2022年4月18日分时图，在正股卡倍亿形成分时N字突破时，卡倍转债经过了30分钟的停牌后复牌。正股给出买进信号，转债便可动手买进。卡倍转债涨势非常强劲，不到十分钟涨幅就拉到了30%，再次触发停牌，直到临近尾盘复牌，还在继续上拉，当日涨幅40%以上。如果按分时N字突破买进法，当日获利可达20%以上。

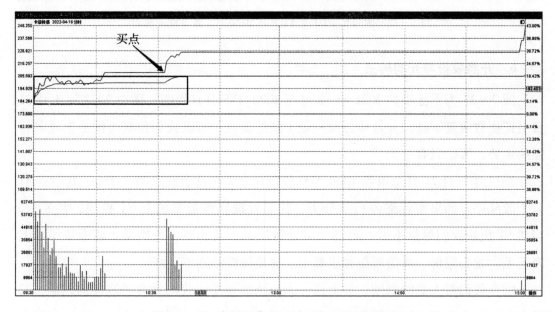

图7-21　卡倍转债2022年4月18日分时图

图7-22为卡倍亿2021年11月至2022年5月日线走势图，卡倍亿给出信号时，它还处于明显的下跌趋势中，并且过后还在继续下跌。那为什么我们还可以在这一天获得极高的利润呢？在情绪共振情况下，资金狂热地涌入，此时技术分析、基本面分析等都已经不再重要。所以我们一直在强调的是情绪溢价。

当然我们讲过《乘势是最高智慧》，有趋势总比没有趋势好。但在没有趋势的情况下，就要利用情绪溢价了。

图7-22　卡倍亿2021年11月至2022年5月日线走势图

6. 开润股份与开润转债

图7-23为上证指数2021年12月至2022年5月日线图，图中2022年4月21日上证指数放量下跌，并且接近前一轮下跌的低点，所以我们预判可能会出现弱转强的走势，哪怕只有一天。

2022年4月21日全市场4000多只股票只有336只个股涨幅大于0，其中有41只个股涨停。如果细读涨停行业分类，我们发现涨停最多的是ST板块，共8只，当然ST板块我们尽量不做。第二大类是纺织类，共5只。分别是：盛泰集团、上海三毛、龙头股份、戎美股份和泰慕士。这是纯粹的逆市上涨。

结合我们对大盘的判断，加上这一天板块的异动，我们就有了这样的判断：22日大盘可能会出现弱转强的走势，并且纺织类逆市上涨，可能会延续，所以我们在

22 日会重点关注纺织板块。

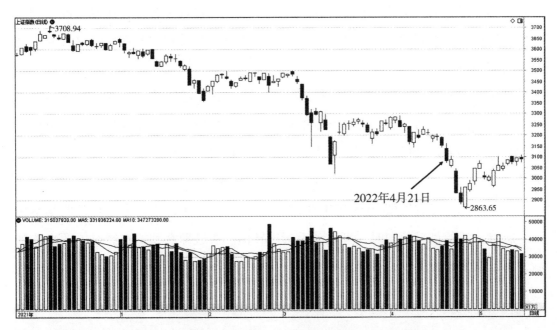

图 7-23　上证指数 2021 年 12 月至 2022 年 5 月日线图

2022 年 4 月 22 日，纺织服饰板块的 104 只个股，早盘涨停约有 10 只，说明我们判断纺织板块延续的情况成立。

图 7-24 为开润股份 2022 年 4 月 22 日分时图，开润股份主营业务：休闲包袋、

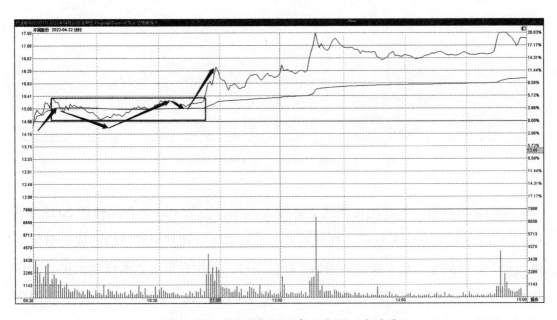

图 7-24　开润股份 2022 年 4 月 22 日分时图

旅行箱、商务包袋、服饰及相关配件。开盘后前 30 分钟开润股份在纺织板块中的表现并不显眼，如果那些已经涨停纺织板块个股并不包含可转债，或我们没追到那些含可转债的纺织板块个股的买进机会，就可以把目光转移到开润股份这种并不是第一时间给机会的个股上来。

开盘 30 分钟后，开润股份才从窄幅震荡区间的底部拉升，一直拉到震荡区间的上沿处，再次进行短暂的更加窄幅的震荡，随后形成有效 N 字突破。这与卡倍亿的走势基本相同，细微的区别在于卡倍亿第二次震荡是在区间之上，开润股份第二次震荡是在区间之内。

图 7 - 25 为开润转债 2022 年 4 月 22 日分时图，开润转债的走势与正股基本相同，所以正股给信号的同时，可以动手买进转债。买进即获利，在经过了两次停牌后，第二次复牌便下跌，可以趁机平仓。

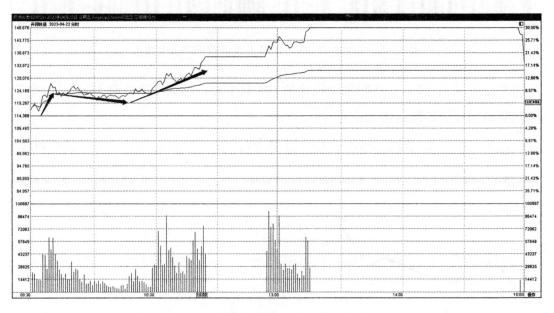

图 7 - 25 开润转债 2022 年 4 月 22 日分时图

我们还可以看一下开润转债的 1 分钟 K 线图，图 7 - 26 为开润转债 2022 年 4 月 22 日前后的 1 分钟 K 线图，在既定的上涨趋势下，两波上涨对应的成交量为上涨放量、下跌缩量，给上涨趋势添加了印证条件。图中显示买点的位置，正是 5 日均线与 10 日均线黏合后拐头的位置。日线转折的方法也可以放在 1 分钟 K 线图中使用，我们举这个例子，就是为了说明分时图与 K 线图使用方法的相通之处。

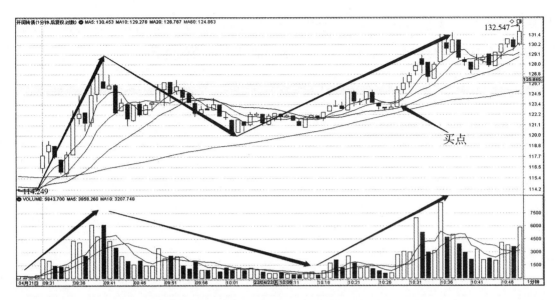

图 7-26　开润转债 2022 年 4 月 22 日前后的 1 分钟 K 线图

7.3　早盘、尾盘异动

对类似塞力转债这种尾盘才开始上涨的情况，我们有一种专门的操作技法。

早盘拉涨停。2022 年 5 月 5 日早盘新华制药出现连续 5 板，且持续了 4 个一字板，当天早盘，医药板块出现较强势的涨停潮，当天集体较早封板。图 7-27 为新

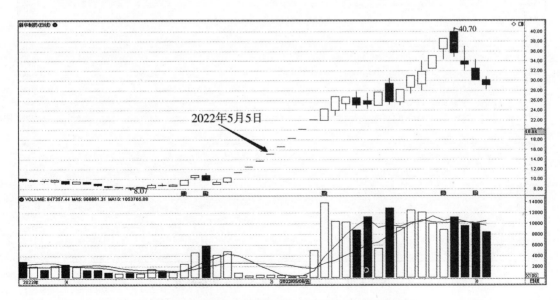

图 7-27　新华制药 2022 年 3 月至 6 月日线走势图

华制药2022年3月至6月日线走势图。图7－28至图7－35为几只医药板块标的2022年5月5日分时图。如图所示，这8只股票早盘便拉涨停。

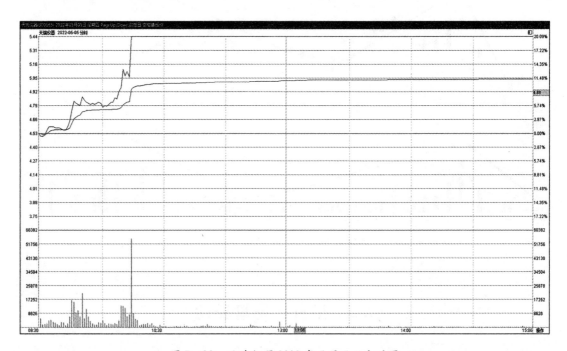

图7－28　天瑞仪器2022年5月5日分时图

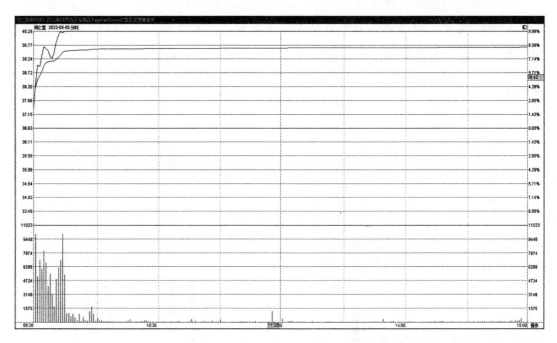

图7－29　同仁堂2022年5月5日分时图

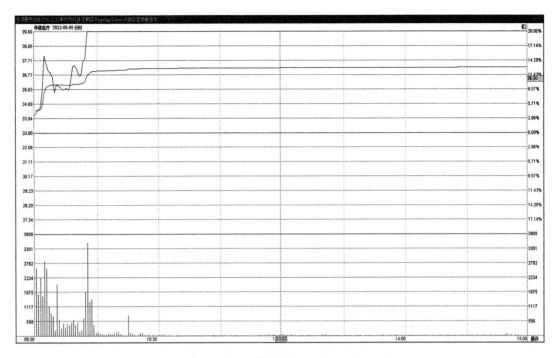

图 7 - 30　华康医疗 2022 年 5 月 5 日分时图

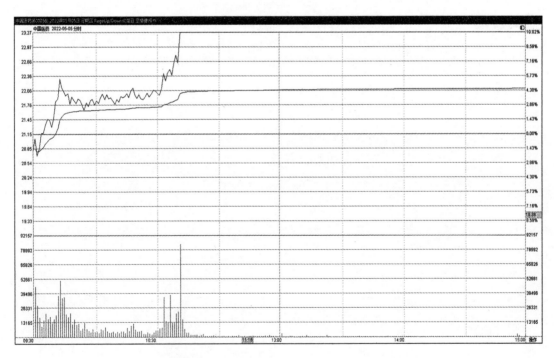

图 7 - 31　中国医药 2022 年 5 月 5 日分时图

图 7-32 复旦复华 2022 年 5 月 5 日分时图

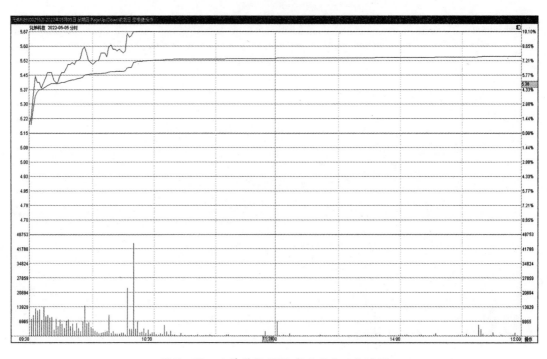

图 7-33 兄弟科技 2022 年 5 月 5 日分时图

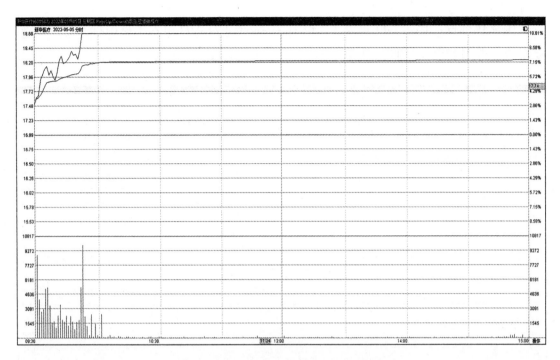

图 7 - 34　新华医疗 2022 年 5 月 5 日分时图

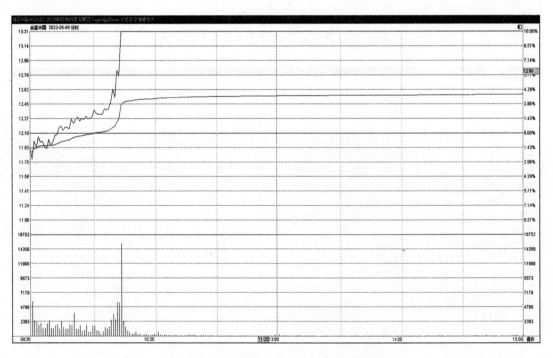

图 7 - 35　合富中国 2022 年 5 月 5 日分时图

尾盘拉涨停。图 7-36 至图 7-40 在 2022 年 5 月 5 日当天尾盘出现了一波拉涨停走势，并且拉升的时间、手法一致。

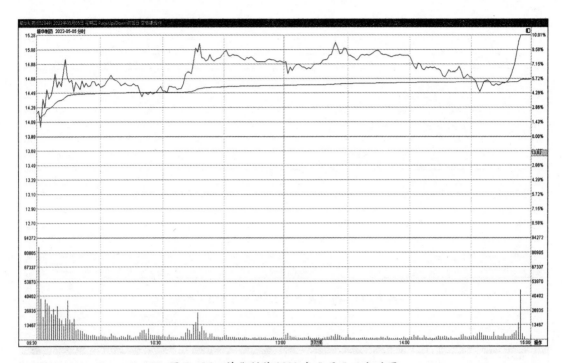

图 7-36 精华制药 2022 年 5 月 5 日分时图

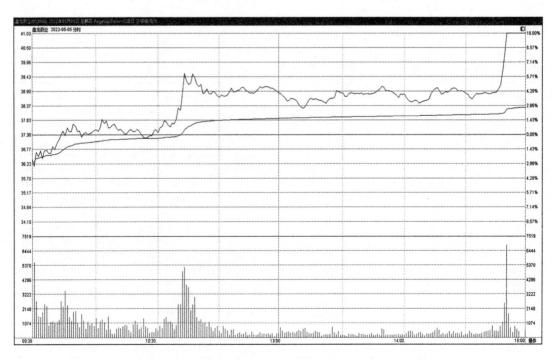

图 7-37 盘龙药业 2022 年 5 月 5 日分时图

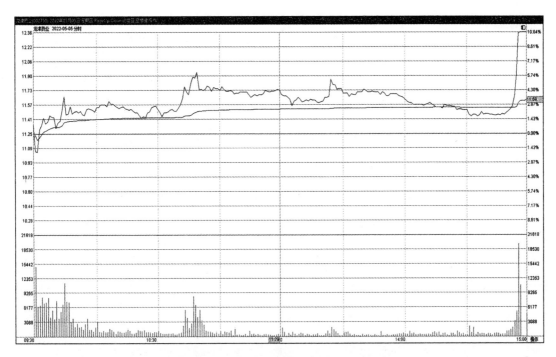

图 7-38 龙津药业 2022 年 5 月 5 日分时图

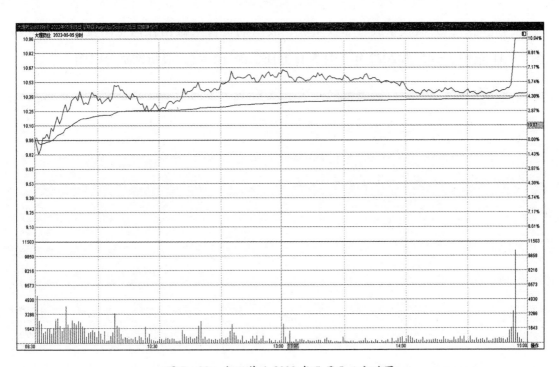

图 7-39 大理药业 2022 年 5 月 5 日分时图

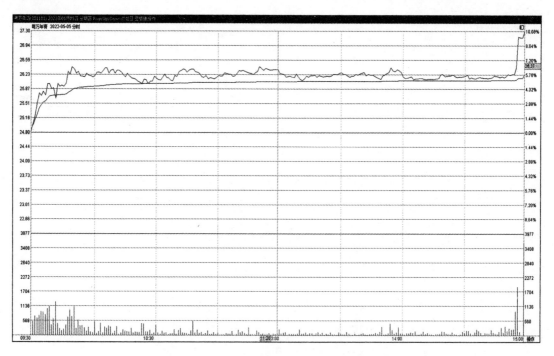

图 7-40　粤万年青 2022 年 5 月 5 日分时图

与此同时，大盘权重股、非权重股、股指期货皆未做出任何意图拉升的反应。

图 7-41 至图 7-45 为 2022 年 5 月 5 日上证、深证、三大股指期货分时图。

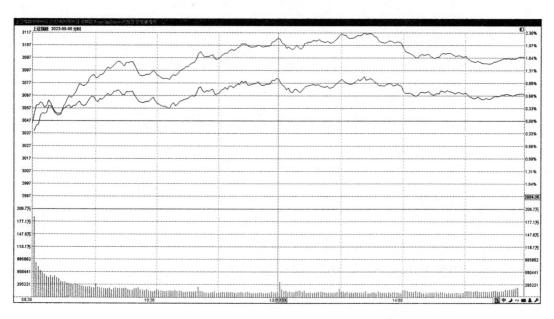

图 7-41　上证指数 2022 年 5 月 5 日分时图

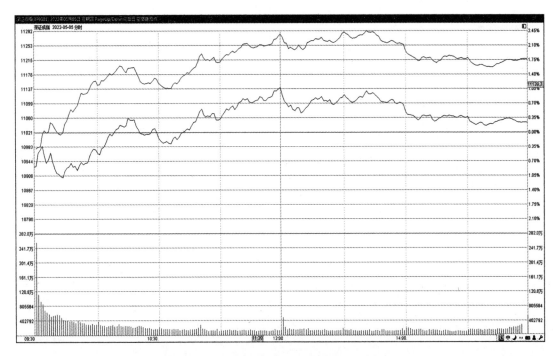

图 7－42　深证指数 2022 年 5 月 5 日分时图

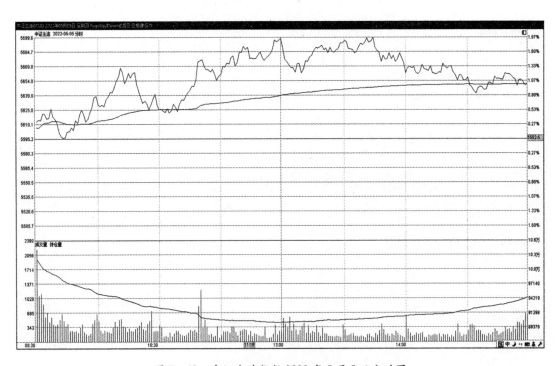

图 7－43　中证主连指数 2022 年 5 月 5 日分时图

图 7-44　沪深主连指数 2022 年 5 月 5 日分时图

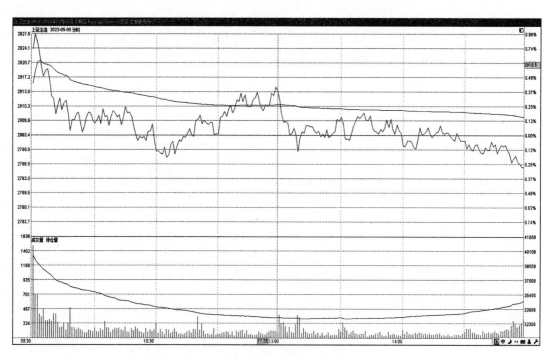

图 7-45　上证主连指数 2022 年 5 月 5 日分时图

对上述早盘、尾盘的异动我们来做一个心理情绪行为解读。

医药板块早盘集体涨停且拉板时间、结构有较大的相似性，代表先知先觉的游资当天即锁定了医药板块及相关细分概念个股。在有资金青睐的情况下，技术层面的因素都可以忽略，哪怕此类结构日线非常差，也不影响其后市的主动拉升行情。当天尾盘继续出现异动的集体拉升，说明后知后觉的资金认为当下市场并没有太多新的热点可以锁定，遂将可用的资金集中拉升已经形成的热点板块，以期带来短线建仓的效果，这种效果较吻合可转债的情绪运用技巧。次日开盘后的买点卡位择时，便较容易出现进场见红的情况。

5 月 5 月的择时机会：

早盘涨停的操作方法我们在前面的章节有专门描述。本例的核心是如何把握 5 月 5 日的尾盘集体异动与次日情绪吻合。

2022 年 5 月 6 日受美股大跌影响，国内大盘指数选择向下跳空低开，横盘震荡一天。图 7 - 46 至图 7 - 50 为上证、深证、中证主连、沪深主连、上证主连指数当日分时图。

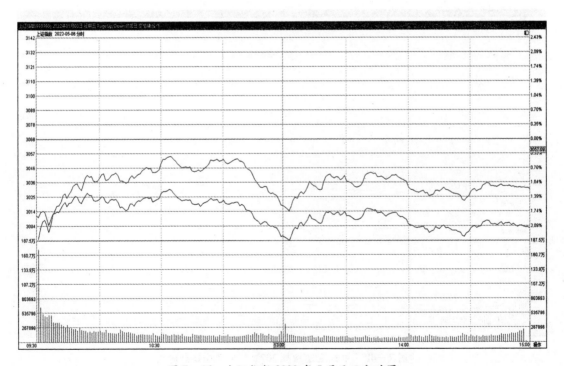

图 7 - 46　上证指数 2022 年 5 月 6 日分时图

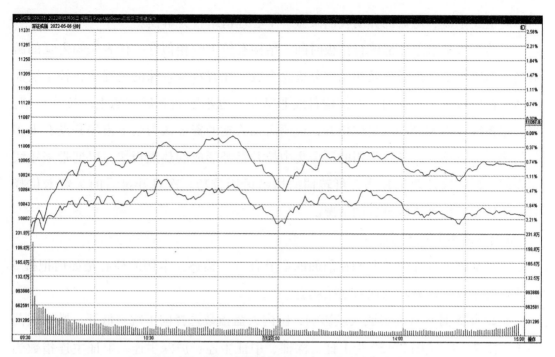

图 7-47　深证成指指数 2022 年 5 月 6 日分时图

图 7-48　中证主连指数 2022 年 5 月 6 日分时图

图 7-49　沪深主连指数 2022 年 5 月 6 日分时图

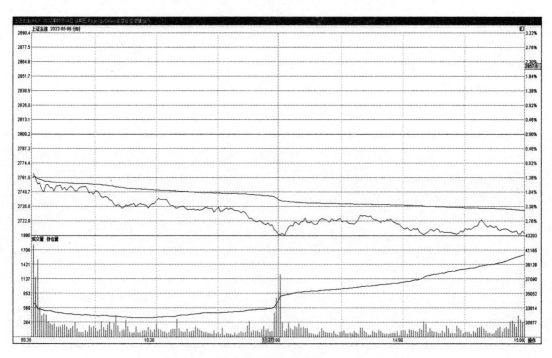

图 7-50　上证主连指数 2022 年 5 月 6 日分时图

与此同时，相关的医药概念各指数虽然跟随大盘低开，但很快便逆势上涨。图 7-51 至图 7-56 为相关医药指数当日分时图。

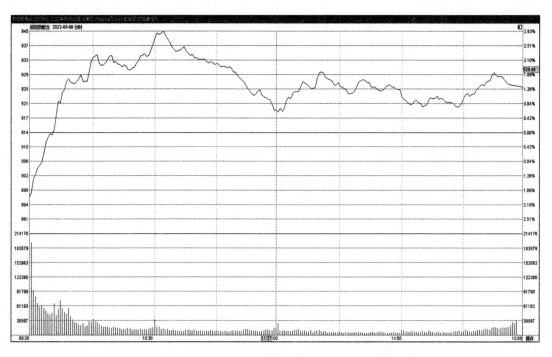

图 7-51 新冠药概念指数 2022 年 5 月 6 日分时图

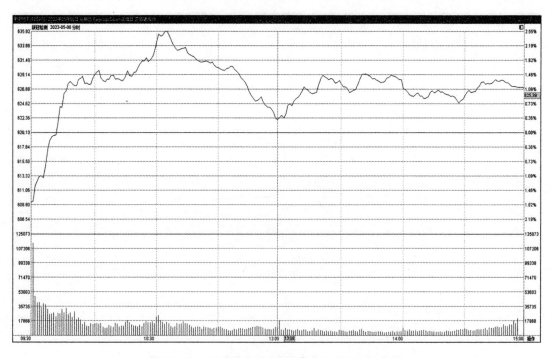

图 7-52 新冠检测指数 2022 年 5 月 6 日分时图

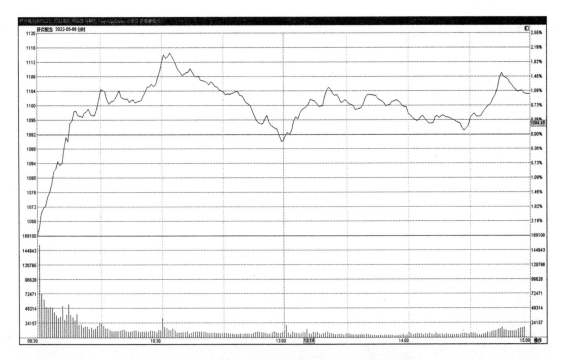

图 7-53 肝炎概念指数 2022 年 5 月 6 日分时图

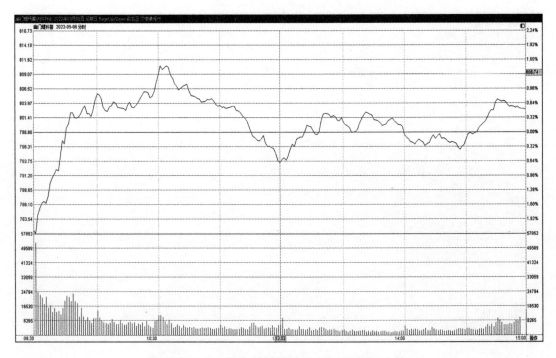

图 7-54 幽门螺杆菌指数 2022 年 5 月 6 日分时图

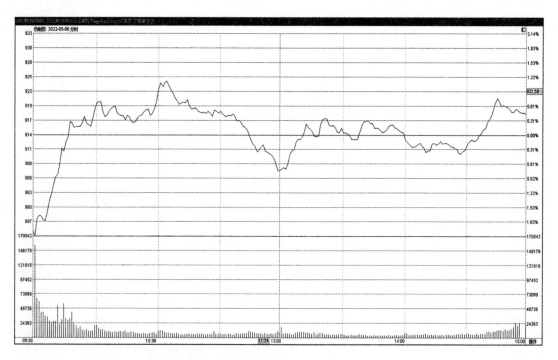

图 7-55 仿制药指数 2022 年 5 月 6 日分时图

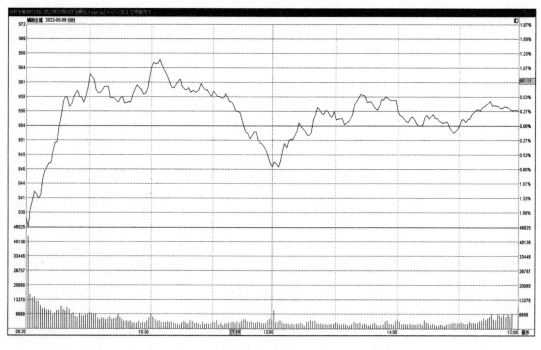

图 7-56 辅助生殖指数 2022 年 5 月 6 日分时图

5 月 6 日行为心理解读：受外盘影响内盘指数低开，但内盘坚持而未发生主动卖盘情况。大家卖出的意愿不大，受到外因影响选择低开的相关概念板块，较快地引领市场上扬，主力继续保持昨天的交易计划，继续上攻。大盘预期弱但并不非常弱，医药板块出现该跌不跌反而弱转强的分时盘口特征。我们再确定一下前一天核心板块（集体）情绪，继而用到今天的可转债盘口，就可以带来实现顺势、强势、借势的交易机会。

执行交易计划：盘龙转债。

为什么选择盘龙转债？因为盘龙转债小幅高开高走，逆大盘情绪差，强于大盘，是强中选强的策略。图 7-57 为盘龙转债 2022 年 5 月 6 日分时图。

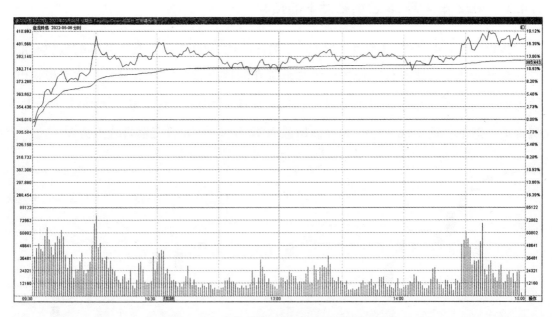

图 7-57 盘龙转债 2022 年 5 月 6 日分时图

5 月 6 日执行策略吻合条件：进场见红，高胜算，盈亏比优势；分时技术，盘口情绪，大盘借势，板块效应，盘龙转债日线强势，当天转债分时与正股同步，跻身 5 月 5 日收盘后的游资龙虎榜。

需要注意的是，塞力转债与我们之前所有的案例都不相同，因为它在早盘并没有给出买进信号，而是在盘中（实际是接近尾盘）给出买进信号，这种情况怎么办？我们在塞力转债的操作中已经给出了方案，就是在分时图形成有效的 N 字突破后买进。它的理论基础就是我们在第五章《乘势是交易的最高智慧》中所讲的使用峰谷序列来判断趋势方向，有效 N 字结构就是构成趋势的一部分。我们可以把这种日线级别的方法运用到分时图中，去寻找交易机会。

7.4 超跌反弹

放量超跌后通常会有反弹，当然最后一次反弹就是反转，我们不必判断哪一次反弹是反转，因为我们做日内交易，只需判断一次反弹，再加上可转债情绪溢价放大效应即可。

7.4.1 2022 年 4 月 26 日前暴跌下的预判

背景环境：4 月 25 日大盘下跌超 9% 的标的约 1900 多家，其中领跌的板块有航空、有色、化工、半导体、元器件等基金重仓的赛道股；4 月 26 日又是这类板块继续集中引领下挫，给市场带来了极度恐慌。此类板块的分时图更是主动低开低走，吻合了下跌的加速。图 7-58 为上证指数 2022 年 4 月 26 日之前日线走势图。

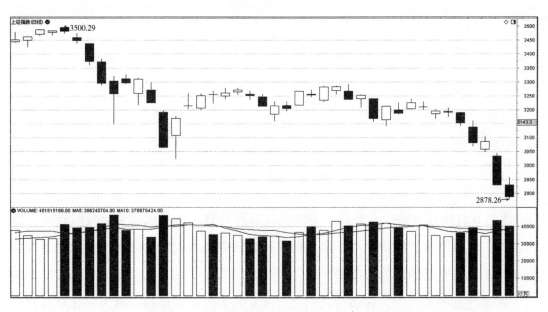

图 7-58　上证指数 2022 年 4 月 26 日之前日线走势图

量能：上证指数 4 月 25 日放量，4 月 26 日两市出现相对于 25 日的缩量，这种缩量会给市场带来超跌后止跌的预期。

心理情绪行为解读：那么只要 4 月 27 日不出现主卖（如低开低走、高开低走）造成的低开低走，以致带来新的一轮恐慌的情况，此时的放量下挫，对相关概念板块反而有利，例如在此期间基建与地产的行情。高开低走容易引致前一天短线资金的获利盘的了结，不利于聚集人气，也就是说这天不走高开低走的行情就行。

实际环境：4 月 27 日当天大盘走出了低开高走形态，在行业环境里面我们做了一个假设，当天低开低走带量下跌，有利于我们炒游资概念的一些标的（对应的一些可转债），而低开高走就可以聚集人气，在人气方面我们要留意前面提到的几个赛道板块（记住不是单一板块，是在前几天集中下挫的赛道板块）。图 7 - 59 为上证指数 2022 年 4 月 27 日之前日线走势图。

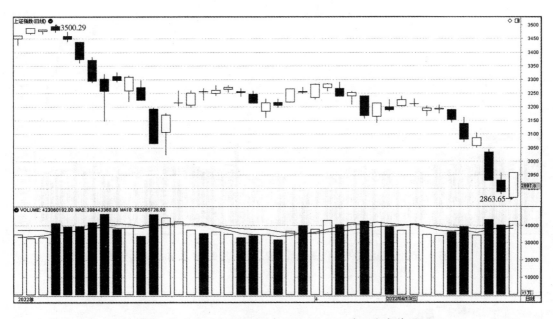

图 7 - 59　上证指数 2022 年 4 月 27 日之前日线走势图

个体与集体的作用：个体很容易受到某一个利好消息的影响，但这并不能带来次日的溢价，反而会降低资金的参与度。集体则趁机去引发赚钱效益，同时吸引更多的资金入市做主买动作，这种情况下，已持股或持券资金便不会轻易行动，盘内不动，外面的资金集中对超跌线的青睐就会出现前驱与后驱的双向动力，如此当天的情绪基本上锁定，同时还可以对次日溢价的预期形成合力，相关转债形态好坏都会出现大幅上涨行情。

实操择时：当我们锁定超跌反弹预期，同时匹配了当天的板块集中的分时图，领涨的板块都是近期加速下跌的赛道板块时，在买点卡位上只要选择当时处于相关均价线附近的，早盘有一定 N 字抬升形态的就可以参与。比如我们当天参与的蓝晓转债（化工），同结构的明泰转债、中矿转债（有色）等。

7.4.2 案例分析：蓝晓转债和明泰转债

图7-60、图7-61分别为通达信化工行业指数、有色行业指数2022年4月27日之前日线走势图。化工和有色行业指数走势与大盘几乎一致，都是近期快速下跌

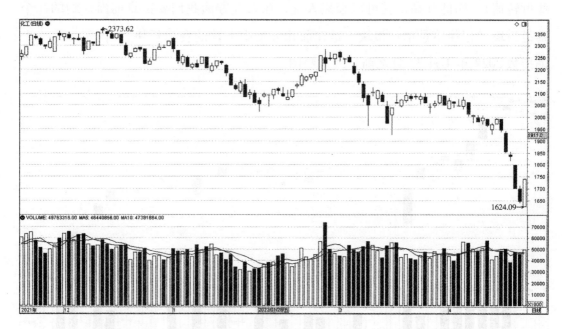

图7-60 通达信化工行业指数2022年4月27日之前日线走势图

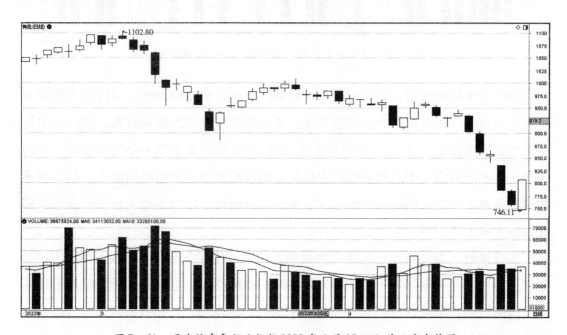

图7-61 通达信有色行业指数2022年4月27日之前日线走势图

的赛道板块，大盘反弹情况下，跌幅大的板块跟随反弹再正常不过。并且4月27日的高开低走，也对应了我们的预期：低开高走。

图 7-62 与图 7-63 分别为蓝晓科技与蓝晓转债 2022 年 4 月 27 日分时图，开盘近一个半小时股价基本没什么波动，因为在这段时间上证指数也没有什么波动，如图7-64。直到临近午盘时，上述两只股票正股价格与可转债开始形成一个有效的 N 字突破，同时上证指数形成了有效 N 字突破。大盘、板块、个股、可转债同时上涨。

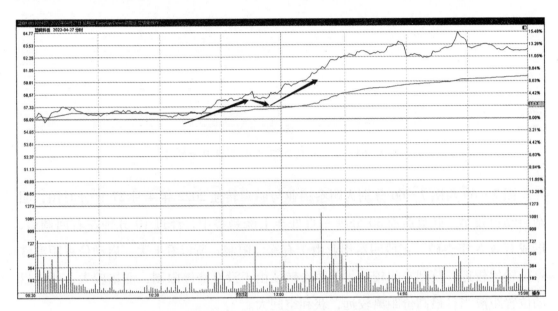

图 7-62 蓝晓科技 2022 年 4 月 27 日分时图

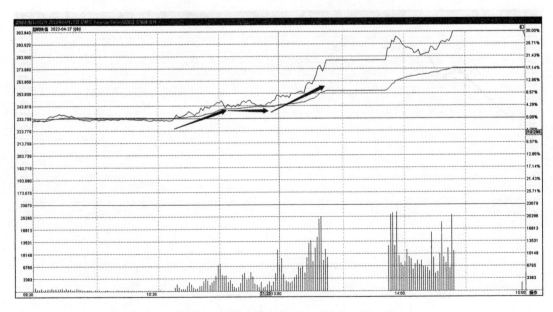

图 7-63 蓝晓转债 2022 年 4 月 27 日分时图

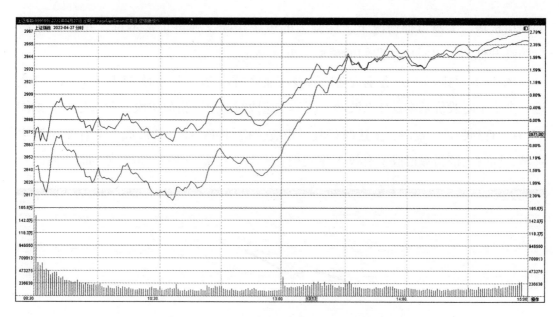

图7-64　上证指数2022年4月27日分时图

图7-65与图7-66分别为明泰铝业与明泰转债2022年4月27日分时图，明泰启动得较早，开盘后前30分钟一直处于上涨趋势中，经过10分钟左右回调后，形成有效N字突破。正股明泰铝业由于有涨停限制，所以看上去，启动位置距离涨停位置比较近，获利空间较小。但明泰转债由于没有涨停限制，涨幅较大，所以启动位置距离当日最高价距离较远，获利空间大。

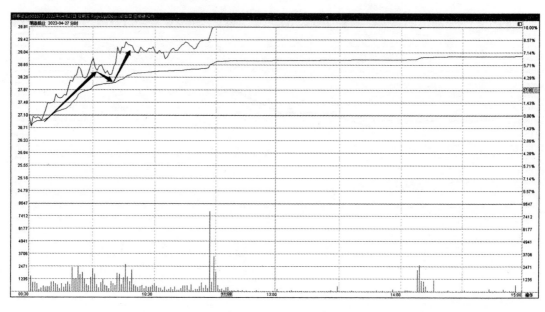

图7-65　明泰铝业2022年4月27日分时图

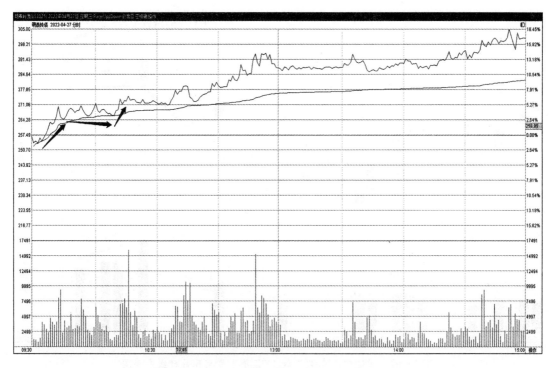

图 7-66　明泰转债 2022 年 4 月 27 日分时图

7.5　节日效应

2022 年 6 月 3 日星期五为端午节，证券市场当日休盘。

背景环境：2022 年 6 月 2 日汽车板块早盘涨幅第 1，涨停 19 只。相关联的半导体涨停 1 只、电气设备涨停 2 只、元器件涨停 4 只，助攻加持。

技术面：汽车板块指数在 6 月 1 日出现新的转折卡位窗口，形成一个新的 N 字突破。

图 7-67 为通达信汽车类指数 2022 年 4 月至 6 月日线走势图。

图 7-68 为汽车类指数 2022 年 6 月 1 日分时图，开盘后前 30 分钟走势一路上行。

图 7-69 为汽车类指数 2022 年 6 月 2 日分时图，继续强势发酵，注意这是端午节前最后一个交易日。

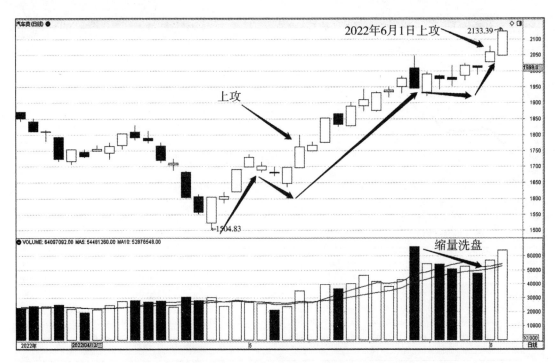

图 7-67 通达信汽车类指数 2022 年 4 月至 6 月日线走势图

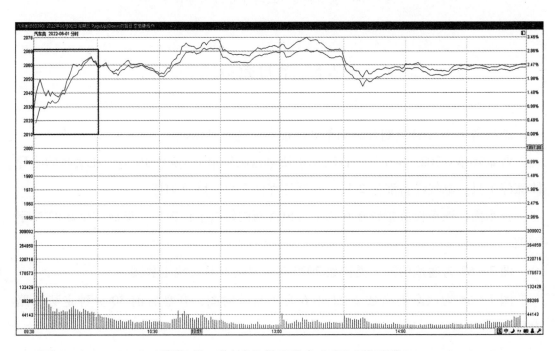

图 7-68 汽车类指数 2022 年 6 月 1 日分时图

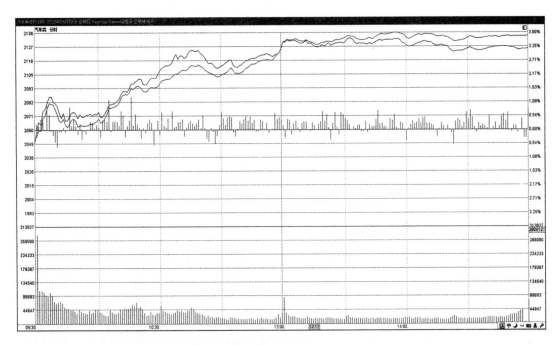

图 7-69　汽车类指数 2022 年 6 月 2 日分时图

同时汽车类板块很多只个股已经开始冲击涨停，图 7-70 至图 7-77 为汽车类冲击涨停个股 2022 年 6 月 2 日分时图。

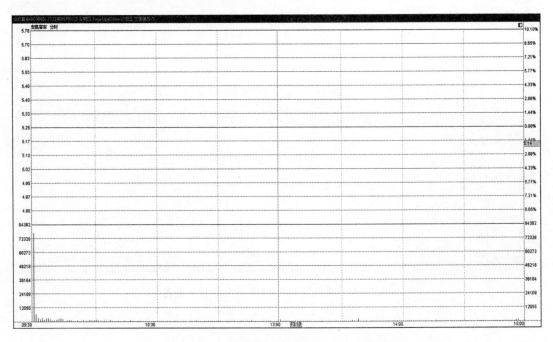

图 7-70　安凯客车 2022 年 6 月 2 日分时图

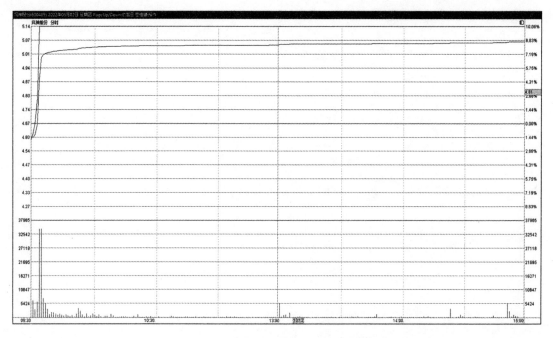

图 7-71　风神股份 2022 年 6 月 2 日分时图

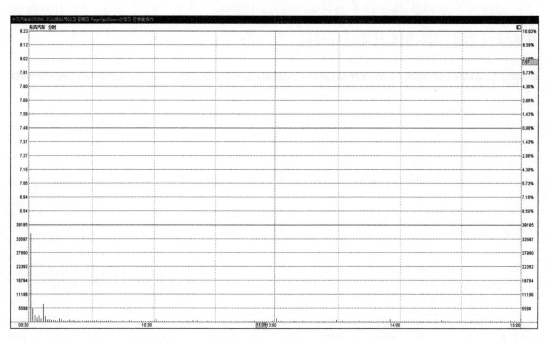

图 7-72　东风汽车 2022 年 6 月 2 日分时图

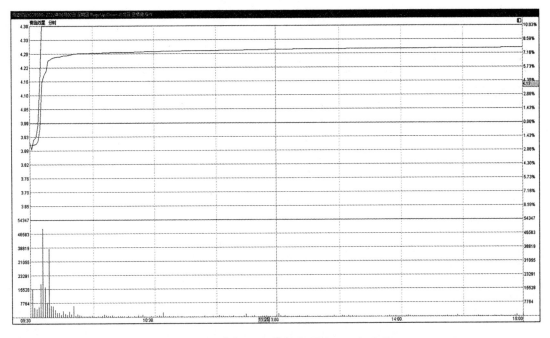

图 7 - 73　青岛双星 2022 年 6 月 2 日分时图

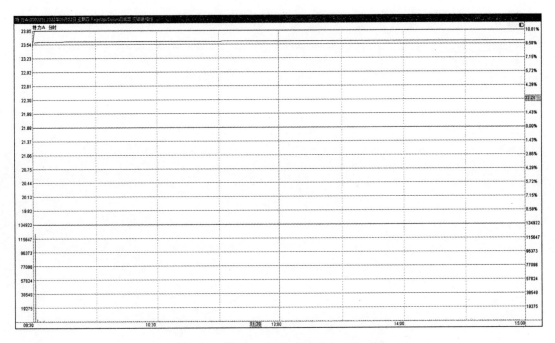

图 7 - 74　特力 A 2022 年 6 月 2 日分时图

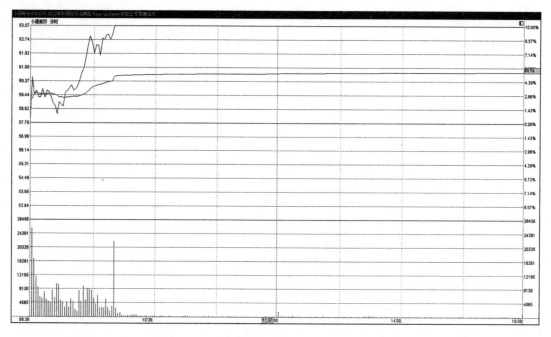

图 7-75　小康股份 2022 年 6 月 2 日分时图

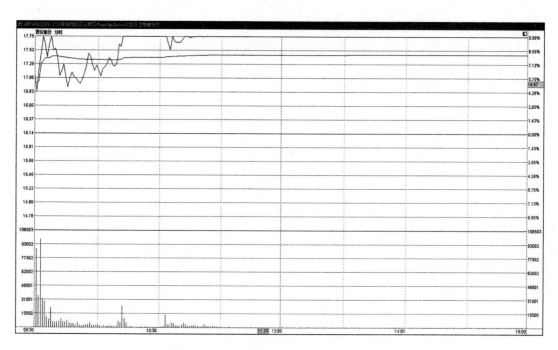

图 7-76　西仪股份 2022 年 6 月 2 日分时图

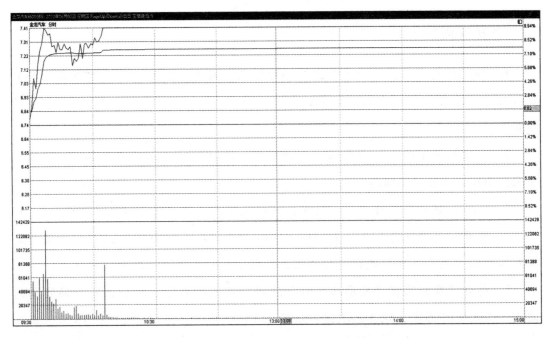

图 7-77　金龙汽车 2022 年 6 月 2 日分时图

心理情绪行为解读：早盘集体涨停且拉板的时间、结构有较大相似性，代表先知先觉的游资当天继续锁定了汽车板块。6 月 1 日形成新的 N 字突破，就是汽车板块行情转折的时间窗口。当天汽车板块可转债并不是特别活跃，因为行情刚刚出现转折，暂时还没有得到市场的认可。但由于 6 月 2 日早盘的情绪持续发酵，多个标的同时秒板，又是当天涨停潮最多的板块，分别加上次日是端午小假期，早盘排在相对靠前的可转债都是汽车、元器件、电气设备板块，分别是汽车类板块的上下游，无疑给汽车板块可转债带来了较好的技术与心理匹配。

早盘时可转债涨幅榜上，与汽车类相关的有：第一名小康转债，第三名卡倍转债，第五名胜蓝转债，第八名文灿转债，第九名铂科转债，第十一名伯特转债，第十三名明泰转债。

当天很多标的吻合了卡位择时技巧，这种在假期前较容易发酵一些机会。不但可以适当避开放假期间的不确定性，同时又可以持续上车当天确定的情绪。

汽车板块 6 月 1 日转折，6 月 2 日加速上扬。利用人们对追高风险及假期不确定性的担心狙击可转债是一个较好的胜算、盈亏比的优势机会，这种机会可以定义为"利用假期不确定性时，匹配技术情绪吻合共振法"的进攻与防守技巧。

📈 **总结一下：**

1. 据威科夫方法，市场走势分为四个阶段，吸筹、拉高、派发和下跌。并且让我们将市场看作"一个人"操控的游戏，看透"这个人"的意图，即可在市场中获益。

2. 经过恐慌下跌、初次见底、自动反弹、二次探底，之后出现 SOS，继续上涨出现 JOC，才能进场吸筹。

3. SOS 和 JOC 会交替出现，SOS 和 JOC 也可能是同一根 K 线。

4. 梅开二度的理念与威科夫 SOS 和 JOC 理念相似，把 SOS 和 JOC 极端化便是梅开二度的方法论。理解威科夫的方法，有助于我们抓住梅开二度的机会。

5. 梅开二度初次涨停要求出现放量涨停，与二次涨停之间会出现缩幅缩量的回调。二次涨停通常出现在初次涨停后的第3天、第5天、第8天或第13天。当然不要拘泥于具体数字，有时前后差一天也很正常。

6. 激进的交易者，可以在二次涨停到来之前事先埋伏。稳健的交易者可以在预测二次涨停的当天，在分时中寻找交易机会。

7. 早盘没有信号或没有赶上最早的信号，若情绪共振还在，可以把注意力放在还没有给出信号的个股上，通过分时图中有效 N 字突破的方法，在盘中寻找信号。

8. 放量超跌后寻找反弹机会，特别是跟随大盘加速下跌的板块机会更大。

9. 开盘强势、盘中强势，尾盘再次群拉板的板块，显示出极强后势预期。

附 录

元 哥 63 心 得

1. 情绪面前技术都是小弟，金融行为学拉开优点与优秀的距离。

2. 顺势而为、强势持有、借势发力、统一套路、规范动作、肌肉记忆。

3. 不因跌得多而去买，不因跌不动而去买；不因涨得多而不敢买，不因价格高不敢买。

4. 不求完美的体系，而求完整的交易体系。

5. 短期被暴炒，高位筹码峰切换的不炒。

6. 可买可不买的情况下，尽量不参与。

7. 能做龙头就不做跟风，宁可死在龙头上。

8. 引领还是跟随要明确，主动被动贯彻每一天。

9. 好股洗盘不深，好股选盘不久，深蹲与半蹲有力量区别、年龄区别，水往低处流、往阻力最小的地方走。

10. 不做死多头，不做死空头，只做"滑头"。

11. 资金进去不快速涨，则要区别大小盘，对应有长线主力、短线主力、游资的区别。

12. 过去很重要，当下更重要，做好当下才可以憧憬一个美好的未来。

13. 角度、幅度、速度判强弱，蛮干不行。

14. 能否盈利核心在于你的胜率与盈亏比，胜率高的策略1：1的盈亏比也能赚钱。

15. 超短抓胜率，小波段潜伏做盈亏比。

16. 连板优于一字板，一字板优于涨停板，涨停板优于大阳线，大阳线优于红三兵。

17. 打板拼软硬件，态度、决心、定力不能少，坚持方能做赢家。

18. 市场不缺明星，缺的是寿星；不比当天盈亏，而看周期持续稳定性，不要拿某一个运气标的当一回事。

19. 进攻与防守需同步，不轻易暴露敞口，震荡行情懂迂回，转折位启动次日符合进攻要做浮盈 T + 0 弯道超车。

20. 有抓妖的胆，却没有严格的止盈止损的计划，最后会一场空。

21. 赚点钱你就飘，亏点钱你就关机，逃脱不了亏大钱赚小钱的命。

22. 市场是外因，体系构造是内因。

23. 敬畏市场，但不畏惧市场，敢打仗、打硬仗、打胜仗；优秀操盘手就是运筹帷幄的指挥官，全方面部署手上的筹码。

24. 交易是试错的行为，不在一次定输赢，多次迂回后的盈利强于某单一标的的表现。

25. 建仓、洗盘、拉升、出货要明确，洗盘、出货肩并肩，不现转折不开仓。

26. 四部曲：走一步、看一步、想一步、做一步；多一步，就是"慢一步"，慢这一步就是快。

27. 碳中和好做你却做了医药，医药好做你却做了顺周期，顺周期好做你却做了大消费。

28. 人与人之间比学赶超不能少，但要良性比拼，要向正能量、有能力的人学习。

29. 没有好到不要卖的股票，也没有坏到不能买的股票。

30. 追涨杀跌本无错，只是行情级别定位没明确。

31. 市场只有赢家与输家，一横、一竖定标准，一个趴着、一个站着，没有所谓的专家。

32. 理论家、预言家、评论家在实干家面前都是苍白无力的。

33. 没有框架、体系的执行力都是白忙活。

34. 你的钱是钱，主力的钱也是钱，你怕啥？恐惧是因为你无知，所以要提升认知。

35. 拿来主义效率高，自己摸索费时、费力，杜绝盘感重视主观量化，盘感是无形的，只有梳理出来的规律才是可复制的。

36. 历史会重演，但不会简单重复，兵无常势、水无常形，所以我们要懂得七十二变，见妖打妖，见鬼抓鬼，唯快不破。

37. 支撑可以看一看，不需要因为压力而卖出股票，压力是动力，也是主力甩开韭菜的能力。

38. 天上一天，地上一年，底部的确定是漫长的，而高位的变盘是快速的，主力高位与韭菜切换筹码。

39. 本金回撤与利润回撤是区分被动操盘与主动操盘的区别。

40. 懂与不懂跟股龄无关，区别在于参与实践的次数、规模、稳健性。

41. 牛市、熊市，结构牛；上涨转折位、下跌初期、介入临界位要分清。

42. 早盘、盘中、尾盘介入法，早盘优势在于主动性，盘中介入法为动态法，尾盘为被动跟随法。

43. 单一策略、组合策略，策略的丰富性，有助于随机应变。

44. 本金回撤、利润回撤心态不一样，一定要让利润奔跑，控制我们的本金回撤。

45. 止损如同经营企业需支付场地费、人工费，是交易的一部分，需大大方方给出去。

46. 从知道到做到再到得到还有很长的距离，财富永远是认知维度的变现。

47. 月度实现收益，季度就有收益，年度就有保障，每天正收益那是痴心妄想。

48. 财富在于一进一出与等待之间，亏损了想快速回本是一厢情愿的行为，放大行为可能步入赌徒模式。

49. 长线主力赚的是信息差，短线游资赚的是情绪差，区别在于左侧交易与右侧交易。

50. 做时间的朋友，学习一定要空杯心态，你做不到，不要怀疑别人也做不到，否则怎么有人上人的说法。

51. 风格的塑造就是体系的塑造，不要有棱角，但要有自己的个性，如凶悍型、激进型、稳健型、保守型。

52. 天时、地利、人和；一波单边行情、足够多的资金、有效的方法才能胜出，之前的都是磨刀。

53. 利润来自对风险的管理，把投资当作生意来做。

54. 高控盘股、游资快进快出标的股性有别，你的进出场逻辑也要有所区别。

55. 聪明人就是用非常有限的钱买别人的时间，将有能力的人与有钱的人对接上。

56. 你永远叫不醒一个装睡的人，人生很短，我们要懂得做有效的加法与无效的减法。

57. 次新第一轮后不随便参与，因为其中是否有主力不清楚，主力强不强不清楚。

58. 不要只看到手上的标的，而应该从大处着手，看是否有更好的标的可选，买什么、买多少、亏多少是我们可控的筹码。

59. 一成仓位参与试错的都是业余选手，对了没钱赚，亏了不痛不痒，容忍自己乱开仓。

60. 同一个账户又做长线、又做超短线都是业余的，没有风格的账户都是持续不了的。

61. 职业炒手空仓是不可能的，为什么要空仓，你的仓位里面没有盈利的标的？可转债没有情绪把握的机会？业余的就另当别论。

62. 你的对手很强大，你却放下抱团，不懂自律与他律，21 天形成一个新的习惯，相信改变的力量。

63. 人际关系太复杂，股市投资是门生意，值得一辈子用心经营，盈利没有天花板。